LE SACRE DE L'OPINION

Du même auteur
aux Éditions du Cerf

La Prophétie électorale. Les sondages et le vote, 2018.

FRÉDÉRIC MICHEAU

LE SACRE DE L'OPINION

Une histoire de la présidentielle et des sondages

LES ÉDITIONS DU CERF

www.editionsducerf.fr
24, rue des Tanneries
75013 Paris

ISBN : 978-2-204-14821-4

Avant-propos

L'*alpha* et l'*omega*, voilà ce que la présidentielle est à la vie politique française. Elle se situe au début de toutes choses, ouvre un nouveau cycle, porte une promesse de renouveau. Elle met fin à l'exercice d'un pouvoir, sonne le glas des destins inaccomplis. Élection reine de la Ve République, elle tend à affaiblir tout ce qui n'est pas elle. Les autres rendez-vous sont désormais qualifiés d'« intermédiaires », ce qui dit leur démonétisation et leur sujétion par rapport au seul d'entre eux qui suscite une participation massive.

Scrutin uninominal, l'élection du président de la République favorise par nature l'incarnation : elle est un affrontement entre plusieurs personnalités au premier tour, puis un duel au second. Son enjeu ? La conquête du pouvoir suprême.

Dramatisée par les médias, la compétition est rythmée par la publication des sondages qui entretiennent un suspense culminant avec la révélation au jour dit, à 20 heures, de l'élu. La présidentielle offre ainsi aux chiffres des instituts une visibilité sans équivalent. Grâce à elle, ils sont devenus « une donnée désormais indéboulonnable de la vie politique[1] ». D'où les questions qu'ils suscitent : sur leur exactitude, sur leur influence et sur leur validité pour l'exercice démocratique.

Pourtant, à l'aube de la Ve République, ni l'organisation de toute la vie politique autour de l'élection présidentielle, ni cette institutionnalisation des sondages n'allaient de soi. Le projet du général de Gaulle de rétablissement du suffrage universel direct se heurta à une levée de boucliers et ouvrit une crise politique aiguë. « Forfaiture ! » s'étrangla le président du Sénat, qui soupçonnait l'homme du 18 juin de vouloir reproduire le coup d'État du 2 décembre 1851, qui permit à Louis-Napoléon Bonaparte, premier et seul président de la République élu par le peuple jusqu'alors, de mettre fin à la IIe République. Guidées par la même crainte du césarisme, les deux Républiques suivantes s'étaient précautionneusement tenues à l'écart d'une matière aussi explosive.

De la même façon, malgré un succès initial lors du référendum d'octobre 1945, les sondages avaient échoué à prédire l'issue du vote sur la Constitution de la IVe République en mai 1946. Après cette douche écossaise, ils restaient perçus comme une technologie peu fiable, perception confortée par l'erreur de leurs confrères américains lors de la présidentielle de 1948. Ni les journalistes, ni les hommes politiques n'avaient la moindre intention d'y recourir. Pour tout dire, les sondages végétaient.

Ainsi, entre le début des années 1960 et aujourd'hui, le contraste est saisissant. Comment la situation s'est-elle retournée tant pour l'élection présidentielle, décriée avant d'être adulée, que pour les sondages, inexistants et désormais omniprésents ? C'est le récit de ce grand renversement qu'il convient d'entreprendre.

Les sources qui permettent de saisir l'évolution conjuguée des sondages et de l'élection présidentielle sont abondantes : sondages publiés, archives écrites et audiovisuelles des médias, mémoires des candidats et de leurs proches, revues scientifiques, etc. Dès lors qu'elles sont croisées, les données disponibles offrent des clés de compréhension opérantes de chacun des scrutins présidentiels. Elles restituent finement l'état d'esprit qui caractérise une époque, l'air du temps qui avait cours au moment si particulier où le peuple doit voter pour le nouveau chef de l'État et prendre la décision qui va engager son avenir et celui du pays pendant les prochaines années.

À ce titre, les sondages devraient constituer une matière de toute première importance pour les historiens. Quel chercheur ne souhaiterait pas voir ses travaux éclairés par les données d'opinion ? Quel biographe négligerait de compulser les cotes de popularité de la personnalité politique dont il retrace la vie ? Pourtant, jusqu'à récemment[2], cette source très utilisée par la recherche en science politique a été sous-exploitée par l'analyse historique.

Une masse considérable d'informations est laissée en friche. L'exploitation de ce corpus exige de se prémunir contre les risques auxquels est soumise toute analyse historique : les constructions téléologiques, le découpage de séquences artificielles, l'anachronisme, la confusion des causes et des corrélations, etc. L'observateur rétrospectif, qui connaît la fin de l'histoire, doit veiller à ne pas déceler partout les effets de la nécessité. Dans ce scrutin des plus personnalisés qu'est la présidentielle, il convient aussi de ne pas surestimer le rôle des candidats et de bien comprendre les effets systémiques.

La difficulté d'analyse majeure réside dans la nature duale des sondages. D'une part, ils ne sont que le témoin scientifique, objectif et neutre de l'évolution de la compétition en cours, qu'ils visent à restituer fidèlement. D'autre part, ils participent à la campagne *nolens volens* : dès lors qu'ils sont publiés, ils contribuent à façonner un climat d'opinion et exercent des effets. Ils suscitent des réactions verbales, transforment les perceptions et produisent un ajustement des comportements de tous les acteurs de l'élection.

Tenir compte de cette ambivalence implique d'analyser tant les données émises que la façon dont elles s'imposent dans le jeu politique. En dépit de l'hostilité rencontrée et malgré les échecs, les sondages n'ont cessé d'irriguer la vie démocratique. Familière, cette présence doit pourtant être interrogée : la France deviendrait-elle une démocratie d'opinion soumise à l'assentiment permanent des chiffres et des courbes ? Pour y répondre, il faut retracer l'histoire de la présidentielle et des sondages.

Tout commence en 1965.

1965

L'entrée en scène des sondages

> Eh bien ! Ce n'est pas un succès pour le Général, mais c'est un triomphe pour les sondages...
>
> ALAIN PEYREFITTE

L'élection présidentielle a été conçue et appliquée pour la première fois au monde aux États-Unis. Les premiers votes de paille, prédécesseurs artisanaux des intentions de vote modernes, ont été réalisés lors de la présidentielle de 1824. Inventé par George Gallup, le sondage représentatif est apparu lors de l'élection de 1936.

L'instauration de l'élection présidentielle au suffrage universel direct

En France, ce n'est qu'à la fin des années 1930 que la technique est importée parallèlement par le journaliste Alfred Max qui fonde le Centre d'études de l'opinion publique (CEOP) et par Jean Stœtzel, qui crée l'Institut français d'opinion publique (IFOP) en décembre 1938.

Les premières enquêtes concernant la présidence de la République datent de l'immédiat après-guerre.

En janvier 1946, l'IFOP demande aux Français qui, selon eux, devra être président après les prochaines élections : Charles de Gaulle (32 %) devance Édouard Herriot (6 %) et Léon Blum (4 %)[1]. Aussi, quand le Général démissionne de sa fonction de chef du gouvernement, près de la moitié des Français (47 %) approuvent sa décision, même s'ils se disent mécontents de son départ (40 % contre 32 % satisfaits)[2].

L'IFOP sonde régulièrement l'opinion sur son éventuel retour au pouvoir. La réception de ses principaux discours, notamment celui de Bayeux dans lequel il développe ses vues institutionnelles, est mesurée. Les Français se montrent plutôt en accord avec ses idées. Comme lui, ils estiment que le président de la République doit jouer un rôle politique important[3].

Pourtant, la nouvelle Constitution de la IVe République ne lui accorde qu'une fonction honorifique. En dépit de la satisfaction (64 %)[4] éprouvée par les Français à l'égard de l'élection en janvier 1947 de Vincent Auriol, la réalité du pouvoir n'est pas à l'Élysée, mais à l'hôtel Matignon.

À l'approche des élections législatives de 1956, l'IFOP interroge donc les Français sur « l'homme politique qu'ils aimeraient le mieux comme président du Conseil[5] ». Pierre Mendès France obtient le plus grand nombre de réponses (27 %). Retiré à Colombey-les-Deux-Églises, l'homme du 18 juin vit sa traversée du désert : il n'est cité que par 1 % des personnes interrogées…

Mais après l'échec du mendésisme, il progresse régulièrement : 5 % en avril 1956, 9 % en juillet de la même année, 11 % en septembre 1957 et 13 % en janvier 1958. La dégénérescence accélérée du régime et les évènements d'Algérie mettent un terme à son ostracisation. En mai 1958, il est nommé président du Conseil, ce qui est vu comme « un grand bien[6] » par 54 % des Français. Le 1er juin 1958, il reçoit les pleins pouvoirs. Sa première tâche consiste à rédiger une nouvelle Constitution, qui rétablit la prééminence du président de la République.

La nouvelle loi fondamentale, qui fait naître la Ve République, est largement approuvée. Conformément au nouveau texte en vigueur, une élection présidentielle doit donc avoir lieu. 34 % des Français souhaitent alors que le Général soit élu, même si un quart des personnes interrogées approuveraient la reconduction dans ses fonctions de René Coty.

La Constitution prévoit désormais que le président de la République soit désigné par un Collège électoral composé d'environ 80 000 élus, et non plus les seuls députés et sénateurs réunis en congrès à Versailles. Le 21 décembre 1958, ils élisent Charles de Gaulle.

Le nouveau Président consulte directement le peuple français par référendum pour retremper sa légitimité et consolider les fondements du nouveau régime. Chacune de ces consultations est une occasion pour l'IFOP de démontrer la précision de ses méthodes.

En 1962, les accords d'Évian résolvent le drame algérien. Ce dénouement revigore les partis, qui considèrent que la tâche historique du général de Gaulle est accomplie. En l'état des équilibres politiques, le chef de l'État n'est pas certain d'être reconduit dans ses fonctions à l'issue de son septennat. Des sondages confidentiels indiquent que l'ancien président du Conseil Antoine Pinay lui serait préféré par le Collège électoral, ouvrant le risque d'une résurgence des errances de la IVe République[7].

Le régime paraît d'autant plus fragile que le chef de l'État est pris pour cible par des partisans de l'Algérie française au Petit-Clamart le 22 août 1962. Le Président sort miraculeusement indemne de cet attentat. Mais que se passerait-il si la mort ou la maladie le frappait avant le terme officiel de son mandat ? Profitant de l'émotion populaire causée par cette tentative d'assassinat, le Général lance une réforme fondamentale : le 12 septembre 1962, il propose l'élection du président de la République au suffrage universel direct.

Il sait que cette mesure, qui emportait l'adhésion de 50 % des Français dès 1945[8], est populaire. Aussi, pour amender la Constitution, il choisit le référendum (article 11) plutôt que la consultation préalable des Assemblées (article 89), ce qui ouvre une grave crise politique. L'opposition dénonce un passage en force. Le gouvernement est renversé par les députés. Le Président réplique en usant de son droit de dissolution.

La tension politique est à son comble : Charles de Gaulle fait face à une large coalition de partis politiques, le « cartel des non », qui voit dans la défaite de son projet un moyen de reconquérir le pouvoir. C'est la survie même du régime qui est en jeu et qui va être tranchée par le peuple lors de ce référendum, dont la date est fixée au 28 octobre 1962.

La campagne électorale donne lieu à la publication d'une série de quatre intentions de vote[9]. La dernière étude de l'IFOP attribue un score de 61 % au « oui », soit un chiffre très proche du résultat officiel (62,25 %). L'œuvre institutionnelle du général de Gaulle est parachevée.

La réussite de l'IFOP suscite des vocations. L'institut perd son monopole. La Société française d'enquêtes par sondages (SOFRES) est fondée en 1963. Les médias montrent de l'intérêt pour cette nouvelle technique et commencent à en vulgariser les fondamentaux. En 1964, *Le Monde* publie une grande enquête sur les sondages[10]. Le quotidien *L'Aurore* perçoit avec clairvoyance tout leur potentiel : « cette méthode d'investigation [...] va entrer avec la campagne présidentielle, dans son âge d'or.[11] »

La réforme de 1962 marque effectivement un tournant capital dans l'histoire des sondages. Elle renforce la personnalisation du pouvoir, avec laquelle les études d'opinion s'accordent parfaitement. Elle implique aussi l'organisation d'une véritable campagne électorale. Ce fait majeur, accentué par l'apparition d'un média moderne – la télévision –, donne à l'élection présidentielle une importance particulière et aux instituts une nouvelle occasion de briller.

L'IFOP mesure les attentes des électeurs à l'égard du président de la République : il doit plutôt être « un homme en dehors des formations politiques » (56 %), et pas « le chef d'une formation politique majoritaire » (23 %). Son élection au suffrage universel est vue comme une bonne chose (78 %)[12]. Le septennat semble une durée adaptée pour son mandat et les Français ne souhaitent pas que le nombre de mandats soit limité.

Dès la révision constitutionnelle de 1962 entérinée, les différents courants politiques commencent à s'organiser dans la perspective de l'élection présidentielle prévue à la fin de 1965.

Monsieur X

Malgré la défaite de 1962, l'antigaullisme reste vivace, notamment au sein du Club Jean Moulin, un laboratoire d'idées issu de la gauche non-communiste, dont le futur sondeur Roland Cayrol est le secrétaire. En 1963, ce club organise une vaste enquête qualitative[13]. 300 militants jouent les enquêteurs et conduisent 200 entretiens individuels dans les foyers français. Les enseignements de cette étude révèlent une large approbation des nouvelles institutions.

Pour affronter le Général, les dirigeants du Club Jean Moulin se tournent naturellement vers Pierre Mendès-France, qui reste une autorité morale hautement respectée mais refuse de présenter sa candidature pour ne pas apporter sa caution au présidentialisme du régime. Ils espèrent l'amener à réviser son jugement en lui soumettant les résultats de leur enquête. Réaction glaciale du grand homme : « Les conclusions de votre sondage ne font, en réalité, que reprendre vos propres conceptions. Ce n'est pas une enquête sérieuse, elle ne me fera pas changer d'opinion.[14] »

Cette fin de non-recevoir ouvre un espace à d'autres personnalités de gauche qui acceptent de contester le gaullisme sur le terrain électoral. Parmi celles-ci, le maire de Marseille, Gaston Defferre. Membre de la SFIO (gauche socialiste), il est soutenu par les « novateurs », qui prennent acte du changement de régime. Il veut opposer à la légitimité historique du Général une candidature adoubée par l'opinion publique.

Pour atteindre cet objectif, une campagne de presse est organisée dès 1963 par *L'Express*. Afin de stimuler la curiosité des lecteurs, Gaston Defferre est d'abord évoqué de façon anonyme sous l'identité énigmatique de « Monsieur X », présenté comme le candidat idéal pour incarner une gauche réformatrice.

Pour ériger cette candidature en adversaire crédible du Président, le journaliste de *L'Express*, Jean Ferniot, « reprend les chiffres de la cote de popularité du général de Gaulle, additionne les voix de ses opposants, les transforme en intentions de vote et les porte sans ciller au crédit de son challenger potentiel.[15] » Le résultat de ce calcul biaisé est affiché en une sous le titre « Qui sera Président ?[16] » : 53 % pour de Gaulle et 47 % pour Monsieur X ! Pour la première fois en France, une présentation tendancieuse d'un sondage est effectuée par un média.

Le Canard enchaîné devine l'identité du candidat et titre le 9 octobre « Ce M. X qui doit être candidat contre de Gaulle, c'est l'homme au masque Defferre ? ». Mettant fin à ce secret de Polichinelle, Gaston Defferre annonce sa candidature le 18 décembre 1963. En février 1964, une intention de vote de l'IFOP[17] révèle qu'il serait victorieux face à toute autre personnalité de droite que Charles de Gaulle. Seul « un candidat ayant l'appui du général de Gaulle » pourrait l'emporter face à lui (30 % contre 28 %).

Il s'agit désormais pour Gaston Defferre de « gagner le pari, d'exister, de durer et d'intéresser l'opinion[18] ». Mais, alors qu'il entendait fonder sa candidature sur un courant populaire comme ceux qui avaient porté le mendésisme et le gaullisme au pouvoir, il stagne dans les sondages. En février, opposé en duel au général de Gaulle, il obtient un résultat de 24 % (contre 42 %). En mai, il n'a gagné qu'un point (25 % contre 46 %). Quand d'autres candidats sont testés, ses performances demeurent médiocres : estimé à 13 % fin mai, son score languit à 14 % en octobre 1964. Bref, sa candidature ne rencontre que « le silence de l'opinion[19] ».

En mars 1965, il est réélu maire de Marseille. En mai, il reçoit l'investiture de la SFIO. Il cherche alors à bâtir une « fédération démocrate-socialiste » sur laquelle il appuierait sa candidature présidentielle et qui reposerait sur la SFIO et le MRP (centre). Mais les négociations d'appareils échouent, ce qui le contraint à retirer sa candidature le 25 juin.

Le mythe Pinay

L'échec de cette grande fédération joue un rôle centrifuge : les socialistes sont repoussés vers les communistes, les centristes vers les gaullistes. Les uns et les autres se mettent à la recherche d'un candidat.

À gauche, François Mitterrand fait acte de candidature le 9 septembre. Plusieurs fois ministre sous la IVe République, il a publié en 1964 *Le Coup d'État permanent*, un essai dans lequel il dénonce l'exercice personnel du pouvoir, mais sans remettre en cause le principe de l'élection du Président au suffrage universel. Il vise depuis cette date à s'affirmer en tant que premier opposant au général de Gaulle.

Il considère que l'accès au pouvoir passe par le rassemblement de toute la gauche, ce qui implique une alliance avec les communistes. Le Comité central du PCF décide de le soutenir, ce qui lui permet de s'ériger en candidat unique de la gauche.

Au cours de sa campagne, François Mitterrand observe que les candidats qui ont accès aux sondages et à la possibilité financière d'en commander sont avantagés. Le 17 novembre, il dénonce cette situation en pointant le pouvoir gaulliste : « Il est bien clair à mes yeux que certains instituts de sondage ne manquent pas de relations avec l'Hôtel Matignon.[20] » Il lance la proposition suivante : « La nationalisation qui me paraît la plus urgente dans le temps d'une campagne électorale est celle des instituts de sondage », qui, transformés en organismes d'État, auraient l'obligation de fournir à tous les candidats des informations identiques sur l'état de l'opinion.

De leur côté, les centristes cherchent à évaluer leur potentiel électoral. Le Comité des démocrates commande à l'IFOP deux hypothèses d'intentions de vote, qui confirment l'existence d'un espace électoral pour une candidature centriste[21]. Pour la porter, le nom de l'ancien président du Conseil Antoine Pinay est immédiatement évoqué. À 73 ans, le maire de Saint-Chamond est une figure prestigieuse. Il conserve une aura dans la droite antigaulliste, qu'il pourrait fédérer.

Les résultats d'un sondage commandé à l'IFOP par le Centre national des indépendants sont publiés le 6 août 1965 par *Le Figaro*. Parmi une liste d'hommes politiques susceptibles de présenter leur candidature face au général de Gaulle, Antoine Pinay est jugé comme étant « le plus valable » par 34 % des Français.

Plusieurs personnalités politiques du centre tentent alors de le convaincre de présenter sa candidature. Il s'agirait d'opposer « le mythe Pinay » au « mythe de Gaulle[22] ». Mais le grand homme rechigne, ne percevant pas l'appui d'un mouvement populaire. Les chiffres du sondage ne parviennent pas à le décider[23]. Préférant forger sa légende de sage, le « Cincinnatus de Saint-Chamond[24] » annonce qu'il ne participera pas à l'élection.

L'hypothèse Pinay ayant fait long feu, Jean Lecanuet se déclare le 19 octobre. Âgé de 45 ans, le sénateur de Seine-Maritime fait partie de cette génération d'hommes politiques fortement impressionnée par le Président américain John F. Kennedy. Il a lu *The making of the President*[25], qui relate la campagne électorale américaine de 1960. Il a pu y constater la place prépondérante du sondeur Louis Harris.

Convaincu par cet exemple, il importe les techniques américaines du marketing politique et commande des études à la SOFRES[26]. Il s'adjoint les compétences de Michel Bongrand, directeur de l'agence de publicité Services et Méthodes. Les deux hommes et leurs équipes « se réunissent régulièrement pour étudier les sondages organisés chaque semaine par l'IFOP et la SOFRES qui permettent à la fois de mesurer le terrain parcouru et d'évaluer celui qui reste à couvrir[27] ». Le sondage est ainsi intégré au pilotage de la campagne électorale. Mais cette pratique n'est pas assumée au grand jour car elle contredit l'image classique de l'homme politique omniscient qui doit guider les citoyens.

La première intention de vote publiée testant Jean Lecanuet le crédite d'un score de 3 % seulement[28]. Mais sa candidature va bientôt prospérer et faire vaciller le Général sur son piédestal.

L'annonce de la mise en ballotage du général de Gaulle

Le président de la République sortant est logiquement l'acteur central du scrutin. Tous les candidats s'y réfèrent et le criblent de leurs flèches. Depuis 1958, sa cote de popularité mesurée par l'IFOP est publiée chaque mois dans *France-Soir*. À la rentrée 1965, deux tiers des Français se disent satisfaits de son action. Son bilan politique est considérable. Les Français profitent de la prospérité des Trente Glorieuses. Les référendums ont consolidé les fondations du régime et cuirassé la statue du commandeur.

Dans ces conditions, quelles peuvent être les intentions du « premier des Français » qui aura bientôt 75 ans ? Prendre enfin une retraite auréolée de la satisfaction du devoir accompli ou poursuivre son œuvre politique en sollicitant un nouveau mandat ?

Les conjectures vont bon train. Le Général entretient le plus grand secret. Même le Premier ministre Georges Pompidou est maintenu dans l'ignorance de sa décision.

Le chef de l'État souhaite conserver la supériorité que lui confère sa fonction et son rôle historique de sauveur de la Nation. Il ne veut descendre de son Olympe pour entrer dans la compétition électorale que le plus tardivement possible.

Les doutes sur son choix sont faibles : en octobre 1965, 80 % des Français estiment qu'il présentera à nouveau sa candidature[29]. Faut-il préciser que le général de Gaulle n'entend pas recourir aux sondages ? Convaincu de comprendre et d'incarner les aspirations des citoyens, il aurait déclaré en 1963 : « Je ne comprends pas ce besoin nerveux de sondages pour se renseigner sur les sentiments des Français. Il suffit d'écouter mes discours.[30] »

Les gaullistes ont ainsi refusé les offres de service de la SOFRES. Pourtant, au moins une enquête a été commandée par le gouvernement, grâce à l'insistance de Jacques Leprette, le directeur du Service de liaison interministériel pour l'information (SLII). Les résultats de cette étude confidentielle de l'IFOP réalisée en avril 1965 contiennent ce verbatim très évocateur : « Le Général se conduit comme s'il aimait la France, mais pas les Français.[31] » Aucune autre prestation ne sera commandée aux instituts par le pouvoir gaulliste.

Les premiers sondages publiés fin octobre confortent la stratégie choisie. Ils laissent entendre que l'élection ne sera qu'une simple formalité et qu'un second tour sera inutile. Début novembre, l'IFOP attribue au Général un score de 66 %. La SOFRES va même jusqu'à le créditer de 69 % des suffrages au premier tour ! Sa domination est écrasante, puisqu'il devance de plus de 40 points son premier rival, François Mitterrand.

Ce n'est que le 4 novembre, soit un mois seulement avant le premier tour, que Charles de Gaulle fait acte de candidature. Il présente l'élection comme un choix binaire entre sa réélection, garantie de pérennité des institutions, et sa défaite, synonyme d'effondrement du régime. Résumée dans une formule apocryphe – « Moi ou le chaos » –, cette alternative déplaît à une partie de l'électorat qui ne veut pas être placée face à un ultimatum. Immédiatement, l'IFOP enregistre un tassement du score du Général : le passage officiel du Président au candidat, de l'arbitre au compétiteur, provoque une érosion de 5 points (61 %).

Malgré cet avertissement, Charles de Gaulle rechigne à faire pleinement campagne. Il demeure volontairement en retrait et renonce à utiliser son temps de parole lors de la campagne officielle, qui s'ouvre le 19 novembre, laissant imprudemment ses concurrents profiter des médias.

Chaque candidat dispose de deux heures d'antenne sur *France Inter* et d'un temps équivalent sur la première et unique chaîne de télévision, qui jusqu'à cette date ne reflétait que la parole gouvernementale. Tous les soirs à 20 h 30, leurs interventions sont suivies par un téléspectateur sur deux selon la SOFRES[32].

Lors de la campagne officielle à la télévision, les sondages sont parfois évoqués par les candidats. Jean-Louis Tixier-Vignancour rappelle ainsi que lors de sa première élection « les sondeurs d'alors, – vous connaissez les instituts qui sondent et qui vous disent « Monsieur Tixier-Vignancour fera 6,69 % » : c'est merveilleux ! – ils me disaient que je n'avais pas une chance sur mille d'être élu. Je l'ai été[33] ». Pour la première fois, l'argument de l'erreur de prévision des sondages est utilisé publiquement par un candidat pour rehausser sa stature.

Lors d'une intervention radio, le 30 novembre de 12 h 45 à 13 heures, le même candidat n'hésite pas à citer les résultats d'un faux sondage pour se prévaloir d'un poids électoral dont il ne dispose pas réellement et influencer les électeurs[34]. Selon ces chiffres extravagants, il bénéficierait d'un score de 24 %, ce qui le placerait derrière Charles de Gaulle (45 %), mais devant François Mitterrand (20 %).

Pourtant, l'hypothèse de la fragilité électorale du Général va prendre corps progressivement. Dès la fin novembre, sa stratégie de silence médiatique produit des effets dévastateurs. Son score mesuré par l'IFOP pour *France-Soir* accuse une chute brutale de 14 points. Désormais crédité de 47 %, il devrait subir l'épreuve d'un second tour. La nouvelle est d'une importance considérable. Le héros de la France libre serait mis en ballotage et devrait affronter François Mitterrand au tour décisif.

Sur la même période, le candidat de gauche a progressé de 4 points (28 %), tandis que Jean Lecanuet a fait un bond de 7 points qui lui a permis de doubler son score (14 %). Ces deux candidats ont utilisé leur temps d'antenne à la télévision pour se faire connaître et présenter leurs propositions. La SOFRES révèle que c'est le centriste qui a le plus bénéficié de son exposition médiatique[35]. 51 % des téléspectateurs ont déclaré avoir de lui une opinion plus favorable après l'émission. Une dynamique électorale s'enclenche en sa faveur.

L'annonce de la probabilité d'un second tour crée une onde de choc dans les rangs gaullistes. Après un moment de sidération, une inquiétude naît : et si la chute dans les sondages se poursuivait sur un rythme accéléré ? Et si le fondateur de la Ve République n'était pas en tête au soir du premier tour ? La victoire d'un candidat qui parviendrait à unifier les rangs de l'antigaullisme est même envisagée avec effroi.

L'entourage du chef de l'État redoute de lui annoncer la probabilité d'un second tour. Après maints atermoiements, Étienne Burin des Roziers, le secrétaire général de l'Élysée, se résout enfin à lui parler mais ne sait comment lui dire que « tous les sondages d'opinion convergent et se juxtaposent pour prévoir le ballottage. De Gaulle coupe ses explications : – inutile de tourner autour du pot pour me dire que je suis mis en ballottage. Je le sais.[36] »

Le chef de l'État est informé directement par Jacques Foccart, secrétaire général aux Affaires africaines et malgaches à l'Élysée. L'homme des réseaux gaullistes reçoit un sondage tous les cinq jours et le transmet immédiatement au Président, qui dispose également des études réalisées par la Direction centrale des renseignements généraux (DCRG).

Au sein de ce service de renseignement intérieur controversé, parfois qualifié de police politique, le commissaire divisionnaire Marcel Coullerez a créé en 1964 l'Office central des sondages et de statistiques (OCSS), qui a pour fonction de réaliser des sondages d'opinion. Surnommés « les météorologues de l'opinion[37] », les fonctionnaires des RG respectent des protocoles méthodologiques rigoureux. Leurs enquêtes bénéficient d'une bonne crédibilité.

À l'approche du scrutin, le ministre de l'Intérieur, Roger Frey, commande à l'OCSS une intention de vote nationale, qui confirme le ballotage annoncé par les instituts. Il transmet l'information au chef de l'État, qui se résout à intervenir à la télévision.

La baisse dans les sondages est ralentie. Mais elle se poursuit. Le 3 décembre, l'IFOP attribue à Charles de Gaulle un score de 43 %, en baisse de 3,5 points en moins d'une semaine. François Mitterrand enregistre un léger recul (-1 point). Jean Lecanuet progresse encore de 6 points pour atteindre la barre symbolique des 20 %. Réaction du Général : « c'est bien ce que je pensais : il y aura ballotage et, dans ces conditions, je ne reviendrai pas.[38] »

Ces chiffres sont publiés par *France-Soir* le jour de l'élection au côté du dernier sondage de la SOFRES, qui annonce également le ballotage du général de Gaulle, mais avec un score différent (49 %). L'accent est mis sur l'incertitude du scrutin, en raison du taux d'indécis (29 % pour l'IFOP, 28,5 % pour la SOFRES). Le commentaire se veut prudent : « Ballotage possible mais non certain car, selon l'IFOP, les chiffres peuvent avoir changé en trois jours. »

Voyant cette une, le ministre de l'Intérieur entre en fureur. Il appelle le directeur du journal pour lui signaler qu'il dispose de chiffres inverses et exiger qu'ils soient diffusés immédiatement. Une nouvelle édition de *France-Soir* est publiée. Entre les deux études des instituts, sont affichés les résultats d'un sondage du ministère de l'Intérieur, réalisé auprès de 6 000 personnes, dans lequel François Mitterrand n'est crédité que de 24 % des suffrages, trente points derrière le général de Gaulle (54 %). L'annonce du ballotage du Président est ainsi contrebalancée par des données officielles prévoyant sa victoire dès le premier tour.

Mais la véracité de ces chiffres est douteuse. Roger Frey aurait demandé à ses services que les résultats du sondage des RG transmis à *France-Soir* soient « modifiés pour que puisse être affirmé que le président de la République en place sera élu dès le premier tour[39] ». Si ces faits d'une gravité extrême étaient avérés, ils constitueraient la première manipulation politique des sondages en France.

L'opinion est déroutée et ne sait plus à qui se fier. Les chiffres des instituts suscitent le plus grand scepticisme parmi les observateurs et les candidats. Face aux « sondages de l'IFOP qui annoncent un ballotage, François Mitterrand reste incrédule. Son espoir consiste seulement à obtenir deux fois plus de voix que Jean Lecanuet.[40] » Ces réactions sont liées à la nouveauté de la technique des sondages qui n'a pas encore réellement fait ses preuves.

Elles révèlent aussi un phénomène intellectuel récurrent dans l'histoire des sondages et de la présidentielle : l'incapacité à accepter le fait qu'un résultat inédit, contre-intuitif et/ou perçu comme désastreux politiquement puisse survenir. L'imposante figure du général de Gaulle empêche de concevoir qu'il puisse trébucher en n'étant pas élu dès le premier tour.

Les premières opérations d'estimation du vote

Le scrutin a lieu le dimanche 5 décembre. Les instituts apportent une innovation à la couverture médiatique de l'évènement en réalisant pour la première fois une estimation des résultats. Jusqu'alors, il était nécessaire d'attendre le dépouillement intégral de tous les bulletins de vote et leur agrégation par le ministère de l'Intérieur pour connaître les scores officiels, qui étaient diffusés tardivement lors des soirées électorales, voire le lendemain.

Pour raccourcir ce délai, les grands *networks* de télévision américains ont développé depuis 1952 des modèles de projection du vote. Dans plusieurs bureaux de vote, choisis pour leur représentativité, les résultats issus des dépouillements partiels sont collectés. Ces données sont injectées dans un modèle informatique qui, à partir des résultats électoraux précédents, réalise une estimation de ce que sera le vote lorsque tous les bulletins auront été comptabilisés.

La réussite de l'expérience américaine inspire les médias français. L'Office de radiodiffusion-télévision française (ORTF) organise pour la première fois une soirée électorale à la télévision, mais c'est une radio privée qui diffusera une estimation des résultats : Europe n° 1. La réalisation technique est confiée à l'IFOP, qui construit un échantillon de 301 bureaux de vote.

Le gouvernement, qui a vent de l'opération, s'inquiète de l'importation de cette innovation. Alain Peyrefitte, le ministre de l'Information, convoque le journaliste Alain Duhamel, qui commente les sondages de l'IFOP dans les colonnes du *Monde*, pour le mettre en garde vis-à-vis des estimations : « C'est nouveau, on ne sait pas si ça fonctionne chez nous.[41] »

Le jour du premier tour, dès 19 h 55, les premiers calculs confirment le ballotage. Par précaution, le directeur général d'Europe n° 1, Maurice Siegel, refuse d'annoncer ce résultat après le carillon de 20 heures. Pour limiter les risques, les résultats de chaque candidat seront diffusés sous la forme d'un intervalle entre deux chiffres : ce format, appelé « fourchettes », connaît une notoriété instantanée.

À 20 h 17, la radio annonce : « Le général de Gaulle aura entre 35 % et 55 % des suffrages exprimés », ce qui laisse entendre que l'hypothèse d'un second tour est probable mais encore incertaine. À 21 h 30, le ballotage est confirmé : « Le général de Gaulle aura moins de 48 % des suffrages exprimés ». À 22 h 50, les chiffres sont affinés : « Le général de Gaulle aura entre 43 % et 45 % des suffrages exprimés. »

Grâce à l'IFOP, Europe n° 1 vient de réussir une performance en annonçant les résultats de l'élection avec 4 heures d'avance sur les chiffres officiels du ministère de l'Intérieur. Elle a pris de court sa principale rivale, Radio Luxembourg, qui n'a annoncé le ballotage qu'une vingtaine de minutes plus tard.

Parallèlement, une autre estimation est réalisée par l'Agence France Presse. Jean-Luc Parodi, un jeune chercheur au Centre d'études de la vie politique de Sciences Po (CEVIPOF) conçoit un modèle qui repose sur les mêmes principes scientifiques que celui de l'IFOP. Les moyens étant plus limités, la réalisation est artisanale. L'échantillon ne comprend que 135 communes. Mais il permet de confirmer le ballotage via une dépêche publiée à 21 h 20.

Charles de Gaulle devra affronter François Mitterrand au second tour. Mais c'est Jean Lecanuet qui est célébré par l'opposition : il est vu comme le principal artisan du ballotage, une prouesse imputée à sa campagne à l'américaine et à son usage des sondages.

Les résultats officiels apportent la confirmation du travail des instituts. Le Général obtient 43,7 % des suffrages, soit un chiffre conforme aux dernières intentions de vote (43 %) et aux estimations (entre 43 % et 45 %) de l'IFOP.

Face à cette réussite, la presse consacre des articles complets à la technique des sondages, encore méconnue. Le terme même d'« institut » n'est pas encore familier. La journaliste Michèle Cotta écrit ainsi le 7 décembre 1965 : « Le mécanisme des institutions (*sic*) de sondages [...] pour le moment m'est étranger.[42] » Les médias entreprennent donc de vulgariser leur activité. *Le Figaro* indique que la prévision électorale ne constitue qu'un pan de l'activité des instituts qui consiste à dresser « une sorte de carte de la géographie psychologique de la population française. Sur cette carte les pronostics ne sont qu'un point.[43] »

Le sentiment d'accomplissement des instituts contraste avec l'affliction aigue qui étreint le général de Gaulle. En raison de son résultat qu'il considère comme un désaveu, il entend abandonner le pouvoir, comme il l'avait annoncé à ses proches. Il faut toute la force de persuasion de François Goguel, spécialiste de géographie et sociologie électorale qui lui démontre la solidité de son score, pour qu'il reparte à la bataille.

Le Général comprend qu'il s'est mépris sur la nature même de l'élection présidentielle, qu'il avait conçue comme un plébiscite dans la lignée des référendums précédents, et pas comme une véritable compétition. À la lecture des chiffres des RG concernant le second tour que lui soumet Jacques Foccart, le chef de l'État s'affole : « mais c'est tout à fait catastrophique ce que vous me montrez là. Je vais être battu si c'est comme cela ![44] », s'exclame-t-il. Il faut réagir.

Tirant les leçons du faux pas de communication commis avant le premier tour, il décide d'exploiter à plein son temps de parole à la télévision. Dans le cadre d'un entretien avec le journaliste Michel Droit, il se présente sous un jour nouveau : « Les Français découvrent un de Gaulle qu'ils ne soupçonnent pas, allègre, bonasse, plein d'alacrité, l'œil et le style pétillants, redoutable dans sa rouerie malicieuse.[45] »

Cette intervention permet au Général de stabiliser le rapport de force. Deux études réalisées par l'IFOP (la première du 8 au 11 décembre, la seconde du 14 au 16 décembre) lui attribuent chacune un score de 55 %. Une dernière allocution télévisée doit lui permettre de conforter sa position. Il la prépare en s'appuyant sur une note confidentielle de l'IFOP indiquant les thématiques qui captent l'attention du public[46].

L'opération estimation d'Europe n° 1 est renouvelée pour le second tour, qui a lieu le 19 décembre. Cette fois-ci, dès la clôture des bureaux de vote, le directeur de la rédaction Jean Gorini annonce en direct : « 20 heures, général de Gaulle : élu. » Les résultats des sondages sont utilisés pour donner aux auditeurs des éléments inédits en matière d'analyse politique, comme les transferts de voix entre les deux tours : le général de Gaulle a conservé 96,5 % de ses électeurs et conquis 50 % de ceux de Jean Lecanuet[47].

Un « triomphe pour les sondages »

Au lendemain du scrutin, Alain Peyrefitte téléphone au directeur de l'IFOP pour le féliciter : « Eh bien ! Ce n'est pas un succès pour le Général, mais c'est un triomphe pour les sondages...[48] » Les résultats consacrent « les sondages d'opinion dont l'immixtion a constitué une des caractéristiques de la campagne[49] ». La presse relève la réussite technique des intentions de vote et des opérations d'estimation des résultats. Les instituts sont ovationnés et gagnent leurs lettres de noblesse. *L'Express* peut écrire que « les « sondeurs » viennent de mettre à leur actif un coup d'éclat[50] ».

La découverte de cet instrument de connaissance de l'opinion publique s'effectue avec trente ans de retard par rapport aux États-Unis, mais dans des formes strictement identiques. L'annonce par les sondages de la réélection de Franklin D. Roosevelt en 1936 contredisait l'interprétation dominante. Idem en France, où la mise en ballotage du général de Gaulle passait pour une hypothèse d'école.

Autre point commun, la précision des chiffres est en trompe-l'œil. L'évaluation du score de Charles de Gaulle au premier tour occulte des approximations importantes concernant les autres candidats. La dernière intention de vote de l'IFOP a sous-estimé de 5 points le score de François Mitterrand et surestimé de 4 points celui de Jean Lecanuet. La SOFRES a moins bien appréhendé le résultat du président sortant (49 %). Comme aux États-Unis en 1936, les commentaires médiatiques ont imposé une vision simplifiée de la réalité.

L'exploit apparent des instituts leur profite de plusieurs façons. Il démontre que leur technique, bien que d'importation américaine, fonctionne en France : en dépit de sa spécificité, de sa complexité et de son histoire, l'électorat français est « sondable[51] ». Il prouve aussi l'efficacité de la méthode et donne corps à un sentiment de fiabilité, voire d'infaillibilité miraculeuse des sondages.

Les instituts ont affirmé leur indépendance vis-à-vis du pouvoir politique. À l'IFOP, Roland Sadoun, gaulliste historique, a su mettre de côté ses orientations politiques personnelles et publier les chiffres annonçant la contre-performance de son héros. L'appartenance au secteur privé de l'IFOP et de la SOFRES constitue la condition de leur impartialité : « Quel gouvernement, si nous dépendions de lui, aurait laissé publier les résultats de nos sondages laissant prévoir le ballottage ?[52] », demandent les sondeurs.

Il faut aussi relever l'apport considérable des sondages à l'analyse électorale. Pour la première fois en France, les effets d'une campagne ont été mesurés et rendus visibles. L'ascension de Jean Lecanuet dans les intentions de vote a révélé la puissance et la vitesse que peut prendre une dynamique électorale. Les institutions académiques s'emparent de ce nouvel outil de recherche. La Fondation nationale des sciences politiques confie la réalisation d'une étude post-électorale à l'IFOP en janvier 1966.

Sur le plan médiatique enfin, le sondage s'affirme comme un contenu éditorial à part entière. Il constitue un nouveau format apprécié de la presse car il crée de la proximité avec le lecteur. Les rédactions le conçoivent comme un produit d'appel pour déclencher l'acte d'achat. Pour la première fois, un magazine – *L'Express* du 11 au 17 octobre 1965 – couvre l'angle supérieur gauche de sa couverture avec un bandeau blanc sur lequel est inscrit : « Présidentielles : premier sondage. »

Ce nouvel usage suscite des résistances au sein du monde journalistique. Le *Nouvel Observateur* s'interroge sur l'existence d'un « scandale des sondages » et regrette leur prolifération : « il en pleut partout et de partout.[53] » Cette omniprésence perçue porte la crainte d'une influence néfaste des sondages sur le jeu électoral par la création d'un climat d'opinion. Plus précisément, c'est le grégarisme des électeurs qui est redouté. Le terme américain « *bandwagon appeal* » [effet de suivisme] est évoqué dès 1963 dans la presse[54]. Et les sondeurs sont présentés comme « des bergers », qui guident ce troupeau à la manière de Panurge.

Mais ces premiers reproches, qui vont bientôt s'amplifier, sont encore formulés *mezza voce*, tant l'entrée en scène des sondages a été triomphale.

En somme, la présidentielle de 1965 est une double réussite. Elle a suscité une forte participation, signe de l'adoption par les Français de cette nouvelle procédure de désignation du chef de l'État. Elle a permis aux instituts d'enregistrer un succès lumineux, avant d'être bientôt confrontés à leurs premières difficultés.

1969

Premières polémiques

> Ce ne sont pas les fabricants de sondages qui décident du sort des élections, ce sont les électeurs ! Nous ne jouons pas battus. Nous nous battrons pour vaincre !
>
> JACQUES DUCLOS

L'auréole de gloire qui nimbe les instituts après leur succès de 1965 se dissipe rapidement. Dès les années suivantes, les sondages se trouvent de plus en plus pris à partie.

Le référendum de 1969

Pour le monde politique, la performance électorale de Jean Lecanuet en 1965 est due avant tout à la modernité de la campagne qu'il a conduite. Il semble désormais nécessaire de s'approprier les techniques du marketing politique et de recourir aux sondages qui en sont l'instrument privilégié. Les clients politiques se ruent pour commander des études d'opinion confidentielles.

Parallèlement, la presse publie de plus en plus de sondages, ce qui soulève une opposition exprimée par Jean-Christian Barbé, président du Centre d'information civique (CIC).

Surnommé « Monsieur antisondages[1] », il n'a de cesse de réclamer l'interdiction de publication des sondages.

Lors des législatives de 1967, la projection en sièges de la future Assemblée nationale, réalisée pour la première fois par les instituts, se révèle largement erronée. Les gaullistes ne conservent que deux sièges d'avance, alors qu'une large majorité leur était promise. La première controverse sur les erreurs de prévision des sondages éclate.

Le sénateur Édouard Bonnefous demande au Premier ministre s'il a l'intention de réglementer l'activité des instituts et « s'il envisage d'interdire la divulgation des sondages réalisés en période électorale[2] ». Le gouvernement refuse de légiférer, en invoquant le principe de la « liberté du commerce et de l'industrie ».

L'année suivante, la vie politique prend brusquement une densité tout autre. Mai 1968 révèle l'ampleur de l'usure du pouvoir qui frappe le général de Gaulle. En février 1969, seuls 29 % des Français souhaitent qu'il se présente à nouveau à l'élection présidentielle en 1972[3]. Près de la moitié de la population considère que « 10 ans, ça suffit » (48 %).

Conscient de l'urgence de se relégitimer, le chef de l'État annonce un nouveau référendum portant sur l'organisation des pouvoirs publics. Il s'agit de créer des régions et de rénover le Sénat, qui perdrait une partie importante de ses prérogatives.

Les premiers sondages confidentiels des RG prévoient un score de 58 % pour le « oui ». Scepticisme du Général : « Je n'y crois pas beaucoup, à leurs histoires : 58 %, c'est exagéré.[4] » Les premières intentions de vote publiées indiquent effectivement un résultat plus serré : 51 % à 52 % des Français approuveraient le projet de loi. Le 18 avril, lorsqu'il prend connaissance du score attribué par l'IFOP (52 % pour le

« oui »), le Président commente laconiquement : « Tout cela est bien mauvais.[5] »

Quelques jours avant le vote du 27 avril, un sondage de la SOFRES réalisé pour *Le Figaro* indique pour la première fois la victoire du « non » (53 %), ce qui revient à annoncer le départ du général de Gaulle. Face à la gravité de ces résultats, une réunion est organisée entre Pierre Weill, le directeur du département Politique et sociologie appliquée de la SOFRES, Alain Lancelot, le conseiller scientifique de l'institut, et les responsables du *Figaro* pour discuter de l'opportunité de la publication du sondage.

Ce ne sont pas les journalistes qui s'opposent à la diffusion des résultats, mais les sondeurs, qui redoutent d'avoir commis une erreur. Après vérification des données[6], le sondage est bien publié dans *Le Figaro* le jeudi précédant le scrutin, le 24 avril 1969. Pour la première fois, une inversion des intentions de vote, symbolisée graphiquement par un croisement de courbes, est enregistrée en France.

Le même jour, Jacques Foccart informe le Général qu'il va recevoir d'autres chiffres de la part de Roland Sadoun de l'IFOP, « qui, sur le référendum, est tout à fait avec nous[7] », laissant entendre qu'une entente pour modifier les données est envisageable. La réaction immédiate du chef de l'État est sans équivoque : « Alors le Général m'a bien regardé et m'a dit : « Attention de ne pas tricher là-dessus ! » »

Le jour du référendum, le constructeur de matériel informatique Honeywell s'associe avec Radio Luxembourg pour réaliser une opération estimation. Deux chercheurs du CEVIPOF, Frédéric Bon et Jean Ranger, sont sollicités[8] pour apporter leur expertise. Leur estimation, comme celle de l'IFOP pour Europe n° 1, confirme la victoire du « non » (52,58 %). La précision des travaux de la SOFRES et de l'IFOP éteint provisoirement la critique contre les sondages.

Le soir-même, à 0 h 10, le général de Gaulle publie un communiqué de presse dans lequel il annonce sa démission. Le référendum perdu de 1969 marque la fin tragique de la seconde épopée gaullienne.

L'avenir des institutions n'est pas assuré : seuls 51 % des Français estiment qu'elles vont être maintenues après le départ de leur fondateur[9].

Le « phénomène » Poher

Les fonctions du président de la République sont provisoirement exercées par Alain Poher, président du Sénat. Affable et débonnaire, ce centriste présente un profil de notable de la IVe République et se montre très attaché au parlementarisme et au bicamérisme, ce qui l'a conduit à se dresser contre le référendum.

Lors du premier Conseil des ministres, il est accueilli froidement par le gouvernement qui le juge responsable du départ du général de Gaulle. Sa première tâche consiste à arrêter le calendrier électoral. Voici la scène relatée par Alain Poher : « On me demande de fixer les deux tours du scrutin présidentiel aux 1er juin et 15 juin. Ce choix des dates les plus éloignées possible répondait à un souci, je le compris, de m'empêcher de bénéficier des effets de ma campagne référendaire et des bons sondages sur mon nom qui en avaient résulté.[10] »

Effectivement, le président du Sénat semble le mieux placé pour succéder au Général. Surnommé « *Poher-man* » par inversion des syllabes de l'entreprise de travail temporaire

Manpower, il assure l'intérim présidentiel de façon satisfaisante pour 56 % des Français[11]. Il bénéficie de son installation à l'Élysée : il *fait* président puisqu'il l'est dans les faits.

Mais il refuse de déclarer sa candidature car il estime que son rôle de président par intérim l'empêche d'être à la fois arbitre et acteur. Il cherche alors une personnalité capable de porter le programme du centre. Son principal collaborateur, Pierre Bordry, note que son choix d'être candidat n'est intervenu « qu'à la dernière limite, quand on s'est aperçu que personne d'autre que lui n'existait dans les sondages pour cette famille d'opinion[12] ».

Un autre élément attesté par les sondages pèse dans sa décision. Le 8 mai 1969, Pierre Weill et Alain Lancelot de la SOFRES lui présentent les résultats d'une enquête pour *Le Figaro*. Plusieurs hypothèses ont été testées. S'il n'était opposé qu'aux seuls candidats de gauche, Georges Pompidou serait facilement élu (58 %) dès le premier tour. En revanche, la candidature d'Alain Poher le mettrait en ballottage. Le président du Sénat pourrait alors drainer un électorat composite au second tour.

Son choix est fait. Pour la première fois, les conclusions d'un sondage sont prises en compte dans la décision d'un homme politique de participer à une élection présidentielle. Le lundi 12 mai 1969 à 17 heures, son attaché de presse annonce : « M. Poher accepte de se porter candidat. »

Les intentions de vote en sa faveur connaissent une ascension fulgurante. Avant le référendum, le 24 avril, il était crédité par l'IFOP d'un score de 12 %. La victoire du « non » à laquelle il a contribué le propulse à 35 % dans l'enquête du 6 au 7 mai. La hausse se poursuit. Il se hisse à 37 % (13-14 mai), puis gagne encore deux points (39 %, 16-17 mai). Alain Poher avouera ultérieurement son incrédulité face à cette progression : « J'avoue que les premiers sondages m'ont surpris. Je trouvais ces chiffres énormes, je n'y croyais pas.[13] »

Sa candidature répond aux aspirations des électeurs. Il apparaît d'abord comme un homme neuf, alors qu'une majorité des Français se déclarent partisans « d'un grand changement politique[14] » (55 %) et estiment que la France a besoin d'un président qui « rompe avec la politique du général de Gaulle[15] » (51 %). Ensuite, il entend dépasser les deux blocs politiques traditionnels en construisant une majorité qui s'élargisse à partir du centre vers la droite et vers la gauche. Or, les Français estiment que dans un gouvernement, il est préférable que « les ministres appartiennent à des tendances différentes » (79 %). Enfin, Alain Poher se pose en fédérateur. Il « réconciliera ceux qui ont voté oui avec ceux qui ont voté non » lors du référendum pour 43 % des Français (contre 20 % en ce qui concerne Georges Pompidou). Similairement, l'opinion lui prête une grande capacité de rassemblement : « il sera le président de tous les Français » (46 % contre 31 % pour Georges Pompidou).

Son discours, qui allie nouveauté, œcuménisme et rassemblement, suscite un véritable engouement, à tel point que *Le Figaro* du 27 mai consacre un article au « phénomène » Poher. Un sondage de la SOFRES montre toute l'étendue de la bonne image du président du Sénat : il « inspire confiance » (46 %), est jugé « intelligent » (45 %), « sympathique » (43 %), « honnête » (35 %) et « sincère » (34 %).

Alain Poher prospère également sur les divisions de la gauche, qui a connu un véritable naufrage lors des législatives de juin 1968.

La poussée communiste

En raison d'une déclaration médiatique intempestive en mai 1968 au cours de laquelle il avait donné le sentiment de vouloir renverser le pouvoir légitime, François Mitterrand est disqualifié. Une intention de vote publiée le 8 mai 1969 lui accorde un score de 18 %, très loin derrière Alain Poher (40 %) et Georges Pompidou (42 %)[16]. Il doit passer son tour.

Les résultats de la même étude indiquent que 55 % des Français souhaitent un seul candidat pour la gauche. Mais dès le 29 avril, Gaston Defferre se déclare, entravant la possibilité d'une candidature unique de la gauche, puisqu'il refuse le soutien du PCF. Il entend tirer les leçons de son échec de 1965, dont il veut effacer le souvenir.

Investi par la SFIO le 4 mai, il fait campagne avec Pierre Mendès-France, qui est présenté comme son futur Premier ministre. Mais cet attelage qui ne correspond pas à l'esprit des institutions suscite l'incompréhension des électeurs. L'ancien président du Conseil, ardent défenseur du parlementarisme et pourfendeur de la Vᵉ République, s'accorde mal avec la volonté de modernité que veut porter Gaston Defferre.

L'effet de dysharmonie produit par ce ticket est renforcé par une mauvaise campagne télévisée : 24 % des personnes qui ont vu ou écouté leurs interventions officielles ont « une moins bonne opinion » du candidat et de son colistier[17]. Cette médiocre performance médiatique entraîne vers le fond la candidature du maire de Marseille qui se solde par le score humiliant de 5 %…

Outre ses maladresses et ses erreurs stratégiques, Gaston Defferre pâtit de la concurrence énergique du candidat investi le 4 mai par le Parti socialiste unifié (PSU), Michel

Rocard. Pour piloter sa campagne, cet inspecteur des finances de 38 ans s'appuie sur un *brain trust*, qui utilise les sondages et prépare ses interventions à la télévision. Cette équipe resserrée compte des spécialistes des questions d'opinion et des sondages, comme les chercheurs du CEVIPOF Gérard Grunberg[18] et Roland Cayrol[19].

Au Parti communiste, le Comité central désigne comme candidat le numéro deux du parti, Jacques Duclos. Âgé de 72 ans, le sénateur de la Seine doit renouer avec une jeunesse séduite par le maoïsme et le trotskisme pendant mai 1968 et qui s'éloigne du communisme après l'écrasement du printemps de Prague. Il fait face à la concurrence du candidat de la Ligue communiste révolutionnaire, Alain Krivine.

Les premiers pas de sa candidature sont marqués par le doute. Un sondage de la SOFRES paru dans *Le Figaro* lui attribue un score de 10 %. Pour comprendre ce résultat décevant et vérifier qu'il n'y a pas eu malfaçon ou pire, malveillance, des dignitaires du parti entrent en contact avec un responsable d'un institut. *L'Express*[20] rapporte leurs échanges :

« – Ce n'est pas possible, dirent les émissaires du PC à leur interlocuteur.

– C'est pourtant vrai.

– Recommencez pour notre compte.

– Vous y perdrez votre argent. Ces sondages ont été faits quatre fois pour quatre organisations différentes. Les résultats sont les mêmes. »

Pourtant, Jacques Duclos ne sombre pas dans le défaitisme. Lors d'une conférence de presse le 10 mai, il est interrogé sur son choix au second tour : Poher ou Pompidou ? La réponse fuse : « Ce ne sont pas les fabricants de sondages qui décident du sort des élections, ce sont les électeurs ! Nous ne jouons pas battus. Nous nous battrons pour vaincre ![21] » Pour la première fois est utilisé l'argument rappelant que le verdict des sondages n'est jamais définitif.

Quelques jours plus tard, le candidat répète son volontarisme et refuse d'être « déprimé par la publication de ces sondages.[22] » Cet optimisme était fondé. Grâce à ses talents d'orateur et à la machine logistique du parti, Jacques Duclos fait salle comble. Il raille les « 2 P », Pompidou et Poher, et voit ses intentions de vote progresser fortement. Il entame la campagne avec un score de 10 % dans la première enquête de la SOFRES (5-6 mai). Puis, il a atteint un palier à 12 % dans les deux vagues suivantes (13-14 mai et 16-17 mai), avant d'être crédité de 15 % (22 mai). La dernière mesure avant le scrutin (26-27 mai) lui attribue un score de 17 %. Les électeurs de gauche, un temps séduit par Alain Poher, reviennent vers lui.

Dans ses mémoires, Jacques Duclos note : « la cote montait, mais on avait l'impression que pour des raisons politiques elle était tenue au-dessous de son niveau réel.[23] » De fait, le dernier résultat de la SOFRES est inférieur de 4 points au résultat officiel (21,27 %).

Cette sous-estimation du vote communiste n'est pas liée à une volonté politique mais correspond à une difficulté technique que rencontrent alors les instituts : au plus fort de la lutte des classes, un an seulement après Mai 1968, les interviewés communistes préfèrent encore dissimuler un choix de vote très clivant socialement.

Georges Pompidou, entre continuité et ouverture

Après le triomphe de la droite lors des législatives de 1968, dont il a été le principal artisan, Georges Pompidou a été « placé en réserve de la République » selon l'expression du général de Gaulle. À l'automne, l'affaire Marković, machination politique outrageuse, provoque l'indignation de l'ancien Premier ministre, qui ressent avec amertume le manque de soutien du chef de l'État dans cette épreuve intime.

Le 17 janvier 1969 à Rome, il déclare : « Je serai candidat à une élection à la présidence de la République lorsqu'il y en aura une. » Un sondage IFOP révèle qu'une majorité de Français approuve cette déclaration et voit en Georges Pompidou le meilleur successeur du Général (53 % contre 8 % pour Maurice Couve de Murville, le Premier ministre en poste)[24].

Ne pouvant laisser ce crime de lèse-majesté sans réponse, Charles de Gaulle riposte en affirmant son intention de conduire son mandat à son terme légal, c'est-à-dire en 1972. Le 13 février, Georges Pompidou récidive en confiant à la télévision suisse : « J'aurai peut-être, si Dieu le veut, un destin national ».

Avec ces déclarations, il s'agit de prendre date pour la prochaine élection présidentielle mais aussi de prendre de court une éventuelle candidature de Valéry Giscard qui, depuis décembre 1968, se prépare consciencieusement à la présidentielle de 1972.

Contrairement à VGE, Georges Pompidou soutient loyalement le « oui » lors de la campagne référendaire. Il est pourtant identifié par 58 % des Français comme le premier bénéficiaire du scrutin du 27 avril[25]. Il annonce sa candidature dès le mardi 29 avril 1969 à 9 h 30.

Dans un premier temps, il subit la domination dans les intentions de vote d'Alain Poher : « ses actions montaient à la bourse des sondages[26] », note-t-il dans ses *Mémoires.* Cette situation a pour conséquence un ralentissement de la collecte de fonds, comme en témoigne le trésorier de sa campagne, Jacques Chirac : « au départ, les sondages étaient excessivement mauvais. [...] Résultat : on ne nous donnait pas une chance ni un rond.[27] »

La première intention de vote de l'IFOP, qui attribue un score de 55 % au second tour à Alain Poher, est effectivement médiocre pour Georges Pompidou. Quand Pierre Lazareff de *France-Soir* lui communique les résultats en primeur, l'ancien Premier ministre explose de colère : « C'est de la fumisterie. Ça n'existe pas. Déjà, les sondages, vous savez, j'y crois après, si ça colle avec les résultats. Va encore pour le premier tour, mais les intentions sur le second tour, ce n'est pas sérieux. Je vous demande de ne pas publier cela.[28] » De son côté, sa conseillère Marie-France Garaud fait pression sur Roland Sadoun[29]. Mais le sondage est publié dans son intégralité le lendemain.

Quelques jours plus tard, Georges Pompidou prend la même position, publiquement cette fois-ci : « Autant il me paraît normal que les instituts de sondage posent des questions en fonction d'une situation donnée (le premier tour), autant il me parait anormal, peu probant et fâcheux qu'ils se basent sur une situation hypothétique (deuxième tour).[30] » Ce point de vue est évidemment motivé par des raisons politiques, puisque l'ancien Premier ministre devance son concurrent au premier tour (43 % contre 34 %). Mais il pose un débat méthodologique important : est-il légitime de publier une intention de vote concernant le second tour alors même que le premier tour n'a pas encore eu lieu ?

Ces premiers chiffres n'entament pas la détermination de l'ancien Premier ministre, qui applique une stratégie double. D'une part, il réaffirme sa fidélité à l'action du général de Gaulle en souhaitant enraciner la Vᵉ République. Il dispose pour cela du soutien inconditionnel des députés gaullistes, qui l'ont nommé président d'honneur du groupe de l'Union pour la défense de la République (UDR, nouveau nom du parti gaulliste). D'autre part, il annonce sa volonté de rénovation de la vie politique pour respecter la victoire du « non ». Il s'agira de se différencier de son prédécesseur dans la pratique du pouvoir, de faire évoluer le régime mais sans ressusciter la IVᵉ République.

Une formule résume cette double aspiration : « le changement dans la continuité. » Ce positionnement se traduit par une volonté de rassemblement et d'ouverture aux centristes, en particulier aux Républicains indépendants.

Leur président, Valéry Giscard d'Estaing, qui a appelé à voter « non » lors du référendum, envisage de présenter sa propre candidature mais doit y renoncer : « Les sondages, dont il est grand lecteur, lui recommandaient également de ne pas se lancer dans une bataille où ils ne lui donnaient aucune chance.[31] » Dans ces conditions, VGE décide de faire alliance avec Georges Pompidou et lui apporte un soutien officiel.

Le candidat UDR obtient également le ralliement d'autres personnalités du centre. Il donne ainsi des preuves concrètes de sa capacité de rassemblement, à la différence de son adversaire qui se contente de revendiquer l'union et ne parvient pas à constituer la majorité plurielle avec laquelle il gouvernerait. Georges Pompidou pointe le risque d'un blocage institutionnel qui rappelle la IVᵉ République.

Autre atout, 47 % des Français estiment que Georges Pompidou « dispose d'une équipe capable de gouverner », soit 30 points de plus qu'Alain Poher qui apparaît esseulé (16 %)[32]. Plus généralement, une majorité des citoyens considèrent qu'il « a une politique », alors que la ligne idéologique de son adversaire est floue (52 % contre 17 %). Ces différents avantages concurrentiels vont bientôt permettre au candidat UNR de prévaloir.

Un renversement de tendance

Le pronostic de victoire, dont la mesure est introduite par la SOFRES, se retourne. À la question « À votre avis, qui, de M. Poher ou de M. Pompidou, a le plus de chance de l'emporter ?[33] » posée les 5 et 6 mai, 74 % des interviewés répondent Alain Poher (contre 19 % pour Georges Pompidou). Mais dès l'enquête du 16 au 17 mai, les scores s'équilibrent. Enfin, lors de la mesure du 22 mai, l'ancien Premier ministre accède au statut de favori (42 % contre 33 %). L'intérêt pour Alain Poher s'est brusquement évaporé.

Plusieurs causes expliquent ce renversement de tendance. D'abord, Alain Poher est devenu officiellement candidat treize jours après Georges Pompidou, qui a profité de cette période pour installer sa candidature. Ensuite, en refusant d'apparaître comme l'homme d'un parti, le Président par intérim se prive du soutien logistique que pourrait lui apporter une formation partisane. Ce handicap pèse lourd face aux rouages parfaitement huilés de la machine électorale gaulliste.

Ensuite, avant le premier tour, Alain Poher est faiblement présent dans la campagne, ce qu'il juge conforme à son rôle de Président intérimaire. Il n'organise aucune réunion publique, ne participe à aucune émission de télévision. Conséquence directe : il laisse le champ libre à ses adversaires, qui ne manquent pas de critiquer une proie aussi inoffensive. Georges Pompidou promet ainsi « un intérim de 7 ans » si son adversaire est élu.

Alain Poher attend la campagne officielle pour s'exprimer véritablement. Même si Georges Pompidou est perçu comme le « candidat ayant fait la meilleure impression à la télévision[34] », le sénateur n'obtient pas un mauvais score. En revanche, il est nettement distancé en ce qui concerne le *leadership* : l'ancien Premier ministre est jugé « le plus capable de diriger le pays » (43 % contre 27 %).

Sa suprématie est visible dans les intentions de vote : au premier tour, son niveau reste particulièrement stable, oscillant entre 39 % et 42 % selon la SOFRES et entre 40 % et 43 % selon l'IFOP. Il demeure en tête pendant toute la campagne. Au second tour, il réduit progressivement l'écart avec Alain Poher.

À mesure que s'éloigne dans les sondages la promesse d'une victoire certaine, la fébrilité succède à la sérénité dans le camp du sénateur. Les derniers sondages donnent lieu à une polémique. Le 31 mai, veille du premier tour, son entourage publie un communiqué pour s'étonner que l'intention de vote de l'IFOP publiée par *France-Soir* ne porte que sur le premier tour, contrairement aux vagues précédentes. Il dénonce une méthode « qui s'apparente plus à un moyen de pression qu'à un souci d'information objective[35] ».

Il s'interroge aussi sur les différences entre les chiffres publiés par les instituts. Alain Poher est crédité d'un score de 25 % par l'IFOP et de 31 % par la SOFRES. En réalité, il ne s'agit pas d'une manœuvre mais d'un décalage dans les dates de réalisation des deux enquêtes : celle de l'IFOP a été menée le 29 mai, soit deux jours après celle de la SOFRES (26-27 mai).

Le jour du premier tour, des estimations du vote sont conduites par les grandes radios. Europe n° 1 avec l'IFOP et la Société informatique de conseil et de recherche opérationnelle (SINCRO) travaille à partir d'un échantillon de 1 000 bureaux de vote. À Radio Luxembourg, l'opération utilise 380 bureaux. Enfin, le service d'estimation électorale (ou de « prospective électorale ») de l'AFP est réactivé.

Les estimations sont diffusées pour la première fois à la télévision. Georges Pompidou recueille un score identique à celui du général de Gaulle en 1965 (43,95 %), soit un chiffre supérieur aux derniers sondages de l'IFOP et de la SOFRES (41 % chacun). Alain Poher (23,42 %) est devancé de 20 points. Son score a été surestimé de 2 points par l'IFOP et de plus de 7 points par la SOFRES. Dans ses mémoires, il reconnaît lui-même la médiocrité de son résultat : « Pour quelqu'un qui en début de campagne était crédité de 39 %, me retrouver à 23 % [...] voilà qui n'était guère brillant.[36] »

« Blanc bonnet contre bonnet blanc »

Selon un sondage[37] publié le 6 juin, les résultats du premier tour sont perçus par les Français « plutôt comme un succès » pour Georges Pompidou et Jacques Duclos. Le scrutin marque « plutôt un échec » pour Alain Poher et surtout pour Gaston Defferre.

Plusieurs personnalités politiques du centre qui soutiennent Georges Pompidou font pression pour le retrait de la candidature d'Alain Poher, afin que le centrisme ne soit pas incarné par deux candidats et que la gauche soit représentée. Le président du Sénat reste inflexible : les Français l'approuvent et jugent qu'il « a bien fait de se maintenir » (54 %).

Au second tour, les instituts doivent faire face à une inconnue majeure : la participation. Ils redoutent une forme de lassitude du vote car les électeurs sont appelés aux urnes pour la septième fois en deux ans. Cette situation favorise une hausse de l'abstention, qui risque aussi d'être amplifiée par l'absence de candidats de gauche.

Seuls Gaston Defferre et la SFIO appellent à voter pour Alain Poher. Le Parti communiste estime que « Georges Poher » et « Alain Pompidou » sont les frères siamois du conservatisme. Dès lors, « s'abstenir, c'est agir contre la réaction », comme le proclame une affiche du PCF. Même si 47 % des Français désapprouvent cette consigne d'abstention[38], Jacques Duclos renvoie dos à dos les deux finalistes à travers une formule destinée à démontrer leur interchangeabilité : « blanc bonnet, bonnet blanc. »

Pourtant, plusieurs aspects différencient les deux hommes, notamment leurs images respectives. Une enquête de la Cofremca intitulée « Quel président veulent les Français ? »[39] révèle que les principales qualités reconnues à Alain Poher sont la « simplicité » et la « sympathie ». En négatif, il paraît « mou », « hypocrite » et même « falot ». Le portrait de Georges Pompidou fait apparaître un homme « énergique » et « compétent ». Tirant les bénéfices de son *cursus honorum*, il est également perçu comme « intelligent ».

Le contraste entre les deux candidats tient en une phrase : « on suppose que M. Poher a des qualités de cœur et M. Pompidou du savoir-faire et de la compétence » conclut l'article. Un tract des jeunes gaullistes résume parfaitement cette opposition de caractère : « il nous faut un homme pas un bonhomme.[40] »

Après l'échec du premier tour, Alain Poher commande en urgence un sondage confidentiel[41]. Les résultats le conduisent à décider une réorientation stratégique. Il se lance dans un tour de France à bride abattue et enchaîne les réunions publiques. Cette omniprésence sur le terrain s'accompagne d'un changement d'image : le conciliateur laisse la place à un personnage plus pugnace, qui dénonce la politique de son adversaire et du « clan » gaulliste.

Cette volte-face subite déconcerte son électorat et accroît l'impression d'incohérence et d'inconsistance dont souffre le président par intérim. Le rapport de force évolue. Avant le premier tour, les intentions de vote mesurées par l'IFOP laissaient encore à Alain Poher l'espoir d'être élu d'une courte tête (51 %). Après le scrutin, Georges Pompidou devient favori : les trois mesures effectuées dans l'entre-deux tours lui attribuent toutes un score supérieur à 55 %.

Au second tour, les estimations sont diffusées à la télévision, via une mise en scène toute médiatique. Derrière les journalistes, le décor représente deux gigantesques thermomètres gradués côte à côte : celui de gauche symbolise le score d'Alain Poher, celui de droite le résultat de Georges Pompidou. Un liquide coloré indique la température électorale…

L'ancien Premier ministre écrase son adversaire (58,21 %). Le candidat du centre a pâti de l'abstention qui s'établit à un niveau très élevé (31 %, soit deux fois plus qu'en 1965). La présidentielle de 1969 marque une nouvelle étape dans la consolidation de la Ve République, qui survit à son fondateur. Sur le plan politique, le ralliement des centristes à Georges Pompidou et l'échec de la majorité centrale ouvrent la voie à la bipolarisation.

La présence des sondages dans les campagnes électorales se normalise, grâce aux commandes des médias. Les quotidiens restent les principaux commanditaires. *France-Soir* reconduit son partenariat avec l'IFOP. *Le Figaro* et *Le Monde* choisissent la SOFRES. L'hebdomadaire *Valeurs Actuelles* publie un sondage IRES-Opinion. *L'Express* utilise les chiffres de l'IFOP, la SOFRES et la Cofremca. Dans *Le Figaro*, le journaliste Michel Bassi estime ainsi que la presse « démythifie » les sondages et « en fait un des éléments habituels du débat politique. Comme la télévision, les sondages existent. Il faudra bien s'y accoutumer[42] ».

Les électeurs font l'apprentissage de leur lecture. *Le Figaro*[43] révèle que 67 % des Français déclarent avoir pris connaissance des sondages d'opinion publiés pendant la campagne électorale. Un tiers des interviewés estiment que les électeurs prennent en considération les indications des sondages avant de se décider. Et seule une minorité (17 %) avoue en tenir compte personnellement.

Pourtant, les craintes qui sont associées aux sondages, et qui avaient déjà été exprimées en 1965, sont toujours vivaces. *L'Express* (21-27 avril 1969) publie un article intitulé « Les sondages faussent-ils la consultation ? » Plusieurs solutions sont évoquées pour se prémunir contre une influence indue, comme la nationalisation des instituts ou l'interdiction de la publication de leurs chiffres pendant la campagne.

Apparaissent aussi les prémisses des reproches concernant l'utilisation des sondages par les médias, notamment la couverture de l'élection comme une compétition sportive : « Grâce aux sondages d'opinion, [...] on peut suivre la tactique des équipes rivales et le jeu de leurs « gregarii ». On peut se joindre à la clameur des comités de supporters.[44] »

En dépit de la brièveté de la campagne (cinquante jours), l'élection présidentielle de 1969 a ainsi été le théâtre d'une première remise en cause des sondages par les hommes politiques et les journalistes. Les instituts pensent disposer de sept ans pour consolider leur position. Seuls cinq leur seront donnés.

1974

L'instrumentalisation politique

> Ne vous laissez pas impressionner par les sondages. Est-ce que vous avez été sondés, vous ?
>
> JACQUES CHABAN-DELMAS

Comme en 1969, la campagne présidentielle de 1974 est brève mais émaillée par plusieurs incidents politiques concernant directement les sondages.

La succession annoncée de Georges Pompidou

Au début des années 1970, la télévision nouvellement libéralisée favorise la familiarisation des Français avec les études d'opinion. L'émission politique de référence, « À armes égales », débute par la présentation d'un sondage exclusif de la SOFRES dont les résultats sont commentés par Pierre Weill.

Plus visibles, les sondages sont également plus critiqués. En 1972, le référendum sur l'entrée du Royaume-Uni dans la Communauté économique européenne suscite une abstention très élevée (40 %). Les sondages sont accusés d'avoir démobilisé les électeurs. Plusieurs intellectuels prennent position contre eux. Le sociologue Pierre Bourdieu prononce un exposé critique, publié sous le titre « L'opinion publique n'existe pas ». L'académicien Maurice Druon écrit dans *Le Monde* deux articles au vitriol contre les sondages.

Les politiques se saisissent du sujet. En novembre 1972, une proposition de loi « tendant à interdire la publication et la diffusion de certains sondages d'opinion en période électorale[1] » est présentée au Sénat. Fait exceptionnel, le texte est adopté à l'unanimité avant d'être bloqué par le président de la République, qui explique sa position : « Ces sondages sont une maladie [...] mais ils font partie de l'information. Je suis contre l'interdiction de tout moyen d'information[2]. »

Après les législatives de 1973, l'attention politique se concentre sur l'état de santé de Georges Pompidou, qui suscite une inquiétude diffuse. Une présidentielle anticipée est envisagée par les instituts. Au second tour, le président (55 %) serait réélu face à François Mitterrand (30 %)[3]. Deux autres personnalités de la majorité sont également testées : l'ancien Premier ministre Jacques-Chaban Delmas et le ministre de l'Économie Valéry Giscard d'Estaing. Chacun l'emporterait également face au socialiste (51 % contre 31 % dans les deux cas).

Le 21 mars 1974, l'Élysée publie un bulletin de santé indiquant que le président doit se reposer à son domicile. 48 % des Français estiment alors que « des élections présidentielles (*sic*) auront lieu d'ici à la fin de l'année 1974[4] ». Un autre sondage[5] réalisé par Publimétrie, un nouvel institut, révèle que 62 % des Français seraient favorables à la création d'un poste de vice-président, destiné à « aider le chef de l'État ou, éventuellement, achever son mandat ». Les médias comme l'opinion s'attendent à une tragédie imminente.

Elle survient le mardi 2 avril 1974, avec l'annonce à 21 heures du décès de Georges Pompidou. Une fois le choc de l'évènement absorbé, l'attention des acteurs politiques se fixe sur la succession du chef de l'État. Au sein de la majorité, Valéry Giscard d'Estaing prépare de longue date une candidature présidentielle. Dès 1964, il avait commandé un premier sondage sur son image afin de se forger une stature d'homme d'État[6]. Congédié du gouvernement en janvier 1966, il n'a eu de cesse de lancer des piques au général de Gaulle et a contribué à sa défaite lors du référendum de 1969.

Mais la présidentielle surprise a eu lieu trop précocement pour lui. Selon un sondage qu'il avait alors commandé à la hâte, il aurait obtenu trente points de moins que Georges Pompidou (8 % contre 38 %), un écart qui lui semblait impossible à combler et l'a incité à se rallier[7]. Artisan de la victoire de 1969, il fut le seul grand argentier du quinquennat.

Dès que l'état de santé du président a ouvert la perspective d'une élection anticipée, les collaborateurs de Valéry Giscard d'Estaing ont commandé des sondages, afin de se préparer à toute éventualité. Le rapport de la dernière étude confidentielle est remis au ministre sur le parvis de Notre-Dame, à l'issue de la messe de requiem donnée en l'honneur du président défunt[8]. À la différence de 1969, les résultats confortent son ambition.

La « fausse égalité de départ » entre Chaban et Giscard

À droite, c'est une autre personnalité qui fait figure de favori : Jacques Chaban-Delmas. Gaulliste historique, maire de Bordeaux, il a présidé l'Assemblée nationale. Nommé à Matignon en 1969, il a bénéficié d'une popularité sans précédent qui a culminé à 66 % en octobre 1970 selon l'IFOP, jusqu'à ce que Georges Pompidou lui reproche de mener une politique trop progressiste, présentée sous le nom de « nouvelle société ».

Depuis son limogeage en juillet 1972, il prépare activement sa candidature à la présidentielle, notamment en commandant des sondages sur son image[9], qui reste favorable. Au début de 1974, un sondage Publimétrie indique qu'il serait le choix préféré des Français pour prendre la suite de son successeur à Matignon, Pierre Messmer[10]. En mars 1974, il bénéficie d'un taux d'opinions positives de 61 %, équivalent à celui de Valéry Giscard d'Estaing (60 %), mais supérieur à celui de François Mitterrand (38 %)[11].

Au sein de son camp, il doit décourager le Premier ministre qui, en tant que chef de la majorité, est le candidat naturel. Le soir du décès du président, Pierre Messmer s'interroge sur le comportement qu'il doit adopter. Il sait qu'il est peu populaire (42 % selon le baromètre IFOP en mars 1974) et que son score au second tour (46 %) est plus faible que ceux de Jacques Chaban-Delmas (49 %) et Valéry Giscard d'Estaing (48 %)[12].

Le lendemain, une réunion de crise a lieu à Matignon en présence des barons gaullistes. Réfréné par les sondages, le Premier ministre se refuse à faire un pas vers une candidature d'unité.

Inversement, Jacques Chaban-Delmas affiche sa volonté et dresse son propre éloge en s'appuyant sur l'opinion[13]. Dès le jeudi 4 avril, jour de l'inhumation de Georges Pompidou, il se précipite et annonce sa candidature par un communiqué publié par l'AFP à 16 h 09, au moment où est prononcé l'éloge funèbre du Président dans l'hémicycle. Seul l'ancien ministre Christian Fouchet a été plus rapide en se déclarant candidat quelques heures auparavant. Le président de l'Assemblée nationale, Edgar Faure, suit leur exemple promptement.

Le samedi 6 avril, le dernier sondage[14] réalisé avant la mort de Georges Pompidou est publié dans *L'Aurore*. Au premier tour, François Mitterrand est systématiquement en tête, quelle que soit l'offre électorale. À droite, Jacques Chaban-Delmas occupe la meilleure position et devance de quelques points Valéry Giscard d'Estaing. Pour les électeurs de la majorité, le maire de Bordeaux est le meilleur candidat de son camp (43 % contre 23 % pour VGE)[15].

Fort de ces premiers résultats, Jacques Chaban-Delmas obtient l'investiture de l'UDR, le parti gaulliste, le 7 avril. Le lendemain, Valéry Giscard d'Estaing, qui a respecté un délai de décence, annonce sa candidature, en souhaitant « regarder la France au fond des yeux ».

Dans les premiers sondages réalisés par l'IFOP et la SOFRES le 9 avril, les positions de Jacques Chaban-Delmas et Valéry Giscard d'Estaing sont très proches. Cette « fausse égalité de départ[16] » masque les faiblesses réelles de l'ancien Premier ministre. L'opinion semble vouloir prendre parti pour son rival, qui apparaît « plus intelligent, plus compétent, plus sérieux, plus sincère, plus désintéressé et plus apte à résoudre les principaux problèmes de l'heure que son adversaire.[17] »

Cette « supériorité virtuelle » de VGE est encore illisible dans les chiffres, en raison du seul avantage dont bénéficie encore Jacques Chaban-Delmas, c'est-à-dire sa capacité perçue à battre François Mitterrand. Un sondage[18] indique ainsi qu'il est la personnalité qui « a le plus de chances d'être élue président de la République » (39 %), devant le candidat socialiste (30 %) et Valéry Giscard d'Estaing (21 %). Parmi l'électorat de la majorité, le soutien à Jacques Chaban-Delmas relève ainsi davantage d'une logique de vote utile que d'une adhésion authentique.

Son programme ne correspond pas aux attentes des électeurs. Il souhaite « reprendre la construction de la Nouvelle société, là où elle avait été interrompue ». Outre qu'il paraît déjà vu et daté, ce projet politique est jugé trop au centre, voire à gauche, pour la partie traditionnelle de l'électorat de droite.

Inversement, Valéry Giscard d'Estaing promet de moderniser l'exercice du pouvoir tout en s'inscrivant dans le prolongement de l'action du général de Gaulle et de Georges Pompidou : c'est « le changement sans le risque », formule habile qui discrédite la continuité répétitive prônée par Jacques Chaban-Delmas et la transformation radicale proposée par François Mitterrand, dont l'alliance avec les communistes effraie.

Valéry Giscard d'Estaing axe sa campagne autour du thème de la nouveauté. Cela passe d'abord par le renouvellement générationnel. Face à François Mitterrand et Jacques Chaban-Delmas, plus âgés que lui et qui apparaissent comme des hommes de la IVe République, il érige sa jeunesse en argument politique. Nouveauté également dans la façon de mener sa campagne, conservatrice sur le fond, mais audacieuse sur la forme.

Comme Jean Lecanuet, Valéry Giscard d'Estaing a été marqué par John Kennedy. Il a rencontré son consultant politique, Joseph Napolitan[19], qui articulait adroitement la communication et les sondages. Suivant ses préceptes, une équipe « évaluation-sondages » est mise sur pied. Dirigée par le polytechnicien Lionel Stoléru, ancien conseiller technique au cabinet de Valéry Giscard d'Estaing, elle comprend notamment Michel Pinton, dont le rôle consiste à fournir des statistiques au candidat.

Une autre personne analyse l'opinion : un « polytechnicien spécialiste d'informatique faisait une synthèse quotidienne de toutes les enquêtes qui paraissent ici ou là[20] ». Le nom de l'auteur de ce document transmis chaque jour au candidat n'est pas révélé. L'organigramme de la campagne indique mystérieusement : « Analyse, sondage et orientation de la campagne : M. Y ». On sait seulement que cet énigmatique Y est un ancien condisciple de Valéry Giscard d'Estaing à X.

L'équipe de campagne commande « aux instituts des enquêtes de motivation afin de mieux cibler les messages du candidat destinés aux électeurs[21] ». À l'initiative de Lionel Stoléru, est mise en place « une astucieuse cellule d'évaluation à partir d'un panel de sympathisants interrogés quotidiennement sur les initiatives du candidat[22] ». Enfin, l'état-major politique se réunit une ou deux fois par semaine pour analyser les derniers sondages[23].

L'arbitrage des sondages

Deux évènements importants vont influer sur les sondages. Le premier est le soutien de Jean Lecanuet à Valéry Giscard d'Estaing, qui est annoncé le 10 avril : l'apport dans les intentions de vote de ce ralliement est estimé à trois points[24].

Le second provient des gaullistes antichabanistes. Le 13 avril, le ministre de l'Intérieur Jacques Chirac, trois autres ministres et 39 députés de la majorité publient un manifeste en faveur de l'union de la majorité, connu sous le nom d'appel des 43. Ce texte place Jacques Chaban-Delmas dans le rôle du diviseur entêté et autorise les électeurs de droite à se détacher de lui.

Valéry Giscard d'Estaing exploite ce signal en déployant une stratégie en deux temps. Son premier objectif consiste à établir sa capacité à figurer au second tour. C'est chose faite le 17 avril quand un premier sondage lui donne trois points d'avance sur Jacques Chaban-Delmas (27 % contre 24 %)[25].

Le jour même, à l'issue d'un débat sur Europe n° 1, Jacques Chaban-Delmas évoque en privé ces chiffres avec François Mitterrand, son ancien collègue dans le gouvernement de Pierre Mendès France. Le candidat de la gauche se veut rassurant : « Ne t'en fais pas Jacques, les sondages, ça ne veut rien dire.[26] » Mais la donne vient de changer puisque, selon les sondages, Valéry Giscard d'Estaing paraît désormais en mesure d'accéder au second tour.

Il s'agit alors pour VGE d'atteindre son second objectif stratégique : démontrer qu'il ferait mieux que Jacques Chaban-Delmas face à François Mitterrand. Le samedi 20 avril, *France-Soir* publie un sondage des Renseignements généraux. Pour la première fois, les chiffres annoncent qu'au second tour Valéry Giscard d'Estaing l'emporterait face à François Mitterrand (51 % contre 49 %), alors que Jacques Chaban-Delmas ferait jeu égal avec le candidat du PS. Au sein de la majorité, VGE apparaît ainsi en meilleure position que son concurrent.

La publication de ce sondage destiné à rester confidentiel soulève une polémique. Dans ses mémoires, Jacques Chaban-Delmas affirme avoir été victime d'un véritable sabotage : « On a truqué les sondages, qui m'étaient favorables, au départ. J'en ai eu la révélation à travers la confidence que m'ont faite des préfets amis : ils avaient reçu des Renseignements généraux la consigne d'inverser la tendance.[27] » Sur le moment, ses partisans dénoncent à demi-mot une manœuvre orchestrée par Jacques Chirac.

Invité par Europe n° 1 le 22 avril, le ministre de l'Intérieur affirme que la diffusion de ce sondage est due à « une fuite », thèse peu vraisemblable étant donné la tradition de secret des RG. Faussement naïf, il déclare : « Je ne vois pas en quoi cette fuite, que je déplore, est de nature à porter tort à qui que ce soit.[28] » Mais comment ne pas constater que la médiatisation de ces chiffres appuie opportunément l'effet de ciseaux qui s'opère entre les campagnes respectives de Jacques Chaban-Delmas et Valéry Giscard d'Estaing ?

À la décharge de Jacques Chirac, il faut noter que les instituts confirment rapidement les tendances des chiffres ministériels. Le 22 avril, l'IFOP et la SOFRES conduisent chacun une enquête : Valéry Giscard d'Estaing devance son rival respectivement de 3 et 4 points. C'est après cette date que s'ouvre le gouffre qui va irrémédiablement séparer les deux candidats. Dans l'intention de vote réalisée les 23 et 24 avril par l'IFOP, l'écart passe de 3 à 13 points ! Valéry Giscard d'Estaing bondit de 5 points (31 %) et passe la barre symbolique des 30 %, tandis que Jacques Chaban-Delmas s'effondre de 6 points (18 %).

En deux semaines, le maire de Bordeaux a perdu 11 points. La SOFRES et Publimétrie lui attribuent un score encore plus bas (17 %). La primauté du candidat centriste est établie. Le 25 avril 1974, *Le Figaro* titre en une : « Renversement de tendance pour le 2e tour. M. Giscard d'Estaing (52 %) mieux placé que M. Chaban-Delmas (50 %) pour battre M. Mitterrand. » Jacques Chaban-Delmas vient de perdre son principal argument de campagne : il n'est plus le rempart le plus solide de la majorité face à la gauche.

Pour rattraper son retard, il mise sur la campagne officielle à la télévision. Mais ses prestations médiatiques sont de mauvaise qualité[29] : après l'avoir vu, 32 % des téléspectateurs le jugent moins apte à être président de la République qu'avant.

Politiquement, Jacques Chaban-Delmas ne sait pas comment réagir. Il tente de donner une teinte sociale à son discours, ce qui lui attire une remarque ironique de la candidate trotskiste Arlette Laguiller : « Encore deux ou trois sondages en baisse et on va retrouver ces messieurs de l'U.D.R. en train de chanter l'Internationale.[30] » Il est dépouillé de tous côtés : François Mitterrand a préempté les thématiques sociales, Valéry Giscard d'Estaing l'a supplanté dans l'incarnation de la modernité politique.

Tenant de l'ordre moral, le maire de Tours, Jean Royer, lui conteste le conservatisme et séduit la partie la plus à droite de la majorité. Son score dans les intentions de vote est mesuré à son maximum à 7 % par Publimétrie (19-20 avril), avant de décroître à 3 %, soit un niveau très éloigné de ses ambitions. Alors, il verse dans le complotisme en déclarant en *meeting* : « Ne vous fiez pas aux sondages, ils sont organisés à la commande des plus puissants, des plus argentés.[31] »

Son épouse elle-même dénonce publiquement « une cabale » et accuse la presse de publier « des sondages archi-faux. La preuve, c'est que le pourcentage de mon mari diminue tous les jours ! Vous verrez que, demain, on lui prêtera des scores négatifs[32] ». Quelques jours plus tard, Jean Royer fait distribuer un tract intitulé « Les vrais sondages ». Ce document de propagande n'hésite pas à lui attribuer un score de 18 % le plaçant devant Valéry Giscard d'Estaing (17 %), pour crédibiliser la possibilité d'une victoire[33].

Jacques Chaban-Delmas se montre tout aussi virulent contre les sondages. Le 2 mai, il met en garde ses électeurs : « Ne vous laissez pas impressionner par les sondages.[34] » Lors d'une réunion publique à Paris, ses partisans scandent

« Les sondages, c'est du bidon ![35] ». À Marseille, le candidat est accueilli aux cris de « Chaban président, les sondages à la mer, Chirac trahison[36] ». Le 3 mai, dans un spot télévisé, il lance un dernier appel aux électeurs : « Ce que les sondages ont prétendu ces derniers jours, votre vote peut le changer en une minute. Ne laissez pas les sondages voter à votre place.[37] »

À la veille du scrutin, la qualification de Valéry Giscard d'Estaing pour le second tour semble acquise. Sa campagne produit une impression de facilité. Le candidat a habilement retourné la situation à son avantage en créant une dynamique attestée par les sondages. Rétrospectivement, il dira avoir été « porté par cette montée de l'opinion publique[38] ».

La campagne unitaire et méthodique de la gauche

À gauche, François Mitterrand se prépare depuis longtemps à participer à la présidentielle qui devait avoir lieu en 1976. Lors du congrès d'Épinay en juin 1971, il a refondé le Parti socialiste, dont il est devenu Premier secrétaire. Il a ensuite réalisé l'union de la gauche, en signant en 1972 un programme commun avec le Mouvement des radicaux de gauche et le Parti communiste.

Son statut de leader de l'opposition est validé par les sondages. Plusieurs intentions de vote[39] testent sa candidature à la présidentielle face à Georges Pompidou. Au second tour, le Président en sortirait vainqueur (59 % en janvier 1973, 55 % en janvier 1974). Mais la crédibilité électorale de François Mitterrand s'enracine progressivement.

Il aborde donc la campagne qui s'ouvre dans des conditions plus favorables qu'en 1965. Le 4 avril, Georges Marchais, le Secrétaire général du PCF, lui annonce son souhait d'une candidature d'union de la gauche. Ayant reçu l'appui de ses alliés politiques et syndicaux, François Mitterrand se déclare candidat le 8 avril.

Le 11 avril, la publication du premier sondage SOFRES par *Le Figaro* le place en tête (36 %). Ce niveau initial élevé lui fournit l'occasion d'évoquer sa précédente candidature devant la presse : « en 1965 j'avais commencé ma campagne à 16 %, alors que, finalement, j'ai obtenu 32 % des suffrages au premier tour. Je démarre à 40 % à présent. J'attends donc la suite.[40] »

François Mitterrand est beaucoup mieux préparé qu'en 1965. Il a envoyé Claude Perdriel, le directeur général du *Nouvel Observateur*, aux États-Unis suivre la campagne de George McGovern, le canditat démocrate à la présidentielle de 1972[41]. Parmi les idées rapportées de ce voyage d'études, il retient l'usage des études d'opinion pour piloter la campagne électorale. Il « se convertit donc aux sondages pour entamer son dialogue avec l'opinion[42] ».

Son équipe les utilise pleinement. Claude Perdriel, qui a été désigné directeur de la campagne, commande une enquête sur les motivations des électeurs[43] à la SOFRES, qui est également sollicitée pour le choix du slogan du candidat[44]. L'IFOP sonde les segments clés de l'électorat. Les études confidentielles fournissent aussi du contenu stratégique concernant les thématiques que le candidat doit aborder.

Les sondages publiés consacrent la supériorité de François Mitterrand. Tout au long de la campagne, il devance d'au moins 9 points son premier concurrent dans les intentions de vote. À l'exception du premier sondage de la SOFRES, qui testait Edgar Faure, son score est systématiquement supérieur à 40 % et progresse à l'approche du scrutin. Sa suprématie est telle que *L'Express* (29 avril-5 mai) s'interroge en une « Mitterrand au 1er tour ? »

Dans son camp, la concurrence est faible, voire inexistante. À l'extrême gauche, Alain Krivine présente une nouvelle candidature. Arlette Laguiller devient la première femme candidate à la présidentielle. D'autres candidats participent à l'élection. L'écologie est pour la première fois représentée par René Dumont. L'ancien directeur de campagne de Jean-Louis Tixier-Vignancour, Jean-Marie Le Pen, effectue sa première participation. Au total, douze personnalités sont candidates, soit deux fois plus qu'en 1965.

Le 5 mai, jour du premier tour, un sondeur est pour la première fois à l'antenne lors d'une soirée électorale à la télévision. Pierre Weill, certes en duplex mais en direct, révèle sur la première chaîne les chiffres de l'estimation de la SOFRES, qui ne sont plus fournis sous forme de fourchettes : François Mitterrand (44 %) et Valéry Giscard d'Estaing (33 %) sont qualifiés ; Jacques Chaban-Delmas (13,6 %) se classe en troisième position. L'estimation de l'IFOP pour Europe n° 1 et celle réalisée par Honeywell-Bull pour RTL confirment ces chiffres.

À droite, « les sondages ont tenu lieu de primaires[45] ». Refusant toute influence, les sondeurs se limitent à admettre que « le rôle des sondages a seulement été de dissiper une illusion largement répandue[46] », qui faisait du maire de Bordeaux le meilleur candidat de la majorité. Valéry Giscard d'Estaing a su exploiter à son profit « le coup de pouce donné par la publication des sondages.[47] »

A contrario, Jacques Chaban-Delmas n'a cessé de lutter contre les chiffres des instituts. Ce déclin inexorable dans les sondages d'un candidat censé initialement l'emporter passe à la postérité sous le nom de « chabanisation ». Le parti du fondateur de la Ve République perd le pouvoir suprême, qu'il exerçait depuis plus de quinze ans.

À l'issue du scrutin, la qualité technique des intentions de vote est saluée. *Le Monde* reconnaît qu'il existe « un vainqueur incontesté du premier tour : l'ensemble des sondages. D'une élection à l'autre, on en admire la technique et la réussite[48] ». Le journal *Combat* titre un article « Les sondages ont gagné » (6 mai 1974).

L'entre-deux tours : polémiques et censure

Après le premier tour, Valéry Giscard d'Estaing reçoit l'appui de son camp : Jacques Chaban-Delmas, Jean Royer, Émile Muller et Jean-Marie Le Pen appellent à voter pour lui. Fort de ces soutiens, il évoque les risques d'instabilité politique et de désordre économique si François Mitterrand est élu.

Son image est meilleure que celle du candidat socialiste sur tous les aspects, à l'exception de la proximité avec les citoyens. Sur le plan personnel, Valéry Giscard d'Estaing apparaît davantage comme « un homme honnête » (72 %) et « sincère » (65 %)[49]. Il « inspire confiance » (65 %). Il « a l'étoffe d'un président de la République » (64 %).

Pour la première fois en France, un duel télévisé entre les candidats finalistes est organisé par l'ORTF. Il a lieu le jeudi 9 mai. Deux répliques de Valéry Giscard d'Estaing retiennent l'attention. Se présentant comme un homme d'avenir, il assène à François Mitterrand « vous êtes un homme du passé », avant de lui refuser la possibilité de s'arroger le « monopole du cœur ».

Pour animer l'antenne, les dirigeants d'Europe n° 1 ont demandé à l'IFOP de concevoir un dispositif permettant de recueillir le jugement des Français et d'en diffuser les résultats 30 minutes après la fin du débat. L'institut relève le défi[50].

Un échantillon de 400 téléspectateurs résidant en région parisienne est constitué et interrogé à chaud.

Selon ce sondage-express, 54 % des personnes interrogées ont trouvé le débat « très intéressant » ou « passionnant »[51]. Le gain symbolique du duel est attribué à Valéry Giscard d'Estaing, ce qui suscite la fureur des partisans de François Mitterrand qui considèrent que ce « sondage, hâtivement réalisé, dans les minutes qui ont suivi le face-à-face [...] peut être considéré comme une manœuvre.[52] »

Le débat obtient une audience spectaculaire : d'après la SOFRES[53], 81 % des Français déclarent l'avoir regardé. Le 13 mai, *Le Figaro* titre son éditorial « creuser l'écart » et publie les résultats d'un sondage de la SOFRES réalisé le 11 mai dans lequel Valéry Giscard d'Estaing est crédité d'un score de 51,5 %.

Face à ces chiffres alarmants, François Mitterrand doit reprendre la main. Le 14 mai, invité d'Europe n° 1, il s'exprime sur le sondage-express réalisé après le débat et dénonce une opération politique destinée à lui nuire : « Lorsqu'il est manipulé, lorsqu'on intervient sur un sondage, comme vendredi soir [...], j'en tire la conclusion que j'ai à m'en plaindre et, croyez-moi, je le fais.[54] » Effectivement, une plainte est déposée.

Mais l'avantage pris par Valéry Giscard d'Estaing à l'issue du débat est éphémère. Le 15 mai, un sondage des Renseignements généraux annonce leur égalité parfaite. Le 16 mai, la SOFRES place les deux candidats *ex aequo*. *Le Figaro* titre « GISCARD-MITTERRAND À ÉGALITÉ, mais 12 % d'indécis ». Cette égalité statistique entre les deux prétendants va donner lieu au premier cas de censure d'un sondage imposé par le pouvoir.

Comme lors des élections précédentes, *France-Soir* commande à l'IFOP une dernière intention de vote destinée à être publiée le jour du scrutin. Les résultats sont transmis en avant-première aux états-majors des candidats finalistes. Le vendredi 17 mai, Gaston Defferre, proche du candidat socialiste, puis Jacques Chirac demandent à Henri Amouroux, directeur de *France-Soir*, de ne pas publier le sondage. Il refuse et fait savoir qu'il ne se plierait qu'à une réclamation présidentielle.

Alain Poher, qui exerce à nouveau l'intérim, l'appelle et réitère la demande car il craint que la publication déplace indûment quelques voix, faisant ainsi basculer artificiellement un scrutin indécis. Il redoute aussi que la parution suscite des troubles à l'ordre public, alors que la violence politique post-soixante-huitarde est encore vivace. Il appréhende enfin des conséquences sur le cours des valeurs boursières, les investisseurs s'effrayant de la possible élection du candidat socialo-communiste[55].

Le directeur de *France-Soir* accepte la requête présidentielle, à condition de recevoir une lettre manuscrite exigeant la non-publication. Le jour de l'élection, le 19 mai, *France-Soir* titre « À la demande du président de la République, France-Soir accepte de ne pas publier son sondage » et publie un fac-similé de la lettre du Président. Les résultats seront publiés un an après l'élection : les deux candidats étaient placés à égalité !

Cette affaire est révélatrice du rapport de sujétion des journalistes vis-à-vis du pouvoir à cette époque, malgré la libéralisation de l'ORTF. La démarche d'Alain Poher, appuyée par les équipes de deux candidats, traduit également une surestimation des effets électoraux attribués aux sondages publiés par les hommes politiques.

Confidentielles ou non, les dernières intentions de vote indiquent toutes que le rapport de force est particulièrement équilibré. Quelques voix feront la différence, ce que les sondages ne sont pas en mesure d'anticiper comme le constate Valérie Giscard d'Estaing: « Des élections à 2 ou 3 % des voix… 2 ou 3 % des voix, c'est totalement imprévisible.[56] » Il sait cependant que, selon les Français, il a le plus de chances d'être élu (53 % contre 30 % pour son adversaire)[57]. Le 19 mai, il attend le verdict des urnes seul, installé dans son bureau ministériel, dont les fenêtres donnent sur la cour intérieure du Louvre.

La sérénité et la solitude du candidat centriste tranchent avec l'agitation de la rédaction d'Europe n° 1, qui attend fébrilement l'estimation de l'IFOP. À 19 h 45, l'institut attribue un score de 50,63 % à Valéry Giscard d'Estaing. Mais dans la mesure où le vote est encore en cours dans les grandes villes, les dirigeants de la station refusent d'annoncer le nom d'un vainqueur: « on ne parie pas sur le nom du Président », dit Jean Gorini[58]. TF1 n'a pas cette retenue. À 20 heures, elle diffuse l'estimation de la SOFRES, qui confirme la victoire du ministre de l'Économie (50,9 %).

Valéry Giscard d'Estaing l'emporte avec une avance de 425 000 voix seulement. Il a bénéficié de bons reports de voix de la part des électeurs de droite du premier tour. Selon le sondage post-électoral de la SOFRES[59], 83 % des électeurs de Jacques Chaban-Delmas et 80 % de ceux de Jean Royer ont voté pour lui.

La deuxième candidature présidentielle de François Mitterrand se solde par un échec d'autant plus frustrant que la victoire était à portée de main. Mais il recueille 5 millions de voix de plus qu'en 1965. Il redevient Premier secrétaire du Parti socialiste et réaffirme immédiatement sa détermination: « il n'y aura de notre part ni pause, ni trêve. »

Vers une législation des sondages

Pendant la campagne, 25 sondages ont été publiés, contre 19 en 1969 et 14 en 1965. Au total, l'IFOP a publié 11 enquêtes dans *France-Soir* et *Le Point*, tandis que la SOFRES en a diffusé 7 dans *Le Figaro*. L'apparition de Publimétrie, qui a publié 7 enquêtes dans *L'Aurore*, a logiquement accru la production. Les instituts ont également investigué des cibles particulières, comme les syndiqués et les personnes inscrites sur les listes électorales après la présidentielle de 1969[60].

Cette prolifération des sondages apparaît spectaculaire et suspecte, comme le décrit finement Francis Balle : « Spectaculaire par l'électrochoc auquel candidats et électeurs semblent soumis par la publication tous les deux jours – score jamais atteint – d'une nouvelle radiographie du corps électoral. Suspecte également au regard de l'image la plus commune, représentant le libre jeu de la compétition électorale.[61] » Cette suspicion vis-à-vis de l'instrumentalisation politique des sondages constitue le trait distinctif de cette campagne.

Elle conduit plusieurs voix à appeler à l'interdiction de publication des sondages. Estimant que « ces sondages sont devenus des pronostics » qui transforment l'élection en un « tiercé hebdomadaire, voire quotidien[62] », le président du Centre d'information civique demande à Alain Poher de faire cesser leur publication, comme en 1969.

Même croisade pour le candidat Jean Royer, qui juge « inadmissible que des sondages d'opinion puissent être publiés, alors qu'une campagne présidentielle est déjà ouverte, orientant d'une manière tout à fait partiale le jugement et peut-être même la décision des électeurs[63]. » Le comité national de soutien à sa candidature publie un communiqué intitulé « non aux sondages[64] ».

L'académicien Pierre Emmanuel accuse les sondages de tourner « le vote en dérision[65] ». « Qui élit le président de la République : les Français ou les instituts de sondage ? », s'interroge-t-il. « Mitraillés par les sondages[66] » publiés dans les médias, les citoyens tombent au champ d'honneur électoral, fauchés par cette nouvelle « arme psychologique[67] ».

Face à cette offensive anti-sondages qui outrepasse les limites d'un débat raisonnable, rares sont les défenseurs de la liberté d'information de l'électeur. Dans un dossier intitulé « Les sondages faussent-ils le jeu ? », *Le Figaro* (29 avril 1974) revendique « le parti de publier » et estime que les sondages « éclairent » le jeu électoral, plutôt qu'ils ne le faussent, car ils apportent un élément d'information.

L'apologie la plus éloquente émane de Marcel Bleustein-Blanchet, le président de Publicis. Dans un article intitulé « Faut-il supprimer les sondages ?[68] », il préconise de continuer à publier les enquêtes d'opinion et à traiter « les électeurs en adultes » plutôt que de « les mettre en couveuse en refusant de jouer le jeu de l'information ».

Après l'élection, la revue *Sondages* consacre un dossier à cette « querelle des sondages », dans lequel sont révélés les résultats d'une étude de l'IFOP[69]. 82 % des Français ont eu connaissance des intentions de vote avant le premier tour. 90 % d'entre eux estiment que ces chiffres ne les ont pas fait changer d'avis. Mais une courte majorité juge qu'il « valait mieux que les sondages soient publiés par les journaux » (52 %).

Les propositions d'encadrement des sondages se multiplient. Le Conseil constitutionnel publie le 24 mai 1974 une déclaration dans laquelle il suggère « l'établissement d'un véritable statut de la pratique des sondages d'opinion en période électorale[70] ». Dans l'entre-deux tours, François Mitterrand lui-même avait recommandé une autorégulation :

« il devrait y avoir une déontologie du sondage, non point par la loi, mais par la qualité morale de ceux qui dirigent ces instituts. Est-ce rêver ? J'espère que non.[71] »

La Commission nationale de contrôle de la campagne présidentielle remet un rapport au président de la République[72], qui estime que les sondages publiés sont « de nature à altérer, dans un sens contraire à l'égalité, le déroulement de la campagne au détriment de certains candidats ». Elle appelle de ses vœux « une étude approfondie de ce problème », c'est-à-dire de l'influence des sondages publiés sur le vote.

Malgré leur bonne performance globale, la contestation des instituts s'est amplifiée pendant la présidentielle de 1974. La question de l'encadrement législatif de la publication des sondages est posée avec une acuité nouvelle.

1981

La guerre des sondages

> Je pensais que je serais réélu. Je le croyais. Avec une marge confortable, que j'évaluais à 53 ou 54 %. Tous les sondages le disaient.
>
> VALÉRY GISCARD D'ESTAING

Pour la première fois depuis seize ans, l'élection présidentielle de 1981 a lieu dans le respect du calendrier institutionnel. La campagne électorale s'ouvre précocement. Dès avril 1980, une majorité de Français estime qu'elle « est déjà engagée » (51 %)[1].

La fin du septennat de Valéry Giscard d'Estaing

Depuis 1974, les médias font une utilisation plus fréquente des sondages au service d'une information sérieuse. La caution universitaire, comme celle du professeur Jean Charlot qui analyse dans *Le Point* les chiffres de l'IFOP, est sollicitée. Certes, les sondages sont parfois utilisés de façon plus légère. Par exemple, *Marie Claire* publie une intention de vote en fonction du signe astrologique des candidats[2]. Mais ces exceptions dénotent à une époque où la politique est encore considérée avec déférence.

Les deux instituts historiques, la SOFRES et l'IFOP, sont toujours présents. Très actif en 1974, Publimétrie s'efface. Plusieurs nouveaux acteurs sont apparus. Louis Harris France, détenu conjointement par l'Américain Louis Harris et la SOFRES, est fondé en 1977. Créé en 1970, BVA se lance dans la réalisation des sondages électoraux en 1981. Dernier entrant, Faits et Opinion a été fondé en 1979 par Jean Stœtzel. Signalons également la création de Public S.A. en 1976 et d'Indice S.A. en 1979.

La multiplication des sociétés d'études se traduit logiquement par un décuplement des sondages. Pendant le septennat, « près de 80 sondages d'intention de vote ont été publiés, auxquels s'ajoutent quantité d'indicateurs politiques (souhaits de victoire, pronostics, images des leaders, bilans des politiques, aptitudes des candidats à résoudre les problèmes, etc.)[3] ». Pour la seule présidentielle de 1981, 160 sondages publiés ont été réalisés par 12 instituts[4]. Depuis janvier 1981, cette production foisonnante est recensée par une revue intitulée *Le Sondoscope*.

Les premières enquêtes sont réalisées à l'automne 1979, soit un an et demi avant le scrutin. L'offre électorale étant encore inconnue, les instituts testent plusieurs hypothèses. Les échantillons interrogés sont souvent volumineux. En février 1980, l'IFOP interroge 5 401 personnes pour *Le Point*.

Les principaux instituts mettent en place des dispositifs de suivi. Public S.A. débute en octobre le « baromètre des présidentielles » pour *Paris Match*. En décembre, l'IFOP publie dans *Le Point* la première de ses études électorales. Il faut attendre septembre 1980 pour lire les premiers travaux de la SOFRES et Louis Harris France, qui collaborent respectivement avec *Le Figaro* et *L'Express* (« Tableau de bord de l'élection présidentielle »). *Le Quotidien de Paris* diffuse les chiffres d'Indice - Opinion à partir d'octobre 1980.

Pour la première fois, Louis Harris France réalise un panel électoral pour *L'Express*. Jusqu'alors, cet outil méthodologique destiné à suivre les réactions d'un groupe d'électeurs pendant la durée de la campagne avait été utilisé à des fins scientifiques uniquement. Les résultats de ce panel, baptisé les « Témoins de *L'Express* », sont publiés à partir de septembre 1980.

Ces publications interviennent dans un nouvel environnement règlementaire. Votée en juillet 1977, la loi n° 77-808 instaure l'interdiction de « la publication, la diffusion et le commentaire, par quelque moyen que ce soit, de tout sondage d'opinion » relatif à un scrutin pendant une période d'une semaine avant chaque tour, ainsi que le jour de l'élection. Une autorité de contrôle, la commission des sondages, est instituée.

Cet organisme agit pour la première fois lors des législatives de mars 1978 remportées sur le fil par Valéry Giscard d'Estaing, dont la popularité monte au zénith : un pic à 59 % est enregistré par l'IFOP en avril. Le Président en tire une sorte de plénitude, qui est aux antipodes de l'état de tension qui mine le Parti socialiste.

La rivalité entre François Mitterrand et « l'enfant chéri » des sondages

Après l'élection de 1974, Michel Rocard se lance dans la construction d'une nouvelle candidature à la présidentielle. Il s'entoure d'un groupe « Prospol » (Prospective Politique), qui intègre des politologues du CEVIPOF, tous fins spécialistes des sondages : Gérard Grunberg, Frédéric Bon et Jean-Luc Parodi[5].

En tant que chef du service politique de la SOFRES à partir de 1976, Jérôme Jaffré lui fait bénéficier d'enquêtes à prix réduit et parfois même gratuites. C'est la raison pour laquelle « Mitterrand se méfie de la SOFRES, soupçonnée d'être favorable à Michel Rocard[6] ». Autre appui parmi les sondeurs, Roland Cayrol, ancien membre du PSU, devenu conseiller de Louis Harris France en 1977.

Le soir du second tour des législatives de 1978 perdues par la gauche, Michel Rocard dresse un réquisitoire cinglant en direct à la télévision : « la gauche vient de manquer un nouveau rendez-vous avec l'histoire. » Chacun comprend que le coup asséné vise François Mitterrand. L'affrontement entre les deux hommes vient de débuter.

Dans *Le Monde* daté du 1er décembre 1978, Roland Cayrol et Jérôme Jaffré publient, sous le titre « Quel est le meilleur candidat socialiste pour 1981 ? », une analyse effectuée à partir d'un sondage. Michel Rocard surclasse le Premier secrétaire du PS tant auprès des Français (40 % contre 27 %) que parmi les sympathisants socialistes (43 % contre 38 %). Selon les auteurs, il est parvenu à installer « une véritable image de successeur ».

Les partisans de François Mitterrand ne tardent pas à contre-attaquer. Le député Charles Hernu convoque une conférence de presse, dénonce l'article et annonce qu'il saisit la commission des sondages. Pour la première fois, la saisine de la nouvelle autorité de contrôle devient une arme utilisée dans le débat politique pour tenter de jeter le discrédit sur des résultats qui profitent à un rival.

Michel Rocard cherche à prendre la direction du PS lors du congrès de Metz en avril 1979, mais doit s'incliner devant François Mitterrand. Puisque les équilibres politiques internes au parti lui sont défavorables, il va chercher à imposer sa candidature de l'extérieur, en s'appuyant sur les médias et l'opinion.

Médiatiquement, ses atouts sont multiples. Il incarne une gauche moderne. Plus jeune que François Mitterrand – 14 ans séparent les deux hommes –, il apparaît comme un recours pour la présidentielle de 1981. Un « effet Rocard[7] » se développe dans l'opinion publique. Sa popularité monte en flèche. En décembre 1979, un sondage[8] le consacre comme « l'homme de l'année » en politique intérieure. En novembre 1980, 51 % des Français souhaitent le voir jouer un rôle plus important à l'avenir, soit 20 points de plus que pour son rival socialiste, selon le baromètre SOFRES – *Figaro Magazine*. Plus tard, il résumera sa position : « j'étais l'enfant chéri des médias et par conséquent des sondages.[9] »

Il paraît « le plus capable de battre Valéry Giscard d'Estaing en 1981[10] » (48 % contre 34 % pour François Mitterrand), y compris parmi les sympathisants socialistes (47 % contre 41 %). Il bénéficie d'intentions de vote très largement supérieures à son rival. Certes, les deux socialistes seraient battus par Valéry Giscard d'Estaing au second tour. Mais, en novembre 1980, le score annoncé de Michel Rocard laisse ouverts tous les espoirs (45 %), quand François Mitterrand (40 %) semble condamné à échouer[11].

Les soutiens de Michel Rocard utilisent les sondages pour se constituer au sein du PS les soutiens nécessaires à l'investiture. Ils s'attachent à présenter dans les médias une éventuelle troisième candidature de François Mitterrand comme étant vouée à l'échec et démontrent, chiffres à l'appui, que celle de Michel Rocard constitue un choix plus sûr pour gagner la présidentielle.

Le 19 octobre 1980, Michel Rocard se déclare en direct à la télévision. Grâce à sa position au sein de l'appareil du PS, François Mitterrand résiste à l'offensive. Le 8 novembre, il soumet sa candidature au comité de direction du Parti socialiste. Constatant son absence de soutiens internes,

Michel Rocard se retire pour ne pas diviser le parti. François Mitterrand reçoit l'investiture du PS en janvier 1981 : les ressources partisanes et militantes dont il dispose ont été supérieures au capital médiatique et sondagier de son adversaire.

Cette troisième candidature est accueillie avec scepticisme. Après l'amer affrontement avec Michel Rocard, François Mitterrand semble faiblement en mesure de fédérer les électeurs socialistes. Au second tour, 58 % des Français estiment qu'il ne pourra rassembler ni l'ensemble de la gauche, ni une majorité d'électeurs[12].

La SOFRES[13] lui attribue un score d'intentions de vote de 18 %, soit presque deux fois moins que Valéry Giscard d'Estaing (35 %) et au même niveau que Georges Marchais (17 %), signe d'une incertitude sur sa présence au second tour. Et s'il était qualifié, il serait largement battu par le Président sortant (59 % contre 41 %).

Ces premiers sondages ne découragent pas le socialiste. Proche du candidat, Claude Estier se souvient : « François Mitterrand ne croyait pas du tout à ces sondages qui donnaient 60 % à Giscard. Il nous l'a dit à plusieurs reprises ; « Mais ce n'est pas vrai ; cela ne se fera pas comme ça : on verra au moment de la campagne, on verra ».[14] »

Malgré l'apprentissage des études d'opinion lors de la campagne de 1974, François Mitterrand « n'aime pas les sondages, ni les sondeurs.[15] » Il doute de leur impartialité. En 1978, l'entrée au capital de l'IFOP d'un de ses amis, Jean Riboud, atténue ses craintes. Au début de 1981, il accepte un rendez-vous avec Jean-Marc Lech, le directeur général de l'institut.

Au sein de son équipe, la gestion des relations avec les instituts est confiée à Gaston Defferre. Une cellule se consacre à l'analyse des sondages. Paul Quilès, le directeur de campagne, la réunit tous les quinze jours, puis de façon plus fréquente en fin de campagne. Il s'appuie aussi sur le travail du délégué général aux études politiques du PS, Gérard Le Gall.

Hormis les premiers pas de la campagne du socialiste, l'automne 1980 est marqué par une candidature atypique, celle de Coluche qui se déclare le 30 octobre. Les sondeurs sont face à un cas de conscience. Faut-il la négliger car elle est vouée à s'éteindre une fois la plaisanterie consommée ? C'est le choix initial de la SOFRES. Est-ce au contraire un objet politique inédit qu'il faut tenter de cerner ? C'est l'option retenue par Indice - Opinion, qui publie le 2 décembre 1980 dans *Le Quotidien de Paris* la première intention de vote[16] testant cette candidature. Le comique obtient un score de 10 % à 12,5 %, selon les hypothèses testées.

Le 14 décembre, *Le Journal du Dimanche* barre sa une avec le titre « Coluche : 16 % des Français ont envie de voter pour lui ». Ce chiffre issu d'un sondage de l'IFRES a été abusivement interprété comme une intention de vote, alors qu'il s'agissait d'une question de potentiel électoral. Début 1981, la candidature de l'humoriste décline. Dans la dernière enquête dans laquelle son nom est testé[17], Coluche recueille un score de 4,5 %. La pitrerie a assez duré : le 16 mars, il annonce son retrait, puis abandonne définitivement en avril 1981, notamment pour ne pas aggraver les divisions de la gauche.

Un « double duel »

Au printemps 1977, le Parti communiste a rompu l'union électorale de la gauche, erreur stratégique qui s'est traduite par la perte du leadership à gauche au profit du PS lors des législatives de 1978. Son image se détériore. En mars 1980, seules 14 % des personnes interrogées sont favorables à l'accession d'un communiste à l'Élysée (21 % en 1979).[18] Georges Marchais annonce pourtant sa candidature. À la fin de l'année 1980, il talonne François Mitterrand dans les intentions de vote (17 % contre 19 %[19]) et sa qualification pour le second tour paraît de l'ordre du possible.

Mais il est pénalisé par son image personnelle. Depuis qu'il a vanté « le bilan globalement positif de l'URSS » et défendu l'invasion soviétique de l'Afghanistan, il donne l'impression d'être aveuglé par son idéologie. Il s'est progressivement enfermé dans un personnage acrimonieux, dénué des capacités requises pour exercer le pouvoir. En novembre 1980, trois quarts des Français considèrent qu'il « n'a pas les qualités personnelles d'un président de la République[20] ». Un tiers des sympathisants du PCF partagent cet avis.

Autre talon d'Achille, son action lors de la Seconde guerre mondiale est mise en cause en mars 1980 par *L'Express*. 60 % des Français jugent alors qu'il est « important de connaître avec précision le passé d'un candidat à la présidence de la République[21] ». L'affaire rebondit en 1981. Un sondage BVA[22] indique que la campagne du Secrétaire général ne convainc pas.

Les divisions de la gauche trouvent leur symétrique à droite, à tel point que *L'Express* évoque « Un double duel ». Depuis qu'il a claqué avec fracas la porte de Matignon en 1976 puis fondé le Rassemblement pour la République (RPR), Jacques Chirac s'oppose au Président.

Il doit affronter la rivalité de Michel Debré, qui se déclare candidat le 30 juin 1980. Le premier Premier ministre de la Ve République entend reprendre le flambeau du gaullisme. À l'automne 1980, sa candidature atteint son maximum : 9 % dans le baromètre Indice - Opinion[23] publié par *Le Quotidien de Paris* et même 14 % en l'absence de Jacques Chirac.

Il est concurrencé par Marie-France Garaud, qui prétend elle aussi incarner le gaullisme. L'ancienne conseillère du Président Pompidou atteint un score plafond de 4,5 % en janvier 1981[24]. Elle appartient ainsi au groupe des petits candidats, qui reste fourni malgré l'augmentation à 500 du nombre de parrainages nécessaires pour pouvoir participer à la présidentielle.

Candidats en 1974, Alain Krivine et Jean-Marie Le Pen subissent les effets de cette modification et ne peuvent se présenter. Les candidatures de Jean-Claude Delarue, Roger Garaudy, Pascal Gauchon et Éric Hintermann sont testées par les instituts. Mais elles ne vont pas à leurs termes, comme celle de l'ancien ministre des Affaires étrangères Michel Jobert, mesurée par la SOFRES jusqu'en mars 1981.

En revanche, le maire de La Rochelle Michel Crépeau, la secrétaire générale du PSU Huguette Bouchardeau et la trotskiste Arlette Laguiller parviennent à être officiellement candidats. Brice Lalonde devient le premier candidat désigné par une primaire organisée par les associations écologistes. Tous tentent d'exister face au Président sortant.

La « dégiscardisation »

À la fin 1980, Valéry Giscard d'Estaing règne sans partage sur le jeu politique. 76 % des Français estiment qu'il « sera réélu président de la République au mois de mai prochain, s'il se représente[25] ». Il pulvérise François Mitterrand dans les intentions de vote de second tour (60 % *vs* 40 %)[26]. Le 8 décembre, *Le Point* titre « Giscard peut-il être battu ? ».

Il bénéficie de sa situation institutionnelle et se trouve sans doute « quelque peu favorisé par l'instrument de mesure.[27] »

Cet avantage, qualifié de « rente de situation[28] » par les socialistes, cessera lorsqu'il deviendra candidat. Paul Quilès assure ainsi que François Mitterrand « fera mentir les sondages une fois encore.[29] »

Effectivement, la domination de Valéry Giscard d'Estaing va se dissiper rapidement. Cette « dégiscardisation du début 1981[30] » est liée à l'affirmation de François Mitterrand. Légitimé par son investiture, il propose des mesures frappantes, comme la retraite à 60 ans ou la création de l'impôt sur la fortune. Il progresse dans les intentions de vote : entre octobre et février, il gagne 7 points selon Louis Harris (26 %) et la SOFRES (25 %).

Autre cause de la fragilisation de VGE, la véhémence de Jacques Chirac, qui se déclare le 3 février. Deux tiers des Français estiment normal qu'il affronte celui dont il fut le Premier ministre[31]. Sa candidature scelle le sort de Michel Debré. Alors que les deux candidats du RPR étaient séparés de seulement 3 points en septembre 1980 dans le baromètre Public S.A. pour *Paris Match* (9 % pour Jacques Chirac contre 6 %), ils sont désormais éloignés par un fossé de 9 points (12 % contre 3 %).

Surnommé « Monsieur 3,5 %[32] » en raison de ses piètres performances, Michel Debré se dirige vers un résultat déshonorant. Son premier soutien, Maurice Druon, clame haut et fort que « nous n'avons plus un suffrage universel direct mais un suffrage à deux degrés, les sondages jouant le rôle de premier degré.[33] » Il dépose une proposition de loi visant à interdire les sondages politiques. Mais ses initiatives ne suffisent pas à enrayer le déclin de Michel Debré, éclipsé par Jacques Chirac en dépit de son brevet de gaulliste historique.

Après avoir réduit la dissidence gaulliste, Jacques Chirac lance la machine électorale du RPR dans une charge incisive contre Valéry Giscard d'Estaing. Grâce à ses coups de boutoir, son score s'améliore régulièrement dans le baromètre de la SOFRES pour *Le Figaro* : 11 % en janvier, 13 % en février, 15 % début mars, 16 % fin mars, 19,5 % le 16 avril.

Ainsi, avant même d'être candidat, VGE subit les effets de la crédibilisation du notable François Mitterrand et de l'offensive du hussard Jacques Chirac. Selon le baromètre SOFRES – *Le Figaro Magazine*, sa cote baisse de 53 % à 47 % entre décembre 1980 et janvier 1981. Après ce « brutal refroidissement du baromètre[34] », la chute se poursuit : 44 % en février, 41 % en mars… C'est le début de ce que son conseiller en charge du suivi de l'opinion a nommé « la descente du Styx[35] ».

Le regard rétrospectif porté sur le septennat qui s'achève est réprobateur. Le bilan global de l'action du président est jugé négativement. Près de deux tiers des Français (64 %) estiment qu'il « n'a pas tenu ses promesses »[36]. La déception concerne avant tout la situation économique, qui s'est dégradée sous l'effet des chocs pétroliers. L'inflation se développe. Le pouvoir d'achat se contracte. Le nombre de chômeurs explose.

Pour résoudre ces problèmes, le Premier ministre Raymond Barre applique une politique d'austérité, rejetée par les Français. Il subit une impopularité importante, qui conduit le Président à le cantonner au second plan pendant la campagne.

Très attentif à l'opinion publique, Valéry Giscard d'Estaing est un « amoureux des chiffres[37] », qui a professionnalisé son action politique en s'appuyant sur la lecture des enquêtes. À l'Élysée, il a imposé la création d'un poste de conseiller en communication et sondages confié à Bernard Rideau, un ancien collaborateur de Michel Bongrand.

Malgré sa baisse de popularité et le rejet de la rigueur barriste, Valéry Giscard d'Estaing a une conviction : « Je pensais que je serai réélu. Je le croyais. Avec une marge confortable, que j'évaluais à 53 ou 54 %. Tous les sondages le disaient.[38] » Un indicateur en particulier lui reste alors très favorable : le pronostic de victoire. En mars 1981, 55 % des Français anticipent son succès face à François Mitterrand (15 %, soit un écart abyssal de 40 points)[39].

Les chiffres d'une intention de vote des Renseignements généraux le confortent. Mais il ignore que les résultats initiaux qui annonçaient l'élection de François Mitterrand ont été modifiés sur ordre du ministre de l'Intérieur, Christian Bonnet, pour qu'ils encouragent sa candidature[40]. Exagérément confiant dans ses chances, le Président s'accorde une semaine de ski à Courchevel fin février.

Dès son retour, le lundi 2 mars, il annonce sa candidature et entend être un « citoyen candidat ». Pour la première fois, un président élu au suffrage universel sollicite un nouveau mandat. Une large majorité des Français (59 %) estiment que maintenant qu'il est officiellement candidat, il va « plutôt monter dans les prochains sondages »[41]. C'est l'inverse qui advient.

Le 13 mars, *Le Figaro* publie un sondage de la SOFRES : pour la première fois, le souhait de victoire de François Mitterrand est supérieur à celui de Valéry Giscard d'Estaing (29 % *vs* 25 %, contre 19 % *vs* 32 % en novembre)[42].

Sa candidature entre en phase ascendante. Elle est portée par une communication rassurante élaborée par Jacques Séguéla et résumée par le slogan, « La force tranquille ».

Le candidat socialiste devient le réceptacle des espoirs des Français qui estiment que les sept prochaines années seront « plutôt meilleures » que les précédentes s'il est élu et « plutôt moins bonnes » si VGE est reconduit[43]. En comparaison, Valéry Giscard d'Estaing semble à la fois usé par l'exercice du pouvoir et détaché des réalités hexagonales. L'élan novateur du début du mandat s'est éteint. Hormis la poursuite de l'austérité barriste, il n'a pas de véritable projet.

A contrario, François Mitterrand a émis 110 propositions pour la France, dont l'abrogation de la peine de mort (n° 53) qu'il entend défendre publiquement. Alors même que les Français adhèrent majoritairement à la peine capitale (61 %)[44], Jacques Séguéla lui déconseille d'aborder ce sujet :

« – Vous n'allez pas, dans cet affrontement tant attendu par tous les Français, les mobiliser contre vous en affichant un engagement qu'ils réfutent à 70 %.

– Pour qui me prenez-vous ? riposta Mitterrand, de la voix blanche de ses colères froides. Ce n'est pas un sondage et encore moins un publicitaire qui vont me dicter ma conduite.[45] ».

Lors de l'émission *Cartes sur table* du 16 mars, François Mitterrand expose sa pensée : « Je suis contre la peine de mort. Et je n'ai pas besoin de lire les sondages qui disent le contraire : une opinion majoritaire est pour la peine de mort. Eh bien, moi, je suis candidat à la présidence de la République [et] je ne suis pas favorable à la peine de mort. » Passée à la postérité, cette prise de position est devenue le symbole du courage en politique, qui consisterait à affirmer ses convictions profondes contre l'opinion, quitte à en supporter le coût électoral.

Contrairement à ce qui était redouté, cette déclaration a peu d'influence dans les sondages. La situation se stabilise. Valéry Giscard d'Estaing reste en première position dans les intentions de vote. Il en fait un argument de campagne lors d'un discours à Troyes le 9 avril : « Je suis celui que les Françaises et les Français continuent de placer toujours en tête, quel que soit le sondage. Le roc giscardien tient bon, vous tenez bon. »

Cet immobilisme des positions provoque lassitude et ennui. 60 % seulement des Français se déclarent intéressés par la campagne[46] (contre 80 % en 1974[47]). Les attentes s'établissent à un niveau bas : seuls 28 % des citoyens estiment que l'élection présidentielle aura « beaucoup d'influence sur leur vie quotidienne ». *Le Point* titre en une « Élection : pourquoi la France baille » (6-12 avril 1981).

Un seul mouvement est à relever en fin de campagne : Jacques Chirac devance Georges Marchais. Le croisement survient dès la fin mars : dans une enquête Indice - Opinion publiée par *Le Quotidien de Paris* le 28 mars, le candidat du RPR se place en troisième position. Mi-avril, il progresse de 3,5 points selon la SOFRES (19,5 %), de 4 points selon l'IFOP (17 %), de 2 points selon Public S.A. (18,5 %). Les derniers chiffres avant le scrutin de l'IFOP et Louis Harris le placent à égalité avec le candidat du Parti communiste.

À la veille du premier tour, tous les instituts accordent au Président sortant une avance significative sur François Mitterrand : 6 points pour la SOFRES (27,5 %) ; 4,5 points pour Louis Harris (28,5 %) ; 4 points pour l'IFOP (27,5 %) ; 3,5 points pour Public S.A. (27 %). Tous sauf un : Indice Opinion. Selon cet institut, Valéry Giscard d'Estaing aurait un score beaucoup plus faible (24,5 %)[48]. Cette dissonance est l'ultime développement d'une chronique qui a envenimé toute la campagne.

Le feuilleton délétère des sondages manipulés

La manipulation des sondages constitue le trait dominant de la présidentielle de 1981. Plusieurs précautions ont pourtant été prises pour éviter la reproduction des polémiques de la campagne de 1974.

L'Élysée a interdit aux Renseignements généraux de réaliser des sondages[49], hormis une seule enquête en février. Cependant, l'ordre présidentiel n'est pas respecté par la place Beauvau, qui achète à l'IFOP une série de sondages facturés sous la dénomination « modification des systèmes informatiques » du ministère[50].

Autre moyen pour lutter contre les tentatives d'intoxication des électeurs, la commission des sondages exerce son contrôle pour la première fois lors d'une élection présidentielle. Son action est dense puisqu'elle adresse une trentaine de mises au point, c'est-à-dire de remontrances méthodologiques, aux médias et aux instituts.

Mais elle se révèle impuissante à empêcher la « véritable guerre des sondages[51] » à laquelle se livrent Public S.A. et Indice S.A. Le premier institut est réputé proche du pouvoir élyséen. Le second, dont les sondages sont publiés sous la marque Indice - Opinion, a été fondé par Jean-Jacques Guillet, un proche de Charles Pasqua, sénateur RPR et fidèle de Jacques Chirac. Dans le camp giscardien, Indice-Opinion est alors surnommé « Pasqua-Opinion ».

Les deux instituts n'hésitent pas à falsifier leurs données. Les chiffres sont « « corrigés » de part et d'autre, en faveur de Jacques Chirac pour Indice - Opinion, de Valéry Giscard d'Estaing pour Public S.A.[52] » Le *casus belli* survient dès le 5 janvier 1981. Pour la première fois, François Mitterrand est annoncé vainqueur face à Valéry Giscard d'Estaing (51 % *vs* 49 %). Il s'agit d'un sondage Indice S.A., ce qui alimente le soupçon de collusion entre l'institut et les chiraquiens. Quelques jours plus tard, Jean-Jacques Guillet devient responsable de la stratégie du candidat RPR…

Une « manipulation « modèle » »[53], dont cet institut va se rendre coupable, confirme ces suspicions. En contrôlant un de ses sondages publié par *Le Quotidien de Paris*, la commission observe qu'« un certain nombre de questionnaires de l'enquête ont été modifiés après coup au bénéfice du même candidat.[54] » Le candidat en question ? Jacques Chirac !

De leur côté, les chiraquiens suspectent les instituts de se livrer à des manœuvres à leur encontre. Jacques Chirac lui-même a le sentiment que « les chiffres ne correspondent pas à l'ampleur du soutien qu'il recueille en France au cours de ses déplacements. Du coup, il s'irrite, car il imagine que les sondeurs sont aux ordres de Giscard[55] ».

Fait marquant de ce bras de fer par instituts interposés, la publication simultanée de deux enquêtes aux résultats opposés. La première, réalisée pour *VSD* par Indice-Opinion, indique l'élection de François Mitterrand (52,5 % contre 47,5 % pour Valéry Giscard d'Estaing), tandis que la seconde, réalisée par Public S.A. pour *Paris Match*, accorde un score de 52 % au Président sortant. Après examen, la commission des sondages se limite à exprimer de « sérieuses réserves sur la fiabilité » des résultats, sans trancher[56].

Autre polémique, *Le Figaro* renonce à publier une étude réalisée par la SOFRES les 6 et 7 avril. Le quotidien justifie son geste en refusant d'entrer « dans la polémique qui fait rage au sujet des sondages ». La rumeur avance une autre explication : les résultats défavorables au Président sortant auraient été censurés pour ne pas le pénaliser. Les états-majors de François Mitterrand et Jacques Chirac font part de leur indignation. Pour ne pas être accusé d'exercer des pressions, le camp présidentiel fait fuiter les résultats : le score du chef de l'État recule de 2 points (27 %), quand François Mitterrand se stabilise à 24 %[57].

Dernière source de controverse, plusieurs sondages aux résultats divergents sont diffusés simultanément. Le

9 avril 1981, *VSD* publie une intention de vote attribuant à François Mitterrand un score de 52,5 %. Le même jour, un sondage diffusé par *Paris Match* crédite Valéry Giscard d'Estaing de 52,5 %.

Sondages falsifiés, sondages censurés, sondages contradictoires : les différentes facettes de la manipulation font enfler le scandale. Écœuré par ces méthodes, Michel Debré dénonce une « débauche de sondages truqués » diffusés par des « officines spécialisées dans les trucages[58] ». Dans son clip de campagne officiel, il livre une charge violente contre les sondages, qui sont devenus, selon lui, « des instruments de pression, d'intimidation, d'intoxication »[59].

Les suggestions pour remédier au problème se multiplient. Le groupe communiste du Sénat propose d'instaurer « un institut national de sondages et enquêtes d'opinions[60] ». Marcel Bleustein-Blanchet conseille de créer « le C.E.I.V., Centre d'étude des intentions de vote[61] », un organisme paritaire comprenant les médias et les instituts, qui superviserait les sondages pré-électoraux.

La période d'interdiction de publication des sondages électoraux, qui s'applique pour la première fois, est attendue avec impatience pour faire cesser ce charivari. Mais le silence médiatique a pour effet d'accentuer la propagation des rumeurs. Avant le scrutin est ainsi évoqué avec insistance « l'effet Chirac[62] », selon lequel un bond final du maire de Paris lui permettrait de figurer au second tour au détriment de François Mitterrand. Les sondages des Renseignements généraux sont évoqués pour légitimer la manœuvre.

« L'homme du passé » contre « l'homme du passif »

Le jour du premier tour, François Mitterrand attend les résultats à l'hôtel « Au vieux Morvan » de Château-Chinon, la ville dont il est maire. Dès 19 heures, il reçoit les chiffres de l'estimation de l'IFOP, puis ceux de la SOFRES qui lui attribuent un score de 25 %[63].

Son score officiel (25,8 %) est très supérieur à la dernière intention de vote de la SOFRES[64] qui le créditait de 22 %. Cette performance inattendue contribue à enclencher une dynamique pour le second tour, qui se nourrit d'une autre surprise, encore plus saisissante : Georges Marchais recueille seulement 15,3 % des suffrages. Le PCF subit un recul sévère. La menace communiste, qui était un puissant levier du vote de droite, se trouve dévitalisée.

Dans leurs dernières intentions de vote, les instituts ont surestimé de plusieurs points son score : 19 % (SOFRES, Public S.A.), 17,5 % (Indice - Opinion), 17 % (IFOP, Louis Harris). Le phénomène est inverse à celui de 1969. En se fondant sur les résultats électoraux antérieurs, les redressements utilisés par les sondeurs ont minoré la chute du PCF et ont été dans l'incapacité d'enregistrer à sa juste mesure l'ampleur de cette élection de réalignement.

Valéry Giscard d'Estaing se classe en première position (28,32 %). Il a conservé son socle électoral de 1974. Mais, l'accès à ses réserves de voix à droite est soumis à l'attitude récalcitrante de Jacques Chirac (18 %), qui prononce une déclaration ambiguë : « Le 10 mai chacun devra voter selon sa conscience. À titre personnel, [...] je ne puis que voter pour Monsieur Giscard d'Estaing. »

À gauche, le rassemblement est facilement réalisé. Le comité central du PCF appelle à voter pour François Mitterrand. Il se conforme ainsi au souhait de son électorat : 53 % des électeurs communistes considèrent que « M. Marchais devrait se désister pour M. Mitterrand au second tour »[65].

La comparaison des images des deux finalistes favorise le sortant[66]. Comme en 1974, Valéry Giscard d'Estaing apparaît beaucoup plus « sympathique » que son rival (70 % contre 53 %). Il a logiquement « l'étoffe d'un président de la République » (77 % contre 55 %). François Mitterrand l'emporte sur un seul aspect : il est perçu comme « proche des préoccupations des gens » (64 %) alors que le chef de l'État (35 %) paraît coupé des réalités de la population, voire condescendant. Or, les Français attendent en priorité du futur Président « qu'il soit proche des gens et de leurs préoccupations[67] ».

En matière de compétences perçues[68], François Mitterrand est le candidat qui pourrait « faire le plus et le mieux » en matière d'emploi (48 % contre 20 %) et de lutte contre l'inflation (37 % contre 27 %). Il s'agit d'un avantage décisif puisque ces deux domaines constituent les principaux sujets de préoccupation des Français, au moment où la crise met à mal l'expertise économique de Valéry Giscard d'Estaing.

L'alternance suscite moins d'inquiétude en raison de l'affaiblissement du PCF constaté au premier tour. La perspective d'un basculement dans le chaos économique et d'une intégration au bloc soviétique en cas de victoire de la gauche perd en crédibilité. 47 % des Français seulement s'attendent à la présence de ministres communistes au gouvernement si François Mitterrand est élu[69].

L'organisation du débat donne lieu à d'âpres négociations. Le souvenir de 1974 conduit le candidat socialiste à conditionner sa participation à l'absence de réalisation de sondages à l'issue du débat[70]. Le face-à-face a lieu le 5 mai. François

Mitterrand, qualifié d'« homme du passé » sept ans plus tôt, reproche à son adversaire d'être devenu « l'homme du passif ».

Même si les sondages confidentiels donnent l'avantage au candidat socialiste, la majorité espère encore une victoire à l'arrachée, comme en 1978. Bernard Rideau théorise « le réflexe de l'isoloir », sursaut légitimiste de l'électorat dicté par l'imminence annoncée de l'arrivée de la gauche au pouvoir : « Plus les sondages sont mauvais, plus nous aurons des chances de gagner...[71] » affirme-t-il.

La mobilisation *in extremis* espérée n'a pas lieu. Le dimanche 10 mai, à 18 h 30, Jérôme Jaffré de la SOFRES annonce la victoire de François Mitterrand à Lionel Jospin, qui appelle immédiatement l'hôtel « Au Vieux Morvan ». Jean Glavany, qui attend « transi de trouille à côté de ce téléphone[72] », décroche. Le message est laconique : « Tu peux dire à François Mitterrand que les instituts le donnent gagnant à 51 %. »

Sur Antenne 2, à 20 heures, la révélation des résultats de l'estimation CII-Honeywell-Bull affiche de haut en bas par bande latérale le visage pixellisé du futur locataire de l'Élysée, une image qui symbolisera l'élection et fera la couverture de plusieurs ouvrages d'analyse. Dans les premières secondes, la calvitie des deux concurrents laisse tous les espoirs. Mais Jean-Pierre Elkabbach met un terme au suspense et confirme « François Mitterrand est élu président de la République ».

Le président rate le pari de sa réélection, notamment en raison du manque de discipline de l'électorat chiraquien. Dès lors, il s'agit moins « d'une victoire de François Mitterrand que de la défaite de Valéry Giscard d'Estaing[73] », défaite surprise pour de nombreux observateurs politiques. VGE mettra des années à comprendre « cette espèce de spirale descendante qui s'est produite dans les intentions de vote de janvier à mai. Comme ces tourbillons que l'on voit parfois se développer dans les champs, à la campagne[74] ».

L'élection de François Mitterrand revêt instantanément une dimension historique. La Ve République connaît sa première alternance. La date du 10 mai 1981 marque la fin de 23 ans d'opposition pour la gauche.

En 1981, la guerre des sondages a abîmé l'image des instituts, en les associant aux basses manœuvres de la manipulation électorale. La présidentielle de 1988 sera-t-elle l'occasion de conclure un armistice, voire de signer la paix des sondages ?

1988

L'avalanche de chiffres

> Laisse causer band'sondeurs, gros poissons
> y bec toujours sur le tard !
>
> Raymond Barre

À l'approche de la présidentielle de 1988, les instituts vont devoir mesurer les effets d'une situation institutionnelle inédite qui va la déterminer : la cohabitation.

La cohabitation vue par les sondages

Deux ans après son élection, le président de l'alternance a suscité beaucoup de déception dans son électorat. À l'approche des législatives de 1986, une défaite de la gauche est envisagée. Privé de majorité, François Mitterrand devrait-il démissionner comme Patrice de Mac Mahon en 1879 et Alexandre Millerand en 1924 ? 57 % des Français sont favorables à ce qu'il termine son mandat[1]. Si la droite revenait au pouvoir, devrait-elle contraindre le Président à quitter l'Élysée en refusant de former un gouvernement ? Une majorité des Français souhaitent que l'opposition accepte de gouverner[2].

Lors du scrutin, la droite obtient 55 % des suffrages, mais sa majorité ne tient qu'à quelques sièges ce qui l'empêche d'ouvrir une crise politique en poussant à la démission le Président. Ayant assuré sa survie institutionnelle, François Mitterrand nomme Jacques Chirac Premier ministre.

Répondant à l'aspiration à l'union nationale, la cohabitation bénéficie de perceptions très positives. C'est le temps de la « ferveur cohabitationniste[3] ». Convaincus qu'il s'agit d'une parenthèse avant le retour au fonctionnement régulier de la Ve République, 71 % des Français souhaitent qu'elle dure jusqu'à son terme légal, s'opposant ainsi à une éventuelle dissolution.

La cohabitation constitue la toile de fond de la campagne présidentielle qui s'ouvre dès le lendemain du scrutin législatif. Pour couvrir cette période de deux ans, les instituts déjà présents en 1981 (la SOFRES, l'IFOP, BVA ou Louis Harris) sont rejoints par des organismes qui abordent pour la première fois les études électorales. C'est le cas d'IPSOS grâce à l'arrivée de Jean-Marc Lech et de CSA sous l'impulsion de Roland Cayrol. À l'inverse, Publimétrie est en perte de vitesse. Idem pour Public S.A. et Indice S.A.

La réalisation des études par téléphone se généralise, ce qui réduit les délais de production et les prix de vente. Les médias y recourent davantage. Les hommes politiques se trouvent de plus en plus placés « sous l'œil des sondages[4] ». Leurs performances dans les baromètres de popularité et les intentions de vote deviennent une composante du capital politique. La pré-campagne marque ainsi la généralisation du terme « présidentiable », catégorie dont les membres sont identifiés grâce aux sondages et qui rassemble les personnalités pouvant accéder à l'Élysée.

Les baromètres d'intention de vote deviennent de véritables produits médiatiques et reçoivent des dénominations spécifiques : « Élysée 88 » (IPSOS pour VSD), le « Banc d'essai présidentiel» (SOFRES pour *Le Nouvel Observateur*), le «Présidoscope» (IFOP pour *Libération* et TF1). Ce dernier dispositif est un panel électoral, dont la paternité revient à Jean-Luc Parodi, directeur de recherche au CEVIPOF et conseiller pour les études politiques à l'IFOP.

Il faut aussi noter une utilisation ludique des études d'opinion par les médias pour couvrir la campagne. Rarissimes en 1981, les sondages fantaisistes prolifèrent à l'approche de 1988. Signe d'un changement d'époque, une plus grande irrévérence à l'égard des personnalités politiques se répand, conséquence de la libéralisation des médias du début du septennat.

Les instituts participent à ce mouvement. Citons par exemple ce sondage[5] demandant aux interviewés de choisir le personnage de bande-dessinée qui correspondrait le mieux à Raymond Barre. Réponse: «Obélix» (34 %) ou «un Schtroumpf» (20 %). Utilisée dans les études qualitatives, cette technique du portrait chinois n'est pas sans intérêt heuristique mais elle signe une perte de prestige de l'autorité politique.

Moins respectées, les fonctions électives paraissent aussi plus faciles d'accès à des personnes extérieures au sérail. En septembre 1986, l'acteur Yves Montand ferait un bon président de la République pour 15 % des citoyens[6]. Les années 1980 sont aussi marquées par l'exaltation de la réussite entrepreneuriale. Prototype du *self-made man*, Bernard Tapie pourrait lui aussi exercer la fonction présidentielle pour 19 % des Français[7].

Enfin, les joutes intellectuelles concernant les sondages se poursuivent. En avril 1985, la revue *Pouvoirs* leur a consacré un numéro entier. Le débat s'échauffe entre les «politologues» et les politistes. Les sondeurs font œuvre de pédagogie, comme le cofondateur de BVA, Michel Brulé, qui publie un ouvrage de vulgarisation[8]. À partir de 1984, la SOFRES fait paraître annuellement *L'état de l'opinion*, un recueil d'analyses fondées sur les sondages de l'année écoulée.

Dans le même esprit, en mars 1988, IPSOS lance en partenariat avec *Le Monde* TELOPI, « la première banque française de données télématiques consacrées à tous les sondages publiés[9] ». Les utilisateurs de ce service minitel accessible via le 3615 LEMONDE auront nécessairement noté le retour en grâce de Raymond Barre.

La popularité professorale de Raymond Barre

En avril 1981, 57 % des Français se disent mécontents de l'action de Raymond Barre d'après le baromètre IFOP pour *Le Journal du Dimanche*. Après Matignon, son impopularité s'estompe rapidement. En janvier 1982, seuls 22 % des Français souhaitent le voir jouer un rôle important à l'avenir selon le baromètre de la SOFRES pour *Le Figaro Magazine*. Ce chiffre ne cesse ensuite de croître : 30 % en novembre 1982, 40 % en mai 1983, 50 % en mars 1985. Sa primauté est telle que Jérôme Jaffré envisage en plaisantant d'ajouter un *r* à son baromètre de popularité[10].

Comment expliquer ce retour en grâce spectaculaire ? Auteur d'un manuel d'économie politique reconnu, présenté comme « l'un des meilleurs économistes de France », Raymond Barre bénéficie d'une réputation d'expert en économie, qui est renforcée par contraste avec l'échec de l'expérience socialiste. Le tournant de la rigueur de 1983 donne raison à sa politique d'austérité économique. Rétrospectivement, 71 % des Français estiment qu'il a obtenu de bons résultats à Matignon[11].

Un phénomène de presse alimenté par ses performances dans les sondages se développe autour de lui : « Barre les bat tous, dans *Le Journal du Dimanche* du 10 février 1984 ; Le grand bond de Raymond Barre, dans *Le Matin* du 1er juin 1984 ; Barre creuse l'écart dans *La Vie française* du 24 décembre 1984 ; Barre, la marée montante, dans *Le Point* du 18 février 1985 ; Raymond Barre : la grosse tête qui monte… qui monte, dans *Le Figaro Magazine* du 22 décembre 1984 ; Barre à son plus haut, dans *Le Journal du Dimanche* en septembre 1985.[12] »

Ses passages à *L'Heure de Vérité* sur Antenne 2 contribuent à le placer « en haut de la vague des sondages[13] ». Il est perçu comme « malin » (47 %), « sympathique » (40 %), « drôle » (19 %) mais aussi « autoritaire » (29 %)[14]. Sa franchise, sa fermeté et sa rigueur rassurent. Austère, il refuse de vendre des illusions et de faire rêver les Français.

Les études d'opinion jouent un rôle déterminant dans son choix de participer à la présidentielle de 1988. La décision est prise pendant l'été 1984, comme Raymond Barre l'indique lui-même : « C'est en voyant que les Français, de façon significative, commençaient à me placer dans les groupes des « présidentiables » que je me suis dit qu'il fallait penser plus sérieusement à franchir le pas.[15] »

Plus précisément, deux éléments issus de la lecture des sondages ont été décisifs. Le premier concerne la capacité à prendre le leadership de la droite, point crucial pour Raymond Barre : « Si les sondages m'avaient placé dans une position éloignée de celle de M. Chirac, je n'aurais pas été candidat.[16] » Le second est lié à la possibilité de battre François Mitterrand et d'être élu. Les chiffres lui donnent ainsi une double assurance sur la viabilité de sa candidature.

Mais son opposition résolue à la cohabitation, qu'il estime contraire à l'esprit des institutions, rencontre l'incompréhension de l'opinion. Il va jusqu'à indiquer qu'il refuserait Matignon alors que les sondages le désignent comme le Premier ministre préféré en cas de victoire de la droite[17]. Valéry Giscard d'Estaing et Jacques Chirac le présentent comme un diviseur de la droite, entravant son retour au pouvoir.

Les débuts réussis de la coexistence institutionnelle donnent tort à ses préventions anti-cohabitationnistes. Sa popularité retombe brutalement : entre mars et avril 1986, elle baisse de 50 % à 39 % selon le baromètre SOFRES. Mais les difficultés du gouvernement lui permettent de rebondir. Dès 1987, il redevient plus populaire que Jacques Chirac et s'installe en recours de la droite.

Raymond Barre séduit une partie des électeurs gaullistes par son intransigeance à défendre la Constitution, sa rigueur économique et sa vision d'un « État impartial ». Au centre, il éclipse ses concurrents. François Léotard, ministre de la Culture, reste une étoile montante. Testé dans quelques intentions de vote, ses scores ne sont pas significatifs.

Parallèlement, l'astre giscardien a pâli. L'ancien président n'est cité qu'en troisième position (8 %) dans le classement du « meilleur candidat pour représenter la droite en cas de présidentielle[18] », loin derrière Raymond Barre (41 %) et Jacques Chirac (35 %). En février 1987, constatant son retard, il déclare forfait et choisit de fourbir ses armes pour la présidentielle de 1995. Il va assister en spectateur à la compétition entre ses deux Premiers ministres.

La première remontée chiraquienne

En retournant à Matignon, dix ans après l'avoir quitté, Jacques Chirac espère contenir et réduire l'aura de Raymond Barre. L'exercice du pouvoir doit lui permettre d'effacer son image de chef de parti, de construire une stature d'homme d'État et d'imposer sa suprématie à droite en vue de 1988.

Au début de la cohabitation, sa popularité oscille autour de 50 %, avant de subir une baisse rapide pendant l'hiver 1986-87 en raison de la crise étudiante ouverte contre la réforme des universités et des grèves dans le secteur public. La sanction dans les indicateurs d'opinion est immédiate. Raymond Barre redevient perçu comme le meilleur candidat de la majorité pour la prochaine présidentielle. Dès février 1987, il devance de 10 points Jacques Chirac dans le baromètre de popularité de la SOFRES pour *Le Figaro Magazine* (52 % contre 42 %).

Raymond Barre bénéficie d'un contexte qui souligne sa compétence économique. Le chômage reste persistant et, aux yeux des Français, l'emploi (87 %) figure en tête des problèmes les plus importants qui se posent en France[19]. Le krach boursier de Wall Street, le « lundi noir » du 19 octobre 1987, inquiète l'opinion et l'incite à se tourner vers le rassurant professeur Barre. En novembre 1987, dans les intentions de vote, il devance de 6 points Jacques Chirac (24,5 % contre 18 %) au premier tour et obtiendrait 48 % (contre 44 % pour le candidat du Rassemblement pour la République)[20] face à François Mitterrand au second tour.

Dès lors, rattraper Raymond Barre dans les sondages devient le premier objectif stratégique de Jacques Chirac. Les Français estiment qu'ils seront certainement tous deux candidats à la prochaine présidentielle et qu'ils se comporteront alors plutôt « comme des concurrents » (61 %) que « comme des alliés » (27 %)[21].

L'analyse de l'image comparée de ces partenaires-adversaires avantage Raymond Barre qui semble « le plus capable d'exercer les fonctions de chef de l'État » (36 % contre 21 % pour Jacques Chirac) et de « conduire la politique économique la plus efficace » (52 % contre 16 %). Il paraît le plus apte à « travailler à créer le maximum de cohésion entre les Français » (35 % contre 26 %). Seul point positif pour Jacques Chirac, sa capacité à « lutter efficacement contre le terrorisme et l'insécurité » (46 % contre 15 %).

Conscient de cette asymétrie d'image, Jacques Chirac cherche à ne pas laisser son rival tirer profit de son ascendant dans les enquêtes d'opinion. À la fin de 1987, la première vague du Présidoscope[22] accorde un score de 17 % au Premier ministre, soit presque 10 points de moins que Raymond Barre (26 %). Cet écart important est ressenti comme une menace par l'équipe de Jacques Chirac. Elle demande à TF1, qui est co-sponsor du dispositif[23], de ne pas publier les résultats.

Mais, à la différence de la censure imposée par Alain Poher à *France-Soir* en 1974, la première chaîne ne plie pas et le sondage est diffusé le 14 décembre 1987. Récemment privatisée, TF1 veut affirmer son indépendance à l'égard du pouvoir politique.

Pour contrecarrer la prépondérance de Raymond Barre, Jacques Chirac annonce sa candidature le 16 janvier 1988. Même si son bilan à Matignon clive et paraît autant « positif » (44 %) que « négatif » (45 %)[24], il a été un bon Premier ministre pour 51 % des Français. Son entrée en campagne s'accompagne d'une communication à grande échelle, qui se traduit rapidement par une progression dans les sondages.

Au sein de son équipe, Jean-Jacques Guillet, toujours PDG d'Indice S.A., occupe le poste de responsable des études d'opinion. Dans les sondages confidentiels qu'il conduit, il observe un renversement de tendances : selon la SOFRES, le candidat RPR vient de prendre l'avantage sur son concurrent de l'UDF (22 % contre 21 %)[25]. Le 21 janvier, le comité de soutien à la candidature de Jacques Chirac rend publics les résultats. Pour la première fois en France, une équipe de campagne publie un sondage confidentiel qui sert ses intérêts.

Dans le camp centriste, l'incrédulité domine. Jusqu'à présent, considérant que la primaire à droite ne serait qu'une formalité, Raymond Barre a choisi de faire du Président son véritable adversaire et de négliger le Premier ministre. « Ayant vécu au rythme de la tortue, confortablement installé sur le mol oreiller de son avance dans les sondages[26] », il est pris de court par le jaillissement énergique de Jacques Chirac.

Sa première réaction consiste à afficher sa tranquillité d'âme. Le 4 février, il déclare : « N'attachez pas trop d'importance aux sondages. Si cela vous émeut, je vous prie de croire que cela ne m'émeut pas.[27] » Ce détachement n'est pas synonyme de désintérêt. Dans son équipe, le suivi des études d'opinion est confié à Jacques Bille, ancien directeur du Service d'information et de diffusion de 1978 à 1981. Il travaille avec les experts de la SOFRES, Jérôme Jaffré, Alain Weill et Alain Lancelot[28]. Il bénéficie aussi des conseils de Michel Bongrand.

La déclaration de candidature de Raymond Barre, le 8 février, concentre les espoirs de ses proches. Mais, contrairement à leur ambition, elle ne permet pas d'imposer l'idée d'un « nouveau départ » à droite. Pendant tout le mois de février, le candidat affecte la même indifférence alcyonienne vis-à-vis des chiffres : « Si je garde mon calme, c'est parce que je ne regarde pas les sondages.[29] »

Sa campagne patine et la presse ne cesse de l'interroger sur l'état des sondages, ce qui fait progressivement évoluer son discours. Attaché à l'inflexibilité de l'homme d'État qui ne dévie pas du chemin qu'il a tracé, il affirme : « Ce ne sont pas des variations de sondages qui vont m'entraîner à modifier ma ligne de conduite[30] » ou encore « Je pourrais être à vingt points de M. Jacques Chirac que cela ne changerait nullement ma détermination.[31] »

Dans les derniers jours avant le scrutin, il multiplie les attaques contre les sondages. Face à la défaite qui se profile, il faut mobiliser les électeurs. À la Réunion, son île natale, il assène en créole : « Laisse causer band'sondeurs, gros poissons y bec toujours sur le tard ![32] » De retour en métropole, le député UDF Bruno Durieux reprend la charge et promet « une hécatombe des sondages et des SAMU pour les sondeurs[33] ». Même l'épouse du candidat participe à l'offensive et proclame que les sondages sont « arrangés[34] ».

Cette thèse de la manipulation est alimentée par un sondage Louis Harris, qui accorde un score de 16 % seulement à Raymond Barre[35]. Face à ce chiffre dissonant, les médias commanditaires exigent une nouvelle enquête[36]. Le candidat UDF recule encore (14,5 %). Plusieurs jours séparent la réalisation des deux études. Mais les résultats de la seconde sont diffusés le lendemain de la première, créant le sentiment d'un effondrement. Raymond Barre saisit la commission des sondages, qui exprime des réserves le 20 avril.

Cette fin de campagne rappelle la situation de Jacques Chaban-Delmas en 1974. Le parallèle entre les deux candidats est frappant : il s'agit de deux anciens Premiers ministres à qui les sondages promettaient la victoire et qui se sont écroulés sous l'effet d'un concurrent issu de leur camp.

L'affaiblissement de Raymond Barre sur sa gauche donne de l'espace à Jacques Chirac, qui doit également faire face sur sa droite à la rivalité montante du Front national. Le parti d'extrême droite a obtenu un score à deux chiffres lors des européennes de 1984, puis fait élire 35 députés en 1986. Son président Jean-Marie Le Pen cherche à atténuer autant que faire se peut son image, qui se structure très négativement puisqu'il est jugé « dangereux » (56 %), « raciste » (45 %) et « démagogue » (31 %).

Une majorité considère alors que « le Front national et Jean-Marie Le Pen représentent un danger pour la démocratie en France[37] » (55 %), une perception qui n'a cessé d'augmenter : 38 % en octobre 1983, 40 % en mai 1984 et 50 % en octobre 1985. Conséquence logique, 69 % des Français ne souhaitent pas que le candidat FN obtienne les signatures requises pour être candidat[38].

Fin septembre 1987, il tient des propos révisionnistes qui entraînent une chute brutale de sa cote de popularité : elle passe de 17 % à 9 % en octobre dans le baromètre mensuel SOFRES - *Le Figaro Magazine*. Le candidat fait face. Bravache, il affirme : « Les sondages, je m'en fiche, je ne crois pas être en recul. Je pense même que tout cela va me rapporter des voix.[39] » Il exploite sa mise au ban pour s'affirmer victime de diabolisation. En quelques mois, les pertes dans l'opinion sont effectivement effacées et son score dans les intentions de vote se rétablit.

La droite est d'autant plus handicapée par ce nouveau concurrent qu'un accord avec le Front national dans la perspective de la présidentielle est clairement rejeté par les

Français, y compris par les sympathisants de l'UDF et du RPR[40]. Le Premier ministre lui-même exclut toute alliance. Pour réduire le FN, il mène une politique de fermeté en matière de sécurité et d'immigration, qui lui vaut le surnom de « facho-Chirac ».

Dans sa volonté de séduire la droite extrême, il prend garde cependant de ne pas s'aliéner la droite centriste. La conciliation de ces deux électorats lui semble nécessaire pour bénéficier de leur soutien au second tour. Observant que le total des voix de droite est majoritaire dans les intentions de vote, il en tire la conclusion que François Mitterrand ne peut être réélu[41]. Mais la politique ne se réduit pas à un simple calcul arithmétique à base de sondages.

Le faux suspense de la candidature de François Mitterrand

Devenu le président le plus impopulaire de la Ve, François Mitterrand va connaître un revers de fortune fulgurant. Très vite, il parvient à reconstituer son capital politique en s'appuyant sur ses prérogatives constitutionnelles. Dès avril 1986, sa cote de popularité dans le baromètre IFOP - *JDD* redevient majoritaire (52 %) et le reste jusqu'à l'élection. Pendant toute la cohabitation, il est plus populaire que son Premier ministre (écart moyen de 11 points).

En avril 1985, 60 % des Français ne souhaitaient pas qu'il soit candidat au renouvellement de son mandat. Deux ans plus tard, ce chiffre a chuté de 20 points (41 %) et une majorité relative (46 %) espère sa candidature[42]. Dès l'automne 1986, les sondages l'annoncent vainqueur en cas de présidentielle anticipée (53 %)[43].

Il doit pourtant faire face une recrudescence des affaires politiques, constatée par 41 % des Français[44]. Pour répondre à cette préoccupation, la loi relative à la transparence financière de la vie politique est votée en mars 1988. En fixant un plafond de dépenses, elle limite la commande de sondages par les candidats, ce qui « fait beaucoup de tort aux instituts[45] » se lamente le sondeur Pierre Giacometti de BVA.

François Mitterrand est en situation hégémonique dans son camp. Le Parti communiste ne se relève pas de son échec de 1981, perçu comme « le signe d'un déclin durable », voire « l'annonce d'un mouvement profond »[46]. Face à cette évolution historique, le PCF se déchire. Peu charismatique, le candidat investi, André Lajoinie, se heurte à la candidature dissidente de Pierre Juquin, qui entend rénover le communisme national, au moment où Mikhaïl Gorbatchev applique la *perestroïka* en URSS.

Au sein du Parti socialiste, seul Michel Rocard est en mesure de faire de l'ombre à François Mitterrand. Sa popularité est élevée, son image toujours positive. Lors de *L'Heure de Vérité* le 3 décembre 1986, il fait part de sa « ferme intention » de participer à la présidentielle. Mais les électeurs de gauche privilégient le président en exercice, qui surclasse systématiquement Michel Rocard dans les intentions de vote.

Le PS fait bloc derrière François Mitterrand. Lors du congrès organisé à Lille en avril 1987, Pierre Mauroy le désigne comme le « candidat naturel » du parti pour la présidentielle de 1988. S'il ne pouvait ou ne voulait pas présenter à nouveau sa candidature, les adhérents devraient alors soutenir le « candidat le mieux placé », selon les sondages.

Pour le Président, le champ est donc libre à gauche. À droite, il se clarifie. L'effondrement de Raymond Barre supprime la menace la plus dangereuse : au second tour, il aurait pu concurrencer le Président dans la conquête des électeurs centristes. Faire face à Jacques Chirac constitue la meilleure configuration pour développer la campagne de rassemblement que François Mitterrand souhaite conduire.

Le Président s'appuie sur une équipe qui dispose d'une connaissance pointue de l'opinion publique. À l'Élysée, Charles Salzmann, son conseiller technique en charge des sondages, lui fournit des notes détaillées. Gérard Colé, qui dirige la cellule prospective du Service d'information et de documentation (SID) du gouvernement, analyse les enquêtes d'opinion. Il est en lien direct avec Jacques Pilhan, qui dirige l'agence Temps public. Des études qualitatives confidentielles sont régulièrement conduites. IPSOS réalise des études quantitatives.

François Mitterrand inspire alors de la sympathie à 57 % des Français[47]. Paré des plus grandes qualités, il apparaît comme « un homme cultivé » (86 %), « intelligent » (88 %). C'est « un grand travailleur » (58 %). Il « aime le peuple » (59 %) et « laissera une trace dans l'histoire » (56 %). Un quart de la population reconnaît l'admirer (26 %)[48] ! François Mitterrand est au faîte de sa popularité. À la différence de Valéry Giscard d'Estaing en 1981, il aborde la campagne en position de force.

Politiquement, seuls 13 % des Français le situent toujours à gauche. La majorité le classe au centre-gauche (58 %). 21 % vont jusqu'à considérer qu'il se situe au centre[49]. Or, ce recentrage de son positionnement correspond à l'affaiblissement du clivage entre la gauche et la droite, dont l'artificialité a été soulignée par le fonctionnement réussi de la cohabitation. Pour 57 % des Français, les notions de droite et de gauche sont « plutôt dépassées »[50].

Un seul nuage perturbe ce ciel dégagé : son âge (71 ans). François Mitterrand est jugé « trop vieux pour se représenter à l'élection présidentielle » (50 %)[51]. Ce point de blocage pèse beaucoup plus lourd que d'autres éléments, comme la longévité d'un double septennat (« 2 fois 7 ans, c'est trop long », 22 %)[52].

Comparée à celle de ses deux principaux concurrents, l'image personnelle de François Mitterrand est plus positive[53]. Marmoréen, il apparaît « le plus maître de lui-même » (51 %, contre 44 % à Raymond Barre et 31 % à Jacques Chirac). Florentin, il semble « plus habile » (45 % contre 38 % et 35 %), tout en restant « plus sympathique » (37 % contre 30 % et 31 %). Étant « le plus attentif aux problèmes sociaux » (47 % contre 34 % et 25 %), il « comprend le mieux les problèmes des gens » (37 % contre 28 % et 25 %).

D'après le « Banc d'essai présidentiel » SOFRES pour *Le Nouvel Observateur*, en mars 1988, il est le plus apte à exercer la fonction présidentielle (51 %), devant Jacques Chirac (21 %) et Raymond Barre (17 %). Le jugement porté sur son action politique s'est grandement amélioré. Le bilan de sa présidence est jugé « plutôt positif » (56 %)[54].

51 % des Français estiment que sa candidature est l'hypothèse la plus probable[55]. Mais le sphinx Mitterrand laisse planer le doute et cherche à entrer le plus tard possible dans l'arène électorale, à l'instar du général de Gaulle en 1965.

Le camp chiraquien ne veut pas se laisser imposer ce calendrier tardif et utilise toutes les ressources à sa disposition pour tenter de déstabiliser le Président. Parmi celles-ci figure la propagation de rumeurs. En février, le ministre de l'Intérieur Charles Pasqua fait « courir le bruit qu'un sondage BVA met François Mitterrand à 50/50[56] » avec Jacques Chirac et Raymond Barre.

Les sondages confidentiels des Renseignements généraux, qui sont à nouveau réalisés sur un rythme mensuel, puis bimensuel à l'approche du scrutin[57], sont également utilisés. Le 9 mars, invité de *L'Heure de vérité*, Charles Pasqua évoque à mots couverts une intention de vote des RG défavorable à François Mitterrand et déconseille vivement au Président sortant de solliciter un second mandat.

Le lendemain, Europe n° 1 révèle les chiffres de ce sondage[58] : François Mitterrand (34 %) devancerait au premier tour Jacques Chirac (24 %) et Raymond Barre (20 %), mais serait battu au second tour par son Premier ministre (51 %). Une polémique éclate. La commission des sondages demande à contrôler le sondage mais se heurte à un refus du ministère.

Une campagne éclair

François Mitterrand annonce sa candidature sur Antenne 2. Au journaliste Henri Sannier qui cherche à savoir s'il est candidat, il répond par un « oui » timide, prononcé avec « une voix de jeune mariée[59] » selon ses détracteurs. Le reste de son intervention est loin d'être aussi timoré. Opposé aux divisions du pays, le candidat fustige la majorité et active la menace de l'État-RPR.

Dénonçant les factions qui menacent la paix civile, il s'érige en père de la Nation, attentif aux équilibres du pays et protecteur de la République exposée au danger de l'intolérance et du racisme. Il développe sa conception d'un président soucieux de contenir les excès idéologiques. Remarquant qu'il est plus jeune que le général de Gaulle en 1965, il présente son âge comme une source rassurante de sagesse et d'humanisme. Dans l'ultime échange avec les journalistes, la question des sondages surgit :

« – Vous avez la certitude d'être élu ?

– Jamais. Non. Pas du tout. Pourquoi l'aurais-je ?

– Il y a les sondages Monsieur le Président...

– Oui, les sondages disent des choses qui vont dans ce sens. Mais je considère que c'est une épreuve. »

Sa déclaration de candidature est soumise immédiatement au jugement de l'opinion. Les téléspectateurs ont jugé le président « convaincant » (53 %)[60]. Son entrée en campagne est une réussite : *Le Point* s'interroge en une de son édition du 28 mars « Peut-il être battu ? ».

Son discours séduit. Sa position de protecteur de la Constitution aurait pu apparaître comme factice à ceux qui se souvenaient du François Mitterrand opposant résolu du régime du général de Gaulle. Pourtant, sa conversion au présidentialisme paraît sincère : 61 % des Français voient « le vrai François Mitterrand » dans « le défenseur des institutions de la Ve République », pas dans « l'adversaire » (32 %)[61].

François Mitterrand est perçu comme « un candidat qui rassemble » (54 %), plus que Raymond Barre (46 %) et que Jacques Chirac (42 %)[62]. Il s'affirme comme le mieux placé des candidats pour « maintenir la paix sociale » (56 %) et « maintenir la paix civile » (53 %)[63].

L'envoi de la consensuelle *Lettre à tous les Français*, dans laquelle il prône la « France unie », conforte ce positionnement fédérateur. Préfigurant l'ouverture, il tend la main aux électeurs du centre et de la droite. 64 % des Français estiment alors qu'on peut « être de droite et voter pour François Mitterrand », contre 31 % qui partagent l'idée qu'on peut « être de gauche et voter pour Jacques Chirac »[64]. Le candidat socialiste exploite son avantage et renvoie son principal adversaire à une forme de sectarisme idéologique.

Le 13 avril, une fuite lui permet d'étayer ce discours. Des extraits d'une note intitulée « Remarques sur la stratégie électorale de Jacques Chirac » et signée par Michel Brûlé de BVA sont publiés[65]. Elle recommande au candidat RPR de s'adresser aux électeurs de Jean-Marie Le Pen, pour s'assurer de leur soutien au second tour. Une aubaine pour prouver la collusion entre la droite et l'extrême droite !

François Mitterrand reste néanmoins sur le qui-vive. Le 14 avril, BVA[66] lui accorde un score de 34 %, en baisse de 4 points. Scène de la vie quotidienne, rapportée par le chef de l'État : « Ce matin, Danielle m'a dit : « François, tu as entendu la radio ? 34 %, ce n'est pas bon. » Je lui ai répondu : « Si, c'est bon. Ça mobilise ! Vive BVA ! »[67] » À quelques jours du premier tour, il redoute que l'avance que lui accordent les sondages n'impose l'idée que les jeux sont faits, facteur important d'abstention.

Son expérience politique le convainc toutefois d'agir pour stabiliser ce tassement. Son conseiller Jacques Attali note dans son journal : « François Mitterrand prend très au sérieux certains sondages qui le donnent à la baisse. Sa réaction est tonitruante.[68] » Il rappelle à l'ordre sans ménagement les responsables de sa campagne : « Ça ne va pas, il faut vous bouger ! »

La période d'interdiction de publication des sondages, qui s'ouvre le 18 avril, atténue ses craintes. La loi est suivie rigoureusement par les médias. Seule exception, *Libération* utilise un stratagème pour insinuer les derniers résultats aux lecteurs. Un article, signé François Camé (*sic*), est consacré au soi-disant MATHOP (Marché à Terme des Hommes Politiques)[69]. Un tableau affiche les « cotations » des cinq principaux candidats, qui correspondent aux chiffres des sondages confidentiels.

Le jour du scrutin, plusieurs sondages dits de « sortie des urnes » sont réalisés. Appliquée pour la première fois en 1983 par Jean-Luc Parodi et l'IFOP, cette technique consiste à interroger les électeurs en face-à-face à la sortie des bureaux de vote. Les échantillons sont volumineux, ce qui donne la possibilité d'étudier précisément les électorats et leurs motivations. BVA interroge 2 800 électeurs. CSA réalise 5 700 interviews, quand Louis Harris parvient à questionner plus de 9 800 personnes !

Des opérations d'estimation des résultats ont également lieu. L'AFP ayant dissous son service d'estimation électorale après 1983, elles sont réalisées uniquement par des instituts : BVA pour Antenne 2, Europe 1 et *Paris Match* ; CSA pour RFI, *L'évènement du jeudi* et *La Vie* ; IFRES pour FR3 et RMC ; IPSOS pour TF1, RTL et *Le Point* ; Louis Harris France pour France Inter et la SOFRES pour La 5.

La révélation des résultats est l'occasion d'organiser des évènements de relations publiques. Le soir du premier tour, plus de 3 000 personnes du « tout-Paris » politique sont invitées pour entendre en avant-première l'estimation d'IPSOS : à 18 h 43, Jean-Marc Lech « s'empare du micro. « François Mitterrand : 33,6 ». La foule se fige. « Jacques Chirac : 19,6 ». La salle s'étrangle de surprise. « Raymond Barre : 16,6 % ; Jean-Marie Le Pen : 15,3 % ». Les cris fusent : « Ce n'est pas possible ». « Je vous l'avais dit ».[70] »

Ces réactions d'étonnement sont liées au décalage entre ces chiffres et les dernières intentions de vote. La surprise concerne Jean-Marie Le Pen, qui triomphe avec un score à deux chiffres. Le FN confirme son implantation dans le paysage électoral français. Il remplace dans son rôle protestataire le PC, dont le déclin historique se prolonge (6,7 %).

Les instituts ont également surestimé de 3 à 4 points le score de Jacques Chirac. En revanche, ils ont correctement évalué le score de Raymond Barre, qui avait annoncé : « J'accepterai le verdict des urnes mais pas je n'accepte pas le verdict des sondages[71] ». La « chabanisation » a fait une nouvelle victime.

Les résultats du premier tour confirment l'efficacité de la stratégie électorale mitterrandienne. Le Président sortant obtient un score de 34 %. Il a toujours devancé de plus de 10 points ses principaux concurrents, même si son score dans les intentions de vote a connu une érosion dans les derniers jours.

Parmi les instituts, BVA est celui dont les intentions de vote ont été les plus précises. Inversement, la dernière vague du Présidoscope[72] se caractérise par des approximations de 3 à 4 points, notamment un score de 38 % attribué à François Mitterrand, ce qui confirme que le panel n'est pas un outil adéquat pour mesurer le rapport de force électorale.

Dès le soir du premier tour à partir de 20 h 05, un sondage par téléphone est réalisé par BVA pour Antenne 2 afin de connaître les intentions de vote pour le second tour. À 20 h 45, IPSOS lance également une enquête[73], qui révèle que 52 % des Français souhaitent que Jean-Marie Le Pen ne donne aucune consigne de vote. Le président du FN qualifie le second tour de « choix entre le pire et le mal » et n'appelle pas à voter pour Jacques Chirac, qualifié de « candidat résiduel » de la droite.

Le duel télévisé entre les deux finalistes a lieu le 28 avril. François Mitterrand est désigné vainqueur de Jacques Chirac (42 % contre 33 %[74]). Dans cette joute d'une grande agressivité, il est apparu comme « le plus convaincant » (38 % contre 36 %), « le plus sympathique » (41 % contre 31 %) et « le plus sincère » (37 % contre 33 %). Les duellistes ont été perçus comme égaux en ce qui concerne leur compétence (34 %). Seule consolation pour Jacques Chirac : il a semblé « le plus précis » (41 % contre 29 %).

À trois jours du second tour, deux évènements semblent en mesure de peser sur l'élection : la libération de trois otages retenus au Liban et l'assaut donné par le GIGN pour libérer des gendarmes détenus en Nouvelle-Calédonie. Mais le scrutin est trop proche pour que les instituts puissent mesurer leur impact sur les intentions de vote. Et les chiffres seraient de surcroît soumis à l'interdiction de publication.

Le 8 mai, à l'Élysée, les résultats sont attendus avec la plus grande placidité, tant le suspense est faible. Le sénateur Michel Charasse se souvient : « Vers 18 h 10, je crois, Jacques Pilhan, en contact avec les instituts de sondage, est entré dans le bureau. Pilhan a dit que cela allait faire 46-54 en sa faveur. François Mitterrand est resté impassible.[75] » Pour la première fois, un président est élu à deux reprises au suffrage universel.

Le « Président-phénix[76] » exulte à l'idée de battre le record de longévité du général de Gaulle. L'ampleur de sa victoire (54 %) a été surestimée par la plupart des instituts. BVA a notamment commis une approximation de 3 points (57 %, mais 53,5 % dans la dernière étude confidentielle)[77].

La droite subit son plus grave échec depuis 1965, en dépit de l'activisme effréné déployé dans l'entre-deux-tours par Jacques Chirac. Enfermé dans une culture d'opposition, militante et parfois sectaire, le candidat RPR n'est pas parvenu à accéder à une véritable stature d'homme d'État. Aura-t-il une nouvelle chance ?

Une « over-sondo-dose »

Une fois la présidentielle achevée, un bilan de la production des sondages est dressé. La commission des sondages a contrôlé 153 enquêtes, contre 111 lors de la présidentielle de 1981, soit une progression de 40 % !

Cette « avalanche de sondages[78] » est liée à la multiplicité des commanditaires, qu'il s'agisse de quotidiens ou d'hebdomadaires. Même *Le Monde* s'est converti à la publication de sondages. La presse écrite n'est pas seule responsable de cette situation. En 115 jours, du 1er janvier au 23 avril, 70 sondages ont été traités lors du journal télévisé de 20 heures[79]. La création de nouvelles chaînes de télévision, comme La 5 et M6, a augmenté les canaux de diffusion des études, renforçant ainsi le sentiment du foisonnement des sondages.

Cette omniprésence est déplorée à grand renfort de néologismes, comme la « sondomanie »[80] ou l'« over-sondo-dose »[81]. Le sociologue Patrick Champagne pointe les conséquences néfastes des sondages publiés sur le jeu électoral, qu'il nomme « l'effet de publication[82] ». Dès lors, la période de réserve a été accueillie comme un soulagement : « La prolifération des échographies politiques va donc être interrompue un moment. Le mystère, la surprise (bonne ou mauvaise) sont provisoirement rétablis dans leurs privilèges et les délices de l'ignorance restaurées.[83] »

Pierre Joxe, président du groupe socialiste à l'Assemblée, exige « que l'on arrête d'abasourdir les Français avec les sondages[84] ». Le député Bruno Durieux observe à propos des sondages que « leur surconsommation dénature les campagnes électorales et les transforme en sorte de PMU politique[85] ». Il fait des propositions pour remédier à la situation, comme l'interdiction des sondages confidentiels des

RG et le renforcement des moyens de la commission des sondages.

Après dix ans d'existence, l'autorité de contrôle déploie toujours une activité importante. Dans son rapport final, elle note n'avoir pas « pu à ce jour établir l'existence des « manipulations politiques » souvent reprochées aux instituts.[86] »

Malgré les critiques, 1988 est un excellent millésime pour les instituts. Ils ont su faire oublier la guerre des sondages qui avait fait rage en 1981, développer leur visibilité médiatique et ne pas commettre d'erreur de prévision. Le calme avant la tempête…

1995

Le procès des sondages

> Est-ce que vous connaissez quelqu'un qui n'échangerait pas volontiers ses sondages contre les miens ?
>
> ÉDOUARD BALLADUR

Depuis le scrutin précédent, le nombre d'instituts s'est stabilisé. Les principaux restent BVA, CSA, Ifop, Ipsos, Louis Harris et la Sofres.

La « popularité majestueuse » d'Édouard Balladur

Après son deuxième échec consécutif, Jacques Chirac traverse une période d'interrogation. En mars 1989, il est réélu maire de Paris. Dès 1991, pour préparer une troisième candidature, il met sur pied une cellule « présidence » à laquelle participe le sondeur Jean-Marc Lech[1].

Afin de préparer dans les meilleures conditions la présidentielle de 1995, il fait le choix stratégique de renoncer à être Premier ministre, si les législatives de 1993 débouchaient sur une nouvelle cohabitation. Cette décision est soutenue par son électorat, qui estime que dans son intérêt, il devrait « laisser la place à une autre personnalité » (78 %)[2].

Pour se substituer à lui à Matignon, il envisage spontanément de désigner Édouard Balladur, proche collaborateur et seul ministre d'État en 1986. Le pacte entre les deux hommes est scellé. Légitimé par l'appui du président du RPR, Édouard Balladur fait figure de favori : les sympathisants de droite le désignent comme le meilleur Premier ministre en cas de cohabitation[3]. Au lendemain du raz-de-marée électoral de la droite, le 29 mars 1993, François Mitterrand le nomme à la tête du gouvernement.

Immédiatement, il connaît un véritable état de grâce. Le baromètre de l'Ifop pour *Le Journal du Dimanche* lui attribue en avril 1993 un taux de popularité de 56 %, soit 20 points de plus que Jacques Chirac en 1986. Aucun Premier ministre avant lui n'a été plus populaire au moment de sa prise de fonction.

Cette popularité tient à sa personnalité, appréciée par 68 % des Français[4]. Reconnu comme un homme d'État, Édouard Balladur a l'image d'un réformateur déterminé mais ouvert au dialogue. Sa compétence (39 %) et sa modération (34 %) plaisent[5]. Excellent pédagogue, il « explique bien la politique du gouvernement » (38 %)[6].

Il bénéficie d'un « effet Matignon[7] » très puissant. Avant sa nomination en mars 1993, 39 % des Français souhaitaient lui voir jouer un rôle important : 75 % partagent cet avis en avril. 63 % des Français lui font confiance pour s'attaquer efficacement aux principaux problèmes qui se posent au pays[8]. Parmi les électeurs de droite, la confiance dont il bénéficie atteint des sommets (91 %).

Imprévue et massive, cette « popularité majestueuse[9] » attise l'intérêt des médias. Au début de 1993, les Français citaient spontanément Jacques Chirac (26 %), François Léotard (19 %) et Michel Rocard (18 %) comme les hommes politiques qu'ils aimeraient voir participer à la présidentielle[10]. Un trimestre plus tard, la situation s'est considérablement transformée : 54 % des Français estiment qu'Édouard Balladur ferait « un bon Président de la République »[11].

Cette entrée instantanée dans la catégorie des présidentiables est inédite. Le Premier ministre prend immédiatement la tête du classement. Seul homme politique cité par une majorité de Français, il devance de plus de 10 points toutes les autres personnalités qu'elles soient de gauche ou de droite.

Le 20 mai 1993, soit moins de deux mois après les législatives, *L'Express* publie la première intention de vote[12] pour la présidentielle de 1995 : au premier tour, Édouard Balladur obtiendrait 37,5 % des suffrages s'il était investi par le RPR. Une seconde hypothèse attribue un score légèrement inférieur à Jacques Chirac (36 %).

Le président du RPR a-t-il commis une erreur en refusant d'être à nouveau Premier ministre ? C'est l'analyse de Charles Pasqua, qui lui dit en juin 1993 : « Si tu étais à Matignon, tu aurais maintenant les mêmes sondages que Balladur.[13] » Dans un premier temps, Jacques Chirac ne perçoit pas la traîtrise en germe dont il pourrait être la victime. Ce n'est qu'en septembre 1993 qu'il prend conscience de leur rivalité.

Comment ces frères siamois du pompidolisme, « amis de 30 ans » selon l'expression de Jacques Chirac, sont-ils devenus des frères ennemis ? Par les effets des sondages publiés, qui ont conforté les ambitions de l'un et accentué le sentiment de trahison de l'autre. Dès août 1993, 56 % des Français jugent qu'Édouard Balladur « sera le candidat de la droite à la présidence de la République, quitte à entrer en conflit avec Jacques Chirac »[14].

Une étape est franchie en août 1993 lorsque Ipsos teste une hypothèse opposant Édouard Balladur et Jacques Chirac au premier tour[15]. Le premier devancerait facilement le second (33 % contre 17 %). En septembre, il est la seule personnalité à laquelle une majorité de sympathisants de droite font confiance pour « incarner la droite dans les années à venir ». Avec un score de 71 %, il domine Jacques Chirac (37 %), Valéry Giscard d'Estaing (27 %) et Raymond Barre (16 %[16]). Dans son camp, il incarne ainsi un renouvellement et apporte une solution à la guerre des chefs.

Pour l'opinion publique, le pacte entre Jacques Chirac et Édouard Balladur n'a plus lieu d'être. L'idée d'un remplacement du premier par le second comme candidat à la présidentielle séduit les Français (49 %) et une majorité des sympathisants UDF (57 %)[17]. Une éventuelle candidature de Jacques Chirac n'est pas jugée légitime « s'il n'est pas le candidat le mieux placé de la majorité ».

En raison de ces sondages, le climat au sein de la majorité se détériore rapidement. Les députés et les sénateurs du centre et de la droite sont l'enjeu d'une lutte d'influence entre Matignon et le RPR. Beaucoup cèdent aux « sirènes des sondages[18] », dont les agents recruteurs du Premier ministre amplifient les chants mélodieux.

L'argument du « meilleur candidat pour l'emporter » sur la foi des sondages séduit les membres de la majorité frustrés de n'avoir exercé le pouvoir que quatre ans depuis 1981. Les élus voient dans la victoire une assurance de reconduction de leur mandat pour les élections législatives et municipales de juin 1995. Édouard Balladur recueille ainsi le soutien de la plupart des ministres, des parlementaires et des notables, en particulier ceux du centre qui se rallient au « panache balladurien parce que les enquêtes d'opinion [révèlent] ses talents de meilleur rassembleur de la majorité[19] ».

Il cherche à construire une coalition plus large que le RPR, car il est convaincu que l'échec de Jacques Chirac en 1988 provient de son incapacité à dépasser son propre camp. Dans le conflit de légitimités qui les opposent, Jacques Chirac invoque l'antériorité de sa décision, tandis qu'Édouard Balladur fait valoir l'actualité des sondages qui le portent[20].

Dès lors, la « méthode Balladur » consiste à être très attentif à l'opinion pour conserver son soutien. Les sondages deviennent l'outil privilégié du pilotage de l'action gouvernementale. Matignon commande beaucoup d'enquêtes à tous les instituts, « mais la Sofres est son fer de lance.[21] »

Sur la recommandation de Jérôme Jaffré, vice-président de la Sofres, un professeur de droit constitutionnel, Hugues Portelli, est nommé conseiller en charge des études d'opinion[22]. Jérôme Jaffré est également proche de Nicolas Sarkozy, ministre du Budget, ce qui propage l'idée d'un « axe Jaffré-Sarkozy[23] » sur lequel se greffe Nicolas Bazire[24], directeur de cabinet du Premier ministre.

En janvier 1995, Édouard Balladur est rejoint par Charles Pasqua, très populaire parmi les militants du RPR. En cas de victoire, les sympathisants de droite souhaitent qu'Édouard Balladur le choisisse comme Premier ministre (38 %), plutôt qu'Alain Juppé (16 %)[25]. Le ralliement de ce gaulliste dévitalise l'argument chiraquien selon lequel le Premier ministre serait un candidat de sensibilité UDF.

La déclaration officielle de candidature est effectuée le 18 janvier 1995. Édouard Balladur justifie son choix en partie par le soutien de l'opinion publique : « c'est la confiance de nos concitoyens, maintenue depuis vingt mois [...] qui me détermine à solliciter leurs suffrages. »

Effectivement, sa popularité fait l'objet d'une longévité sans précédent. Elle absorbe tous les chocs politiques. En mars 1994, le conflit du Contrat d'insertion professionnelle suscite la contestation des plus jeunes qui manifestent aux cris de « Édouard enlève ton CIP ». Le texte est prudemment retiré. La popularité du Premier ministre se redresse. Avec fatuité, il lance devant les caméras le 14 avril 1994 : « Est-ce que vous connaissez quelqu'un qui n'échangerait pas volontiers ses sondages contre les miens ? »

Après deux ans d'exercice du pouvoir, même si elle a subi une lente érosion, sa cote dans le baromètre Sofres - *Figaro Magazine* se maintient à un niveau élevé (50 % en décembre 1994). Pour la première fois, un Premier ministre en exercice paraît en mesure de passer sans rupture de Matignon à l'Élysée.

Vox clamantis in deserto

Jacques Chirac est en passe d'être éclipsé par son rival. Son destin présidentiel semble plus précaire que jamais. La Sofres[26] teste Édouard Balladur comme candidat unique de la majorité : avec 52 %, le Premier ministre serait élu dès le premier tour ! Seul Charles de Gaulle avait obtenu des résultats d'intention de vote aussi massifs.

Dans ces conditions, l'urgence pour le maire de Paris consiste à ne pas être définitivement marginalisé par les sondages, afin de préserver la viabilité de sa candidature. Ses collaborateurs vont ainsi chercher à contenir la vague balladurienne. Pendant toute la campagne, la presse est abreuvée de notes sur les sondages publiés, en insistant sur leur fiabilité lorsqu'ils sont favorables au candidat et en nuançant leur portée statistique dans le cas contraire[27].

Dans ce choc entre les Romulus et Rémus de la droite, les instituts sont suspectés d'iniquité. Les chiraquiens soupçonnent la Sofres « d'être l'âme du complot « balladurien »[28] ». De leur côté, les balladuriens se méfient de BVA, présumé pro-Chirac. Pourtant, la commission des sondages n'a relevé aucune preuve d'un « manque d'objectivité des différents instituts et d'une prétendue allégeance de certains d'entre eux à l'un ou l'autre des candidats en présence[29] ».

Les instituts ne font pas mystère de leur collaboration simultanée avec différents candidats[30]. BVA a fourni ses prestations à l'équipe d'Édouard Balladur, en dépit des liens avec Jacques Chirac. L'Ifop déclare avoir sondé pour le compte de cinq candidats. Les enquêtes confidentielles – les « confi » – se développent : « Je n'ai jamais vendu autant de qualitatifs[31] », se réjouit Roland Cayrol.

De multiples baromètres d'intentions de vote sont mis en place : BVA pour *Paris Match* (Tableau de bord de la présidentielle) ; CSA pour *Le Parisien* ; Ifop pour *L'Express ;* Ifop pour *Globe Hebdo* ; Ifop pour *le JDD* (Baromètre Président 2 000) ; Ifop pour *Libération* qui reconduit le Présidoscope ; Ipsos pour *Le Point* ; Louis Harris pour *Valeurs Actuelles* ; Sofres pour TF1 et RTL ; Sofres pour *Le Nouvel Observateur.*

Les résultats de tous ces dispositifs convergent pour annoncer la rétrogradation de Jacques Chirac. Même s'il affecte « le plus grand détachement à l'égard des sondages[32] », le candidat du RPR ne peut se soustraire au climat qui prévaut alors. Sa situation dans les enquêtes d'opinion ne varie pas. Esseulé, il agit en vain et parle sans être écouté. Tel Jean-Baptiste, il prêche dans le désert.

À la fin de l'été, il reçoit tout de même le soutien inattendu de François Mitterrand, qui autorise son conseiller en communication, Jacques Pilhan, à travailler clandestinement pour lui. Il s'agit d'abord d'atténuer les craintes liées à l'hypothèse de deux candidatures séparées à droite : 50 % des sympathisants de l'UDF et 66 % de ceux du RPR estiment que ce serait « une mauvaise chose, car cela divise la majorité »[33]. Le souvenir des déchirements de 1981 et 1988, auxquels sont imputées les défaites, reste très vivace.

C'est dans ce contexte que Charles Pasqua relance l'idée d'organiser des élections primaires afin de désigner le candidat unique de la majorité pour la présidentielle. Le 27 septembre 1994, il présente les résultats d'un sondage[34] qu'il a commandé : 53 % des Français et 61 % des sympathisants de droite se déclarent favorables à sa proposition. Mais Jacques Chirac refuse de se soumettre à ce qu'il considère comme un piège. Après l'échec de cette ultime médiation, les instituts cessent de tester deux hypothèses et mettent en concurrence les deux candidats.

Pour Jacques Chirac, il y a donc urgence à entrer en campagne : le 4 novembre 1994, jour de la Saint Charles, il se déclare candidat dans *La Voix du Nord.* 55 % des Français et 61 % des sympathisants RPR considèrent qu'il a eu raison de le faire[35]. Cependant, la candidature d'Édouard Balladur est attendue par 58 % des Français, y compris une majorité des sympathisants du RPR (54 %).

Au même moment, Jacques Delors atteint son plus haut point dans les sondages : si le premier tour mettait en présence Édouard Balladur (24 %) et Jacques Chirac (17 %), c'est le socialiste qui serait en tête (30 %)[36]. Face au risque d'une troisième défaite successive de la droite à la présidentielle, les balladuriens plaident pour réaliser l'unité de la majorité derrière leur candidat. Ils utilisent les sondages comme un moyen de pression pour inciter Jacques Chirac à se retirer.

En dépit de ce « terrorisme des sondages », selon l'expression d'Alain Juppé (*Le Figaro*, 5 décembre 1994), l'analyse de l'opinion publique est loin d'être délaissée. De tous les candidats, Jacques Chirac est celui qui commande le plus de sondages (3 512 339 francs, soit 3 % du total de ses frais de campagne). Au sein de son équipe, la charge en incombe à Frédéric de Saint-Sernin, député élu en Dordogne.

Il rédige hebdomadairement une note d'information sur les sondages. Ce document de deux pages qui présente des éléments d'interprétation est diffusé aux différents services de l'équipe du candidat, aux comités de soutiens et à la presse. Deux synthèses confidentielles sont aussi produites : l'une destinée aux cadres de la campagne, l'autre uniquement à Jacques Chirac.

Frédéric de Saint-Sernin commande des études qualitatives à l'Ifop, CSA ou Louis Harris[37]. Pendant deux ans, il réalise régulièrement des réunions de groupe dans lesquelles il teste l'image du président du RPR et celle d'Édouard Balladur. À partir de l'automne 1994, deux études qualitatives sont réalisées par mois, au prix unitaire de 40 000 francs.

Il commande aussi des études quantitatives. Dans un premier temps, BVA[38] réalise deux sondages mensuels sur les intentions de vote. Puis à partir de décembre 1994, l'institut applique une technique inédite en France, qui consiste à interroger quotidiennement 300 personnes et à cumuler ces interviews avec celles réalisées la veille et l'avant-veille[39]. Cet échantillon renouvelé par tiers chaque jour (*rolling cross-section*) permet d'assurer un suivi très fin des évolutions de l'électorat.

Malgré cet équipement sophistiqué, Jacques Chirac s'intéresse peu aux chiffres et « n'a jamais été vraiment passionné par ce genre de statistiques : pour lui, les électeurs ne se mettent pas en courbe[40] ». Il préfère le ressenti du contact direct avec les citoyens. Pendant toute la campagne, il n'aura que trois entretiens avec Frédéric de Saint-Sernin[41], qui est en relation beaucoup plus fréquente avec les responsables de la campagne.

Chaque mardi à 16 h 30, il commente les sondages publiés ou confidentiels dans le cadre d'une réunion de travail avec les parlementaires qui soutiennent Jacques Chirac. « Auréolé d'une réputation d'interprète de l'oracle sondagier », le conseiller cherche à les rasséréner en leur répétant : « C'est à vous de faire bouger les sondages ![42] »

Et le besoin de motivation est fort au moment où la tentation de l'abandon tend ses bras accueillants et où les médias envisagent le renoncement du candidat RPR, à l'image de la journaliste Arlette Chabot qui lui demande le 9 janvier 1995 sur France 2 : « Quoi qu'il arrive, vous irez jusqu'au de cette campagne présidentielle Monsieur Chirac ? »

Trois jours plus tard, dans l'édition du *Monde* en date du 12 janvier, Jérôme Jaffré signe un article intitulé « Pour l'opinion, l'élection présidentielle est déjà jouée », qui semble indiquer que la victoire du Premier ministre est inéluctable. En réalité, le titre a été imposé par la rédaction à l'auteur. Le fond de l'article prend des précautions interprétatives et appelle à la prudence.

Mais, le sentiment dominant est celui d'un triomphe inexorable d'Édouard Balladur, qui se trouve en quelque sorte « pré-élu[43] » par les sondages. Dans le clan chiraquien, un seul motif d'espoir subsiste : la gauche est atone, voire catatonique.

Le renoncement de Jacques Delors et la primaire du PS

La fin des années 1980 voit éclater une « crise du politique », c'est-à-dire un rejet des élus, qui frappe d'abord le camp au pouvoir. François Mitterrand reçoit un camouflet cinglant lors des législatives de 1993 : 51 députés socialistes sont réélus, alors que l'hémicycle en comptait 258. La nouvelle chambre est la plus à droite depuis le début de la Vᵉ République.

Au crépuscule de sa vie politique, le Président n'est plus en mesure d'envisager une nouvelle candidature. Irréaliste, l'hypothèse est tout de même testée : s'il se présentait à nouveau au suffrage universel, François Mitterrand serait largement battu au second tour, que ce soit face à Édouard Balladur (59 %/41 %), ou face à ses anciens adversaires de 1981 (56 %/44 %) et de 1988 (57 %/43 %)[44]. Pour la première fois depuis 1974, le Président sortant ne participera pas à l'élection présidentielle.

L'image brisée et la popularité en berne de François Mitterrand – sa cote de confiance est au plus bas – ne sont qu'un des ingrédients de la crise de la gauche. Divisé, décrédibilisé, le Parti socialiste touche le fond : en mai 1993, seuls 28 % des Français en ont une bonne opinion. Il s'agit du score le plus faible enregistré par le baromètre Sofres - *Le Figaro Magazine* depuis sa création en octobre 1974.

C'est Michel Rocard qui prend la direction de ce PS en lambeaux et tente de le reconstruire. Mais lors des européennes de 1994, la liste dont il a imprudemment pris la tête est torpillée par celle de Bernard Tapie, appuyée en sous-main par l'Élysée. Après cette défaite, 57 % des Français et 60 % des sympathisants socialistes considèrent qu'il « doit laisser sa place à un autre candidat» pour la présidentielle[45]. Il démissionne le 19 juin 1994.

Alors que la gauche se cherche un nouveau champion, « un feu d'opinion pour Jacques Delors[46] » se déclenche. Son bilan en tant que président de la Commission européenne est positif et il a acquis un statut d'homme d'État. Son éloignement à Bruxelles l'a préservé du marasme que subit le PS. Catholique, ancien expert économique à la CFTC, il incarne une ligne politique attentive aux préoccupations sociales. Ministre des Finances, il a appliqué la rigueur économique. Il devient mieux qu'un recours: un homme providentiel.

Pendant l'été et l'automne 1994, sa candidature virtuelle connaît une ascension rapide. Début octobre, il devient la personnalité préférée des Français dans la perspective de la présidentielle, selon le baromètre Ifop - *JDD* « Président 2000[47] ». Dans les intentions de vote, il progresse et fait jeu égal avec Édouard Balladur au second tour[48]. En novembre, il subtilise la place de favori au Premier ministre (52 % contre 48 %)[49].

Les socialistes l'exhortent à se lancer. Une équipe, animée par François Hollande et à laquelle participe le sondeur Jean-Marc Lech[50], rédige des notes pour le convaincre de franchir le pas. Finalement, Jacques Delors annonce qu'il fera part de sa décision lors de l'émission *7 sur 7* sur TF1. 84 % des Français pensent alors qu'il sera « certainement » ou « probablement » candidat[51].

Pourtant, le dimanche 11 décembre 1994 à 19 h 39, Jacques Delors révèle en direct qu'il n'a pas l'intention de participer à la présidentielle, car il n'estime pas pouvoir disposer d'une majorité pour conduire sa politique. Pour la première fois, un homme politique renonce à présenter sa candidature, en dépit de l'encouragement unanime des sondages.

Au lendemain de l'émission, 73 % des Français éprouvent « un sentiment de respect et d'admiration pour sa décision »[52]. Mais 69 % des Français estiment que sans Jacques Delors, la gauche n'a aucune chance de gagner[53]. Même sa présence au second tour semble hypothétique. Le pessimisme règne.

À quatre mois du premier tour, la question reste entière : quel candidat représentera la gauche ? Le Premier secrétaire du PS, Henri Emmanuelli, ne semble pas avoir l'envergure nécessaire. Plusieurs candidats sont testés par les instituts : Jack Lang, Pierre Joxe, Bernard Kouchner, Martine Aubry, Lionel Jospin.

Alors que les statuts du PS prévoient la possibilité d'organiser une primaire interne, Lionel Jospin présente le 4 janvier 1995 sa candidature. Henri Emmanuelli se résout à lui emboîter le pas, puis Jack Lang. La date du vote est fixée au 3 février. Pour la première fois dans l'histoire du parti, les adhérents sont appelés à choisir leur candidat. Et les sondages vont les aider dans leur choix.

Populaire parmi les jeunes, Jack Lang apparaît comme « le moins mauvais des candidats du PS sur le papier millimétré des instituts de sondages[54] » : il serait le seul à pouvoir se qualifier pour le second tour[55]. Mais, étant peu soutenu dans le parti, il retire sa candidature une semaine plus tard et soutient Henri Emmanuelli.

A priori, le Premier secrétaire devrait tirer profit de sa légitimité institutionnelle. Mais il apparaît comme « le cancre des enquêtes d'opinion[56] ». Seuls 27 % des Français considèrent qu'il serait « un bon candidat à l'élection présidentielle pour représenter la tendance socialiste[57] ». Ce chiffre s'établit à 45 % pour son adversaire.

Ancien ministre d'État, Lionel Jospin bénéficie d'une notoriété et d'une popularité supérieures à celles d'Henri Emmanuelli. Sa stature dans les intentions de vote est meilleure. Ipsos lui attribue un score de 18 %, soit 5 points de plus que son concurrent[58]. Il apparaît ainsi comme la solution la plus efficace pour garantir la présence de la gauche au second tour. Ses soutiens utilisent ce résultat à leur avantage dans la campagne interne : dans un parti contusionné par les défaites électorales récentes, cet argument fait mouche.

Finalement, Lionel Jospin recueille 65,85 % des suffrages exprimés. Sa victoire prouve que les sondages sont devenus une ressource dans la compétition interne aux formations politiques. Diriger les instances du parti ne garantit plus automatiquement l'investiture. Depuis la présidentielle de 1988, un glissement s'est opéré, le « candidat naturel » du parti cédant le pas au « candidat le mieux placé[59] ».

C'est le premier acte de la « démocratie du public » que Bernard Manin vient d'analyser dans un livre marquant[60]. Le thème de « la démocratie d'opinion, celle des sondages à répétition[61] » entre dans le débat politique, notamment sous l'influence d'Alain Minc[62].

À gauche, le Parti communiste investit Robert Hue. Maire de Montigny-lès-Cormeilles, il est vu comme un homme « honnête » (30 %) et « proche des préoccupations des gens » (29 %). Mais il est lesté par l'image du PC, perçu comme étant « tourné vers le passé » (57 %)[63]. Les Verts seront représentés par Dominique Voynet, qui a évincé l'ancien candidat de 1988, Antoine Waechter, en ancrant le parti écologiste à gauche.

Au total, le Conseil constitutionnel valide la présence de 9 candidats. Pour la première fois, leurs comptes de campagne sont publiés au *Journal Officiel*[64]. Ils révèlent que tous commandent des sondages, sauf Jean-Marie Le Pen. Le total de ces dépenses s'élève à 9 223 395 de francs (1,4 million d'euros), soit 2,2 % des sommes totales engagées.

La résurrection de Jacques Chirac

À la fin de l'année 1994, Jacques Chirac reste au plus bas dans les sondages. Alarmante, cette situation est aussi féconde et favorise un renouvellement de son image. Sa marionnette aux *Guignols de l'Info* l'humanise. Pour les Français, l'émission rend sympathiques deux personnalités : Jacques Chirac (65 %) et François Mitterrand (64 %), qui devancent largement Édouard Balladur (48 %)[65].

Ce changement d'image correspond à un positionnement moins droitier. Sur les conseils de Philippe Séguin, Jacques Chirac diagnostique l'existence d'une « fracture sociale ». Alors que pour les Français les problèmes qui compteront le plus au moment de voter sont le chômage (71 %), les inégalités sociales (26 %) et le maintien des acquis sociaux (22 %)[66], il parle du fléau de l'exclusion et de la nécessité de combattre le chômage.

Face au réformisme timoré de « Ballamou », il propose de faire preuve de volontarisme et d'élaborer « un nouveau contrat social ». Fustigeant « la pensée unique » de la technocratie, il invite à « renoncer au renoncement ». Les reculs successifs du gouvernement sont présentés comme des capitulations. Inaltéré par ces critiques, Édouard Balladur se déclare candidat en janvier, puis retourne immédiatement à l'action gouvernementale, sans débuter sa campagne. *De minimis non curat praetor*[67].

Jacques Chirac profite de son absence pour occuper l'espace médiatique. Affirmant que le sondage est au suffrage universel « ce que l'amour vénal est à la romance[68] », Philippe Seguin dénonce la « dictature des sondages[69] », qui imposerait l'idée que l'élection serait jouée d'avance.

Mais la désignation officielle de Lionel Jospin fait évoluer le rapport de force. Le 8 février, un sondage CSA place le candidat socialiste (20 %) devant Jacques Chirac (18 %). Dans les jours suivants, BVA et la Sofres donnent les mêmes indications. La campagne semble se diriger vers un second tour opposant la gauche et la droite, dont Jacques Chirac serait exclu.

Le candidat Édouard Balladur ne reprend la parole que le 13 février pour présenter son programme. Son entrée en campagne poussive donne le sentiment d'une difficulté à endosser le rôle du candidat. Entre-temps, plusieurs scandales ont éclaté en cascade, dont l'affaire Schuller-Maréchal qui met en cause Charles Pasqua, un atout-maître dans le jeu du Premier ministre.

Cette accumulation de difficultés se double d'une cure de silence médiatique imposée par le Conseil supérieur de l'audiovisuel, qui estime que le temps de parole du Premier ministre doit être décompté de celui du candidat. Ce retrait forcé se traduit par une baisse sensible dans les sondages. Par rapport à fin janvier, Édouard Balladur recule de 8,5 points selon la Sofres (de 32 % à 23,5 % le 21-23 février). Dans l'enquête du 20-21 février réalisée par Ipsos pour *Le Point*, il fait désormais jeu égal avec Lionel Jospin et Jacques Chirac (22 %). Son matelas électoral s'est totalement dégonflé.

CSA est le premier institut à annoncer l'inversion des courbes entre Jacques Chirac et Édouard Balladur. Dans cette enquête publiée le 2 mars par *Le Parisien*, Jacques Chirac (25,5 % ; + 7,5 points par rapport à l'enquête précédente datant du 6 février) devance Lionel Jospin (24 % ;

+ 4 points) et Édouard Balladur (20 % ; –8 points). Le jour même, le Premier ministre lâche cette réaction ironique et compendieuse : « C'est original. » Le lendemain, *InfoMatin* publie une étude de Louis Harris qui confirme la tendance. C'est « le grand retournement des sondages[70] », selon l'expression de Jean Charlot.

La chute d'Édouard Balladur dans les sondages n'est pas concomitante de l'ascension de Jacques Chirac : le plongeon de l'un précède l'ascension de l'autre[71]. Mais une fois le croisement de courbes effectué, Jacques Chirac se trouve porté par une puissante dynamique électorale : en une vague d'enquête, il gagne 4 points pour CSA, 5 points pour Ipsos et l'Ifop, 6 points pour Louis Harris etc. Il atteint des sommets : 27 % pour la Sofres le 11-13 mars, 29,5 % pour CSA le 15-16 mars. À la mi-mars, il est installé en tête des intentions de vote.

Relégué en troisième position, Édouard Balladur voit son pronostic de victoire divisé par deux, passant de 70 % à 33 % entre les vagues du 7-9 février et du 8-9 mars du baromètre de la Sofres. Ce décrochage rappelle les mauvaises heures de la campagne de 1988 aux balladuriens issus de l'UDF, qui redoutent la réapparition du « syndrome Barre[72] », c'est-à-dire l'enlisement dans les eaux marécageuses des sondages en berne. L'espoir change de camp, emportant avec lui les ambitieux. De nombreux parlementaires, qui l'avaient abandonné quand le balladurisme brillait au firmament des sondages, reviennent auprès de Jacques Chirac.

Ce renversement de tendance doit beaucoup au message social développé et porté par Philippe Séguin, surnommé alors par Pierre Mazeaud « l'homme qui fait monter les sondages[73] ». Il s'est opéré à la faveur de l'apparition d'un nouvel avatar de Jacques Chirac. Oublié « facho-Chirac », l'homme politique cassant et agité, tenant d'une droite dure. Place à « Chichi », l'élu proche du peuple. Le candidat RPR est désormais paré de toutes les qualités. « Dynamique », « expérimenté » et « rassembleur », il dispose enfin de la « stature d'un président de la République »[74].

Au même moment, le champ électoral s'éclaircit. Au centre, 70 % des Français s'opposent à la candidature de Valéry Giscard d'Estaing[75]. Lucide, il relève lui-même à propos des sondages le concernant : « Il faut une loupe pour les voir.[76] » Le 7 mars, il fait part de son choix de ne pas participer une troisième fois à l'élection présidentielle, imitant ainsi Raymond Barre.

Quelques jours après, les sondages incitent aussi à se désister le président du Mouvement des radicaux de gauche, Jean-François Hory. Crédité d'un score inférieur à 1 %, « hanté par le néant sondologique[77] », il retire sa candidature le 31 mars, après un mois de campagne seulement.

Mêmes difficultés pour Philippe de Villiers, candidat depuis le 8 janvier 1995 qui a confié la direction de sa campagne à Patrick Buisson, ancien directeur de la rédaction de *Valeurs actuelles*. Tenant d'une droite catholique et souverainiste, il atteint 12 % dans le baromètre BVA - *Paris Match* (9-12 février 1995), puis voit ses intentions de vote baisser jusqu'à 6 % à la veille du premier tour.

Qualifié par ses détracteurs de « Le Pen *light* », il concurrence le président du Front national, qui pâtit d'un climat d'opinion défavorable à l'extrême droite. L'adhésion aux idées frontistes a reculé de 13 points depuis octobre 1991 (de 32 % à 19 %)[78]. 73 % des Français estiment que Jean-Marie Le Pen représente un danger pour la démocratie. Il ne semble toujours pas capable de gouverner (86 %).

Estimant que son score est minoré par les redressements des instituts, le candidat du FN saisit la commission des sondages en dénonçant une volonté de le pénaliser. Après examen, les experts estiment que la demande n'est pas fondée, dans la mesure où le FN est « le premier des bénéficiaires de ces redressements[79] ». Bien que vaine, la démarche aura permis à Jean-Marie Le Pen d'exister auprès des médias qui sont absorbés par les péripéties du duel entre les ex-amis de 30 ans.

A posteriori, la geste chiraquienne décrit volontiers son héros s'extrayant de l'abîme sondagier et porté par une dynamique électorale inéluctable. En réalité, Jacques Chirac n'a jamais atteint le tréfonds des sondages. Son étiage a été enregistré le 5-7 décembre 1994 par la Sofres (12 %). Il a toujours bénéficié d'un score à deux chiffres, ce qui a évité sa disqualification définitive.

Notons aussi qu'en fin de campagne sa dynamique se tasse, en raison des coups portés par Édouard Balladur qui dénonce avec vigueur la démagogie et l'irresponsabilité du candidat RPR. Les résultats de cette pugnacité sont immédiats. Le Premier ministre comble une partie de son retard dans la seconde quinzaine de mars : il progresse de 2 points dans le baromètre Louis Harris, de 3 points dans ceux de la Sofres et de l'Ifop, et même de 5 points dans le dispositif de CSA. Ce frémissement redonne confiance à son camp. Début avril, selon CSA et l'Ifop, Édouard Balladur parvient même à reprendre la deuxième place.

Par sa charge dramatique, l'affrontement Chirac-Balladur a occulté la campagne de Lionel Jospin. Le candidat socialiste, qui a mis du temps à être désigné, fait tardivement connaître son programme en revendiquant « un droit d'inventaire » à l'égard du bilan de François Mitterrand. Il paraît « sincère dans ses convictions » (57 %). Mais il n'est pas jugé « capable d'exercer la fonction présidentielle » (54 %)[80]. Pudique et distant en début de campagne, il parvient à « fendre l'armure » selon son expression, c'est-à-dire à présenter sa vraie personnalité.

Sur la préconisation de son conseiller pour les études et analyses d'opinion, Gérard Le Gall, Lionel Jospin appelle les électeurs à éviter un duel entre les deux représentants de la droite au second tour[81]. Mais son score dans les intentions de vote reste stable, oscillant autour de 20 %, ce qui rend aléatoire sa qualification. Dans la dernière ligne droite, l'incertitude est élevée, portant la nervosité à son paroxysme.

« Une formidable défaite pour les instituts de sondage »

À sept jours du premier tour, la période de réserve des sondages prend figure de « semaine de tous les dangers[82] », tant elle aiguise les tentatives d'influence des électeurs. En meeting le 20 avril, François Bayrou affirme que les sondages confidentiels révèleraient « de très grandes surprises », si la loi autorisait leur divulgation[83]. L'équipe de Jacques Chirac saisit la commission des sondages dès le lendemain.

L'interdiction de publication des sondages s'applique uniquement sur le territoire national. Or, de nouveaux moyens de communication transnationaux sont apparus, parmi lesquels figurent la télévision par satellite ou Internet, qui permet aux « cybernautes » de prendre connaissance et diffuser des chiffres publiés sur des serveurs situés hors de France.

Certains titres de presse étrangers profitent de ne pas être assujettis à la législation française. À deux jours du premier tour, un journal suisse, *La Tribune de Genève*, publie une intention de vote de l'institut CSA et diffuse également un tableau récapitulatif des sondages confidentiels : les 4 000 exemplaires vendus légalement en France sont pris d'assaut. Cette affaire dite des fuites suisses soulève une polémique de fin de campagne.

Les opérations d'intoxication à partir des études d'opinion – authentiques ou apocryphes – se multiplient. On note ainsi « une vraie avalanche au marché noir du sondage ![84] ». Plusieurs faux sondages présentés comme émanant de BVA circulent. Une intention de vote attribuée abusivement à la Sofres est publiée en Suisse, tandis qu'une étude fallacieusement estampillée Louis Harris est diffusée à Londres. Les ingénieurs de la manipulation électorale redoublent d'inventivité, comme « ces affichettes apposées sur les routes de France, provenant d'un soi-disant *Sondage Magazine* et titrant : Le Pen à 18 %.[85] »

Le jour du scrutin, les premières tendances issues des sondages de sortie des urnes (SSU)[86] accordent à Jacques Chirac un score de 23 à 24 % et le place devant Lionel Jospin et Édouard Balladur[87]. Elles sont conformes aux dernières intentions de vote publiées par les instituts.

Mais peu après la fermeture des premiers bureaux de vote, les chiffres des estimations – et non plus des SSU – font un constat radicalement différent : le candidat socialiste est en tête tandis que Jacques Chirac et Édouard Balladur sont au coude-à-coude. L'écart entre les deux représentants de la droite est si infime qu'il est impossible de trancher.

À 18 h 30, Patrick Stefanini se rend dans le bureau de Jacques Chirac et tend la première estimation de la Sofres à Alain Juppé, qui lui intime de se taire et de patienter[88]. Une autre version assure que la première réaction du Secrétaire général du RPR a été : « C'est ridicule, c'est encore un coup de

Jaffré.[89] » Quelques minutes plus tard, BVA apporte confirmation de cette indétermination. Chacun retient son souffle.

Les premiers chiffres diffusés à 20 heures placent Lionel Jospin en première position. Son score est évalué à 23 % par l'estimation Sofres pour TF1, à 23,4 % par l'estimation BVA - Zénith Data Systems pour France 2 et à 22,7 % par celle de CSA pour France 3. Le Parti socialiste connaît un rebond aussi inespéré qu'imprévu. L'euphorie saisit le siège de campagne.

En revanche, l'identité du second qualifié fait l'objet d'une forte incertitude. BVA accorde une légère avance à Jacques Chirac sur Édouard Balladur (20,0 % contre 18,5 %), tandis que CSA (20,7 % contre 20,2 %) et surtout la Sofres (19,7 % contre 19,5 %) placent les deux candidats de la droite dans un mouchoir de poche. L'indécision est telle que les sondeurs concurrents Pierre Giacometti et Jérôme Jaffré doivent se concerter par téléphone. Finalement, l'écart se stabilise en faveur de Jacques Chirac.

Les dernières intentions de vote publiées[90] ont sous-évalué en moyenne de 3 points le score de Lionel Jospin (20,1 % contre 23,2 %). Jacques Chirac a été surévalué de 6 points (26,1 % contre 20,6 % en réalité). Le résultat d'Édouard Balladur (18,5 %) a été le moins sous-estimé (17,7 %). Mais le Premier ministre a sans doute été pénalisé par les derniers sondages qui laissaient à penser qu'un fossé infranchissable existait entre lui et Jacques Chirac (8,4 points en moyenne, et même 10 points pour BVA, Ifop et la Sofres). Le jour J, cet écart fut quatre fois plus faible (2,1 points)[91]. Moins de 700 000 voix ont séparé les deux candidats.

Au quartier général de Jacques Chirac, c'est la douche froide. Son score (20,6 %) est similaire à celui obtenu en 1981 et 1988. Cette deuxième place fait l'effet d'une défaite, tant les sondages avaient consolidé le sentiment qu'il serait en tête. Même désabusement parmi les balladuriens, qui prennent douloureusement conscience que la qualification était à portée de main, contrairement à ce que laissaient entendre les chiffres des instituts.

La désillusion des uns et la déception des autres trouvent un bouc émissaire : les sondages. Leur procès est immédiatement intenté. Sur France 2, Nicolas Sarkozy, porte-parole d'Édouard Balladur, entame en direct une charge virulente : « C'est une formidable défaite pour les instituts de sondages. [...] La première victime ce soir, ce sont les instituts de sondages qui ont été, dans leur immense majorité, complètement balayés dans leurs prévisions. »

Le coryphée des balladuriens met en cause directement Pierre Giacometti, directeur exécutif de BVA, présent sur le plateau. Simone Veil se joint à la conversation en estimant que « les instituts de sondage ont trompé en définitive l'opinion et qu'ils n'ont pas été prudents du tout ». Michel Rocard réagit avec bon sens : « Toute cette conversation est stupéfiante et laisse supposer [...] que les sondages sont des prophéties, ce qu'ils n'ont jamais été. »

À 21 heures, Édouard Balladur concède sa défaite et se rallie à Jacques Chirac. Rétrospectivement, il admettra avoir commis une erreur : « C'est de penser que les sondages positifs et même très positifs dont j'ai bénéficié pendant très longtemps pouvaient tenir lieu de tout.[92] »

En fin de soirée, France 2 diffuse une intention de vote de second tour annonçant la victoire écrasante de Jacques Chirac (57 %) face à Lionel Jospin (43 %). Nouveau tollé sur le plateau. Henri Emmanuelli lance : « C'est insupportable ! Ça recommence le soir même ! ». Ségolène Royal renchérit : « C'est incroyable ! »

Dans l'entre-deux-tours, les sondages annoncent tous la victoire de Jacques Chirac. Cependant, échaudée par le premier tour, son équipe redoute une nouvelle mauvaise surprise. Pour contrer une éventuelle démobilisation des électeurs de droite, Frédéric de Saint-Sernin suscite la publication d'un faux sondage dans un journal suisse[93]. S'agit-il de l'enquête Sofres publiée dans *La Tribune de Genève* et annonçant une issue incertaine ?

Le 7 mai, date du second tour, Jacques Chirac attend les résultats avec quelques proches à l'Hôtel de Ville. Frédéric de Saint-Sernin l'appelle pour lui transmettre les chiffres d'Ipsos : « J'ai dit à Chirac « Vous êtes élu entre 50 et 54 % ». C'était la fourchette que m'avait donnée Giacometti. Chirac, un peu goguenard, a fait une blague, et m'a dit « Ben, c'est large, tu ne risques pas de te tromper ! »[94] » Il raccroche et dit : « Je crois que c'est fait, je suis président ! »

Élu avec un score de 52,64 %, il devient le cinquième Président de la cinquième République. Les gaullistes retrouvent le pouvoir suprême 21 ans après l'avoir perdu.

Un lendemain qui déchante

L'annonce de l'élection de Jacques Chirac au second tour n'efface pas le souvenir de l'erreur commise quinze jours auparavant, qualifiée de « Bérézina des sondeurs » (*Le Canard Enchaîné*, 26 avril 1995). Au lendemain du premier tour, un « procès en sorcellerie[95] » est entrepris et met « le sondage en accusation[96] ». Les quotidiens condamnent « le grand mirage des sondages » (*La Croix*, 25 avril). Les éditorialistes accusent les sondeurs d'être de « faux prophètes[97] ». Le sociologue Léon Scheer dénonce une « déroute du système sondageo-médiatique[98] ».

Rares sont les réactions mesurées, comme celle de Dominique Wolton qui avance cet argument incontestable mais inaudible en pleine polémique : l'erreur des instituts constitue la preuve de l'indépendance des électeurs, qui n'ont pas été « intoxiqués[99] » par les sondages. Dans *Le Figaro Magazine* (29 avril 1995), Jérôme Jaffré rappelle que « les sondages ne sont pas de la magie ».

Mais les mots ne suffisent pas à refroidir la « hargne contre les sondages[100] ». Des initiatives législatives sont prises. Le député UDF Renaud Dutreil demande la création d'une enquête parlementaire portant sur « le rôle des sondages d'opinion » pendant la campagne.

La durée de la période d'interdiction de publication des sondages est au cœur des réflexions. Pas moins de cinq propositions de loi sont déposées dès le 16 mai 1995 pour l'étendre. Inversement, le sociologue Patrick Champagne propose de n'autoriser la diffusion des intentions de vote que pendant la semaine qui précède le scrutin, seul moment où elles « enregistrent une situation politique réelle[101] ».

Cette proposition est la plus judicieuse car la période de réserve fige prématurément les perceptions. Le grand public n'a pas connaissance des dernières évolutions, puisque les sondages ne sont plus publiés. Or, dans les enquêtes confidentielles réalisées avant le scrutin[102], la baisse de Jacques Chirac était visible, même si sa deuxième place n'a pas été annoncée. La publication des sondages aurait permis de mieux percevoir la physionomie du scrutin, atténuant ainsi l'effet de surprise du premier tour. C'est pourquoi les sondeurs réclament en chœur de la suppression de l'interdiction de publication.

Autre difficulté récurrente reprochée aux instituts : la sous-estimation du score de Jean-Marie Le Pen, qui recueille

15,2 % alors que les derniers sondages lui attribuaient en moyenne un score de 12,7 %. En direct lors de la soirée électorale de France 2, le candidat du FN fustige « la déroute honteuse du système sondagique ». Les instituts ne réussissent pas encore à apprécier le vote frontiste à sa juste mesure.

Les sondeurs reconnaissent leur échec de prévision et cherchent à en comprendre les raisons techniques. Lors d'une table ronde[103], ils soulignent les spécificités de l'élection, notamment l'indécision qui a concerné près d'un tiers de l'électorat. Le mécanisme des redressements sur la base des votes antérieurs est également en cause. Le rapport de force particulièrement déséquilibré des législatives de 1993 constituait une base de comparaison douteuse. La difficulté était accrue par la présence de deux candidats issus du RPR.

Le procès des sondages vient clore une séquence électorale caractérisée par la stabilité de la production des instituts. 157 sondages ont été publiés, soit un chiffre équivalent à celui de la présidentielle de 1988. Les commentateurs ont toujours le sentiment que « les sondages tombent comme à Gravelotte[104] ». Notons que *Le Monde* achève sa conversion aux sondages et réalise sa première intention de vote[105].

Enfin, les médias ont poursuivi leur effort de pédagogie. Le 9 février 1995, Arte a diffusé une soirée thématique intitulée « Sondage : je te hais, un peu, beaucoup, pas du tout ». Le 16 avril, Anne Sinclair a consacré aux sondages un numéro de *7 sur 7*, dans lequel étaient invités les principaux sondeurs, qui ont pu mieux faire comprendre leur métier.

Pour les instituts, la présidentielle de 1995 est un fiasco de grande ampleur, qui atteint leur légitimité même. En 2002, ils doivent impérativement redorer leur blason en redressant la qualité de production.

2002

Le séisme de la présidentielle

> Cette élection marquera la mort des instituts de sondage.
>
> JACQUES CHIRAC

La présidentielle de 2002 vient elle aussi clore une période de cohabitation. Mais, à la différence des deux expériences précédentes, la coexistence entre le Président et le Premier ministre a duré cinq ans.

Un environnement renouvelé pour les sondages

Après l'échec retentissant de 1995, les sondeurs sont mis en face de leurs responsabilités. Me Francis Szpiner, un proche de Jacques Chirac, s'insurge contre la « démocratie sondagière[1] » dans un pamphlet[2]. Le journaliste Emmanuel Kessler publie un ouvrage à la tonalité critique : *La Folie des sondeurs : de la trahison des opinions*[3]. *Le Monde* consacre au sujet un dossier qui a pour titre « sondages en examen » (18 mars 2002).

Tenant compte des reproches, les instituts ont fait évoluer leurs méthodes. Pour réaliser leurs enquêtes, tous, à l'exception de BVA, se sont convertis à l'usage du téléphone, plus souple et moins coûteux. Le marché reste dominé par un petit nombre d'acteurs : BVA, CSA, Ipsos, Ifop, Louis Harris et la Sofres, qui est vendue au britannique Taylor Nelson pour constituer TNS (Taylor Nelson Sofres). Dirigé par Roland Cayrol, nouveau « pape des sondeurs[4] », CSA fusionne avec TMO.

Les instituts cherchent également à faire preuve de plus de pédagogie et à mettre en garde contre toute interprétation hâtive. Ipsos fait figurer sur ses rapports la mention suivante : « Les résultats d'intentions de vote ne sont pas une prévision du résultat électoral. Ils donnent une indication significative de l'état du rapport de force politiques actuel et n'interdisent aucune évolution future, notamment en fonction de l'impact de la campagne électorale. » Ce type d'avertissement se généralise.

L'évolution la plus significative concerne la législation des sondages. Un projet de loi entre en discussion à l'Assemblée nationale le 23 janvier 2002. Le regard des parlementaires a changé. L'idée d'un citoyen par nature aboulique et malléable, qui ne pourrait qu'aligner son vote sur les résultats des sondages par conformisme social, paraît surannée. Désormais, le sens de la responsabilité des électeurs est reconnu. En conséquence, c'est « faire confiance au peuple français que de libéraliser la publication des sondages[5] », une mesure à laquelle 61 % des Français se déclarent favorables[6].

Mais un point reste immuable : la nécessité de maintenir une période de réserve. Au lieu de supprimer purement et simplement l'interdiction, l'Assemblée préfère prendre une demi-mesure et faire débuter l'interdiction de publication, de diffusion et de commentaire la veille du scrutin, et non plus une semaine avant.

Cette « réduction de la période d'abstinence sondagière[7] » est jugée ambigüe. Jean-Marc Lech d'Ipsos lance : « Messieurs les censeurs, encore un effort pour en finir avec cette tartuferie ![8] » Les parlementaires restent sourds à ces objurgations. Le texte est approuvé en première lecture par les deux assemblées. Il sera donc en vigueur pour l'élection présidentielle.

Les médias accueillent favorablement cette évolution. Les instituts, qui avaient plaidé pour la réduction de la période de réserve après la présidentielle de 1995, font part de leur satisfaction. Leur activité est rendue plus transparente puisque la loi ouvre à tout citoyen la possibilité de consulter les notices méthodologiques des sondages. Similairement, l'apparition d'Internet leur permet de mettre à disposition tous leurs résultats, et pas uniquement les quelques chiffres publiés.

D'une manière plus générale, Internet entre dans le débat public. Le fournisseur d'accès America Online (AOL) finance un « Observatoire de la présidentielle » réalisé par Louis Harris pour *Libération*. Le portail Vizzavi sponsorise les enquêtes d'Ipsos pour *Le Figaro* et Europe 1. Pour le Groupe serveur, CSA conduit un baromètre baptisé « Internet au cœur du débat présidentiel ».

Les dispositifs de suivi barométrique sont mis en place rapidement. À partir de décembre 1998, CSA réalise « L'indicateur présidentiel » : au total, 36 vagues mensuelles seront conduites pour *Libération* et *La Dépêche du midi*. En janvier 1999, l'Ifop inaugure un baromètre présidentiel pour *L'Express*, BFM et I-Télévision.

Le CEVIPOF lance un nouveau dispositif longitudinal, le « Panel électoral français » réalisé par TNS. Le ministère de l'Intérieur, responsable des élections, participe au financement. En 1997, à son arrivée place Beauvau, Jean-Pierre Chevènement a mis un terme aux sondages des Renseignements généraux en dissolvant l'OCSS. Contrairement à 1988, le gouvernement s'interdit de les utiliser comme une arme dans la cohabitation provoquée par la dissolution de 1997.

Une cohabitation tendue vers un affrontement final

Dans ce conflit larvé qu'est la cohabitation, où chacun scrute l'autre, les sondages sont minutieusement étudiés. À l'Élysée, Frédéric Saint-Sernin occupe la fonction de conseiller chargé des études d'opinion. Jacques Chirac a continué de bénéficier des services de l'ancien conseiller de François Mitterrand, Jacques Pilhan, qui a toujours recours au sondeur Jean-Marc Lech.

À Matignon, Lionel Jospin peut s'appuyer sur l'expertise de Gérard Le Gall, son conseiller chargé des institutions, des études d'opinion et des élections, avec lequel il échange régulièrement. Le Premier ministre bénéficie également des analyses du Service d'information du gouvernement (SIG).

Les cohabitants s'accordent pour conduire deux réformes institutionnelles majeures relatives à la présidentielle. L'une concerne la date des élections législatives qui doivent avoir lieu en mars 2002, c'est-à-dire avant la présidentielle. Cette situation, contraire à l'esprit de la Ve République, appelle une inversion du calendrier électoral, qui est adoptée en avril 2001.

L'autre modification est d'ordre constitutionnel. Elle vise à réduire de sept à cinq ans le mandat présidentiel. Elle est approuvée par référendum le 24 septembre 2000.

Légitimistes, les Français estiment que Jacques Chirac doit « rester président de la République jusqu'à la fin de son septennat c'est-à-dire jusqu'en 2002 » (68 %). L'élection présidentielle mettra donc en jeu un mandat de cinq ans.

Au printemps 2001, la coalition gouvernementale dite de « gauche plurielle » se désagrège. Les Verts décident de présenter une candidature autonome à la présidentielle. Lors d'un vote interne le 20 juin 2001, les adhérents choisissent à la surprise générale le député européen Alain Lipietz.

Ce choix ne séduit pas l'opinion. Alain Lipietz se classe en troisième position des candidats « les plus crédibles pour représenter les idées écologistes » (12 %), loin derrière Brice Lalonde (21 %) et Corinne Lepage (20 %)[9]. À la rentrée, il est crédité de seulement 3 % des voix dans les intentions de vote[10]. Ce score étriqué ne correspond pas aux ambitions électorales des Verts et se situe en-dessous de la barre des 5 % nécessaires pour obtenir le remboursement des frais de campagne, ce qui conduit les instances du parti à envisager un changement de candidat.

Le 13 octobre, un vote des militants désavoue la candidature d'Alain Lipietz au profit de celle de Noël Mamère. Pour la première fois, un candidat est volontairement remplacé en raison de la médiocrité de ses performances dans les sondages. Ce choix stratégique est payant. Mieux identifié grâce à son passé de journaliste de télévision, Noël Mamère est immédiatement crédité de 7 % d'intentions de vote[11].

Au même moment, Lionel Jospin prépare sa candidature. L'éventualité d'une démission de Matignon pour se consacrer à la campagne électorale est envisagée. Les Français désapprouvent cette hypothèse : pour 56 % d'entre eux, Lionel Jospin doit « conserver sa fonction de Premier ministre jusqu'à l'élection présidentielle[12] ».

De son côté, Jacques Chirac a su reconstituer le capital politique imprudemment dilapidé sur le tapis vert de la dissolution. Depuis juillet 1998, sa popularité est redevenue majoritaire. Inaltérable, il n'a pas été disqualifié par la série d'affaires politiques qui le concernent. Le 14 juillet 2001, il donne le coup de départ officieux de la campagne en lançant une charge virulente contre la politique gouvernementale de sécurité, accusée de laxisme et d'angélisme.

À la différence de 1988 et de 1995, Jacques Chirac demeure le leader incontesté de la droite. Certes, le président de l'UDF, François Bayrou déclare sa candidature, malgré l'opposition de 54 % des sympathisants centristes qui souhaitent que « l'UDF soutienne la candidature de Jacques Chirac dès le premier tour[13] ». Le Béarnais, qui se dit « athée des sondages[14] », rencontre des débuts difficiles. Il doit faire face à l'émergence de plusieurs rivaux issus de sa formation.

Parmi ceux-ci, Alain Madelin, président de Démocratie libérale, compulse les sondages publiés avec le plus grand sérieux. Cet intérêt le conduit à commander ses propres enquêtes, notamment des études qualitatives. Les implications financières de ce goût pour les études d'opinion sont déplorées par son trésorier : « On a déjà dépassé à deux reprises le montant prévu ![15] » La somme finale s'élève à 378 632 €, soit 11,8 % des dépenses totales de sa campagne : jamais aucun candidat n'avait dépensé autant en proportion !

Malgré cette pratique dispendieuse, Alain Madelin ne parvient pas à créer une dynamique, ni à distancer François Bayrou. Début 2002, tous deux restent stationnaires sous la barre des 5 %. On prête alors à André Santini ce mot acerbe, dont il nie la paternité : « Chez Bayrou, en termes de sondages, il n'y a que les oreilles qui décollent… ». Stoïque et inébranlable, François Bayrou confie : « même à 0,5 %, je serai candidat.[16] »

C'est le processus d'union de la droite qui délégitime le plus sa candidature, tant les électeurs aspirent à la fin des divisions d'appareils : 82 % des sympathisants de droite, 84 % des sympathisants du RPR et 77 % de ceux de l'UDF se déclarent favorables à « la création d'une formation politique unique regroupant les partis de l'opposition parlementaire[17] ». Invité de la convention de l'Union en mouvement le 23 février 2002, François Bayrou dénonce la communauté de pensée de la droite. Conspué par les militants, il ne peut achever son discours.

Vu comme le diviseur de l'opposition, François Bayrou constitue une menace de faible intensité pour Jacques Chirac. Le Président n'a pas non plus à redouter la concurrence de Charles Pasqua, dont la candidature ne suscite qu'un très faible écho. En janvier 2002, TNS[18] lui attribue un score de 3,5 % seulement... Il ne parvient pas à réunir les parrainages requis, ce qui le contraint en avril 2002 à un abandon qui ressemble à une fin de carrière.

Âgé de 73 ans, Jean-Marie Le Pen semble également au terme de sa trajectoire politique. En 1998, il a dû résister à une tentative de renversement interne. Les conjurés ont fait scission et fondé le Mouvement national républicain (MNR). Leur chef, Bruno Mégret, est avide de prendre une revanche électorale. Il considère que les sondages « se trompent complètement lorsqu'il s'agit de la droite nationale[19] ».

S'il est parvenu à se maintenir à son poste, Jean-Marie Le Pen est ébranlé. Le parti s'est vidé de ses cadres. Lors des européennes de 1999, il a recueilli un score médiocre (5,6 %). Quinze ans après son irruption sur la scène politique, le leader frontiste semble sur le point de retourner dans la coulisse. Le 1er mai 2001, il annonce pourtant sa candidature, qui ressemble au chant du cygne.

François Bayrou, Alain Madelin, Charles Pasqua, Jean-Marie Le Pen : aucun de ces rivaux n'inquiète Jacques Chirac. Le Président sortant a su, sinon stériliser, au moins contenir l'effet dans l'opinion des affaires le concernant : la majorité des citoyens affirment qu'ils n'en tiendront pas compte au moment de voter (52 %)[20]. À l'automne 2001, il se pose en favori du scrutin : pour 55 % des Français, il sera réélu[21].

À la recherche du troisième homme

Tout semble indiquer que la troisième cohabitation se finira, comme les précédentes, par un face-à-face entre le Président et le Premier ministre. Mais cette affiche annoncée soulève un faible enthousiasme. Les deux cohabitants subissent l'usure du pouvoir. Ils souffrent aussi du rejet général de la classe politique et d'une attente de renouvellement : 62 % des Français souhaitent la participation à la présidentielle d'un candidat qui ne soit pas issu d'un parti politique[22].

La majorité (55 %) des citoyens espère un duel entre l'un des deux cohabitants et un « troisième homme »[23]. S'ouvre alors la recherche de cette personnalité, recherche tant politique que médiatique car, contrairement aux scrutins précédents, le troisième homme ne va pas de soi. Et plusieurs candidats vont successivement incarner cette figure.

Jean-Pierre Chevènement est le premier. En juin 2001, 24 % des Français estiment que l'ancien ministre de l'Intérieur ferait un bon président de la République et 38 %

souhaitent sa candidature à la prochaine élection[24]. Il est regardé comme « un homme de conviction » (53 %). Son image s'articule autour de son attachement à la France : il est perçu comme « patriote » (71 %) et « républicain » (69 %). Sa droiture (« intègre », 61 %) le conduit parfois à une forme de raideur qui le fait paraître « intransigeant » (58 %)[25].

Au printemps 2001, Gilles Casanova, qui fut son conseiller place Beauvau, lui adresse une note détaillée réalisée à partir de plusieurs études d'opinion[26]. Cette synthèse fait basculer la décision de candidature de Jean-Pierre Chevènement, qui repose sur « une analyse simple : un des deux principaux prétendants, Jacques Chirac ou Lionel Jospin, finira par s'effondrer dans les sondages[27] ». L'affrontement annoncé ne peut avoir lieu, ce qui profitera nécessairement à un tiers, qu'il espère incarner.

L'annonce officielle de candidature intervient le 4 septembre, jour anniversaire de la proclamation de la IIIe République : 43 % des Français estiment alors que Jean-Pierre Chevènement est en mesure d'être le « troisième homme »[28].

Son équipe commande peu de sondages. Quelques questions ouvertes posées à un échantillon représentatif de Français fournissent un éclairage qualitatif sur « la manière dont sont vécus la campagne du candidat, son discours, ses thèmes de campagne[29] ». Le candidat lui-même s'entretient régulièrement avec des sondeurs pour se tenir informé de « ce que disent les entrailles des volailles égorgées ce jour[30] ».

Sa déclaration de candidature réussie lui permet d'enregistrer des gains dans l'opinion. Fin octobre, il atteint 12 % et devance Jean-Marie Le Pen (9 %)[31]. En novembre, près d'un Français sur quatre (37 %) souhaite qu'il soit présent au second tour[32]. Plus qu'un « phénomène de mode passager» (28 %), une majorité (54 %) considère que l'effet Chevènement «va durer tout au long de la campagne[33] ».

Aussi, c'est avec une grande assurance que «le Ché», comme il est surnommé, débute l'année 2002. Fin janvier, il atteint son apogée dans les intentions de vote: CSA lui attribue un score de 14 %. Il ignore alors que son «heure de gloire sondagière[34] » est passée.

En février, l'entrée en lice des deux têtes de l'exécutif cause la fin de ses espoirs. Il ne peut empêcher le reflux de sa candidature. En mars, TNS ne lui attribue plus que 6,5 % des intentions de vote. *In fine,* Jean-Pierre Chevènement n'aura été que «la vedette américaine[35] » de la campagne, selon le mot de Jérôme Sainte-Marie, directeur des études politiques de BVA.

Les médias cherchent alors un troisième homme de substitution et imaginent qu'il pourrait s'agir d'une femme[36] : Arlette Laguiller. Un véritable engouement se développe autour de sa cinquième candidature. Fin mars 2002, l'Ifop, TNS et Louis Harris la créditent d'un score à deux chiffres. Début avril, BVA et Ipsos vont jusqu'à lui attribuer 11 % des suffrages. Elle rivalise avec Jean-Marie Le Pen, avant de subir un tassement.

Elle distance toutefois Robert Hue qui rencontre l'indifférence de l'opinion : 51 % des Français estiment que les propositions et la candidature communiste seront «peu» ou «pas du tout utiles»[37]. Le Secrétaire national du PCF, présenté comme «un «sondomaniaque» qui essaie de se soigner[38] », pâtit d'un score compris entre 4 % et 6 % selon les instituts.

À la gauche de la gauche, c'est une nouvelle personnalité qui attire la lumière médiatique. Âgé de 27 ans, Olivier Besancenot renouvelle le visage de la LCR. Longtemps crédité d'un score inférieur ou égal à 1 %, il progresse en fin de campagne grâce à l'égalité du temps de parole qui lui permet de faire entendre son discours antimondialisation. Dans la dernière semaine, l'Ifop, Ipsos et TNS lui attribuent un score de 4 %.

Un troisième candidat d'extrême gauche est aussi en lice : Daniel Gluckstein du Parti de travailleurs. Notons que le Parti radical de gauche présente la candidature de Christiane Taubira, une première depuis 1981. Finalement, quatre candidats sont issus de la gauche plurielle, ce qui signe la fin de cette alliance entre partis capables de gouverner ensemble mais pas de s'unir pour la bataille électorale.

Le duel du duo de cohabitants

La recherche infructueuse du troisième homme recentre l'attention sur l'exécutif. Alors que Jacques Chirac se dirigeait vers une réélection probable, les indicateurs d'opinion virent soudainement au rouge début 2002, en partie à cause de l'ascension de Jean-Pierre Chevènement. Fin janvier, il perd 3 points dans le baromètre Ifop pour *Le Journal du Dimanche* (24 %), 4 points dans celui de Louis Harris pour *Valeurs Actuelles* (23 %) et même 5 points dans celui d'Ipsos pour *Le Figaro* - Europe 1 (23 %).

Le Président décide alors d'anticiper son entrée en campagne. Le 11 février, il officialise sa candidature. Les Français qui ont vu (40 %) ou entendu parler (33 %) de son interview le soir même au journal de TF1 l'ont jugé « plutôt convaincant » (49 %)[39]. Il connaît un rebond dans les sondages. Mais ce répit est de courte durée.

Surveillant étroitement son adversaire, Lionel Jospin déclare sa candidature dix jours plus tard. Sur France 2, il insiste sur son bilan mais pas sur son projet, qu'il présente maladroitement comme n'étant « pas socialiste », propos peu efficace pour rassembler la gauche. Il est néanmoins jugé « plutôt convaincant » en ce qui concerne « les raisons de sa candidature » (50 %), « son bilan en tant que Premier ministre » (44 %) et « sa volonté de présider autrement s'il est élu » (43 %).

Cette réception positive de son entrée en campagne lui permet de prendre la tête des intentions de vote et de devancer son adversaire direct de 3 points selon BVA[40] (24 % contre 21 %). Début mars, la moitié des Français ont le sentiment que Jacques Chirac « traverse une mauvaise passe mais qu'il va se reprendre ». 20 % des interviewés disent même qu'il « est en train de perdre l'élection »[41].

Face aux chiffres qui annoncent sa victoire, Lionel Jospin intime le 7 mars à ses proches de garder la tête froide et de ne pas verser dans la « sondophorie[42] », mot-valise qui désigne l'euphorie provoquée par les bons scores dans les sondages. C'est pourtant lui qui va se laisser aller à des déclarations imprudentes concernant Jacques Chirac : « Il a vieilli. Il est fatigué. L'exercice du pouvoir l'a usé. Il est d'une grande passivité. » lâche-t-il lors d'un vol qui le ramène de La Réunion.

La polémique née de cette gaffe aérienne lui fait perdre l'avantage dans les sondages. Prophétique, Jacques Chirac ne cesse de répéter à ses visiteurs que « cette élection marquera la mort des instituts de sondage[43] ». En attendant le requiem, les sondeurs testent au second tour uniquement l'hypothèse opposant les deux cohabitants : cette « pré-sélection de la cohabitation et sa confirmation sondagière[44] » renforcent le sentiment que ce scénario est le seul probable.

En février 2002, 59 % des Français et 70 % des électeurs de Lionel Jospin se déclarent « sûrs que Jacques Chirac et Lionel Jospin s'affronteront au second tour de l'élection présidentielle[45] ». Le scrutin est donc vu comme une « présidentielle à premier tour joué[46] » : l'incertitude quant à l'identité des deux qualifiés pour le second tour est faible.

Comme son bilan est jugé favorablement par une majorité de Français (58 %), Lionel Jospin le met logiquement en avant dans sa campagne. Or, pour les électeurs, le bilan (37 %) pèse deux fois moins que le projet du candidat (73 %)[47]. Et le projet ne saurait être le simple prolongement du bilan : les sympathisants de gauche souhaitent que Lionel Jospin propose « un projet différent » (64 %), plutôt qu'un « un projet qui se situe dans la continuité de la politique qu'il a menée pendant 5 ans » (31 %)[48].

Cela semble d'autant plus impératif que 57 % des Français ne perçoivent que des différences « peu » ou « pas du tout » importantes entre les programmes de Lionel Jospin et Jacques Chirac[49]. Ce manque de contraste déplaît fortement aux électeurs. 68 % des sympathisants de droite souhaitent que Jacques Chirac propose aux Français un projet « franchement » ou « plutôt à droite ». Le chiffre est identique parmi les sympathisants de la gauche plurielle qui attendent de Lionel Jospin un véritable projet de gauche (66 %).

Dès lors, l'équation est simple : inéluctabilité + indifférenciation = désintérêt. En majorité, les Français se disent « peu » ou « pas du tout » intéressés par le débat électoral (56 %)[50]. Pour qualifier les campagnes de Jacques Chirac et Lionel Jospin, ils utilisent les mêmes adjectifs : « ennuyeuse » et « manquant de souffle »[51].

Seules leurs images respectives distinguent vraiment les cohabitants[52]. Lionel Jospin semble « le plus moderne » (44 % contre 34 % pour Jacques Chirac). Honnête, il paraît « le plus digne de confiance » (43 % contre 31 %) et « le plus crédible » (42 % contre 34 %). Le Président le surclasse sur la dimension personnelle : il est vu comme « le plus sympathique » (54 % contre 27 %) et « le plus séduisant » (43 % contre 24 %). Politiquement, il bénéficie de sa longue expérience et semble « le plus capable de rassembler les Français » (43 % contre 35 %).

Lionel Jospin bénéficie de la plus grande confiance en matière économique et sociale pour « préserver les acquis sociaux » (53 % contre 33 %) ou « réduire durablement le chômage » (42 % contre 34 %). Jacques Chirac prédomine dans tous les domaines régaliens : « garantir l'autorité de l'État » (53 % contre 31 %) ou « combattre l'insécurité et la délinquance » (46 % contre 31 %)[53]. Un avantage comparatif qu'il compte exploiter pleinement.

50 % des Français déclarent se sentir « souvent » ou « parfois » en insécurité dans leur vie quotidienne[54]. Or, la politique du gouvernement contre l'insécurité est jugée « mauvaise » par 72 % des Français[55]. Une querelle casuistique s'engage, une partie de la gauche défendant l'idée d'un sentiment de sécurité déconnecté de l'insécurité réelle.

Ces nuances n'éteignent pas les préoccupations des Français. Pour la première fois en décembre 2000, « la lutte contre la violence et la criminalité » détrône « la lutte contre le chômage » en tête de leurs priorités dans le baromètre TNS - *Le Figaro Magazine*. Les attentes en ce qui concerne les grandes réformes du prochain président se focalisent sur la sécurité publique (46 %)[56].

La saillance de l'enjeu sécuritaire crée un climat favorable à la candidature de Jean-Marie le Pen, qui devance d'une dizaine de points Bruno Mégret. Comme en 1995, le candidat du FN considère que son score est sous-estimé. Le 2 mars, il déclare confidentiellement : « Je ferai comme d'habitude 14 à 15 % des voix puisque les sondages m'en donnent 10, et je serai le n° 3.[57] »

Mais « le menhir », comme il se surnomme lui-même, peine à réunir les 500 parrainages d'élus nécessaires, ce qui fait l'objet d'un véritable feuilleton médiatique. Il y parvient *in extremis.* Et le Conseil constitutionnel valide la participation de 16 candidats officiels. Un record.

Pour les sondeurs, cet éparpillement constitue une difficulté technique. La proximité idéologique des candidats favorise une volatilité qui est source d'imprécision dans les intentions de vote. Cela produit aussi nécessairement des petits scores, peu fiables statistiquement. Dès le 18 décembre 2001, la commission des sondages recommande la prudence dans l'interprétation de ces chiffres.

Le dernier mois de campagne est marqué par la prédominance médiatique de l'insécurité. Les médias traitent avec insistance des faits divers liés à la violence et la délinquance, en s'abritant derrière les sondages. Le chef du service politique de TF1, François Bachy, déclare ainsi : « l'insécurité est le problème n° 1 des Français, on le traite en n° 1.[58] »

L'insécurité se décline également en incivilités, comme celle dont est victime le 8 avril François Bayrou. Réagissant spontanément, il donne une gifle à un jeune garçon qui tentait de lui faire les poches. Filmé, cet acte lourd marque les esprits et « dégèle d'un coup les sondages[59] » : le candidat centriste voit son score dépasser la barre des 5 %.

Le « coup de tonnerre »

En fin de campagne, plusieurs observateurs ont le pressentiment d'un évènement imprévu. Dominique Reynié publie un article intitulé « Les sondages sont-ils en train de se tromper ?[60] ». Le 16 avril, *Le Figaro* titre « les sondages sens dessus dessous». Le même jour, la commission des sondages souligne dans un communiqué de presse «les limites de fiabilité des sondages». Le 18 avril, *Le Monde* titre en une: «L'extrême droite au second tour?».

Le contexte favorise le Front national. Début avril 2002, 19 % des Français se déclarent «très» ou «assez souvent» d'accord avec ses positions (soit 3,5 points de plus qu'en décembre 2001)[61]. À la veille du premier tour, cet indicateur s'élève à 26 %! Jean-Marie Le Pen «s'enivre déjà des sondages qui, pour les derniers, lui accordent 13 % et même 14 % d'intentions de vote[62]».

Chez les socialistes, le sentiment général n'est pas à l'inquiétude. Les mauvais résultats des sondages pourraient même se révéler productifs. Le 11 avril, Laurent Fabius s'attend à un sursaut mobilisateur: «On va être aidé par ces chiffres qui nous mettent le feu aux fesses[63]» déclare-t-il. Ce n'est que le 15 avril que Gérard Le Gall lance une première alerte au sujet du risque de qualification de l'extrême droite.

Il la réitère le lendemain au cours d'une réunion qui se tient sans Lionel Jospin: «La proximité, en tout cas dans les sondages, entre le score le plus haut de Le Pen et le score le plus bas de Lionel [...] fait que statistiquement naturellement les niveaux se recoupent.[64]» La discussion s'engage sur la nécessité de porter cet élément dans le débat électoral. Le maire de Nantes, Jean-Marc Ayrault, met en garde: «C'est un argument de perdant et je vous déconseille de l'utiliser et même d'en parler.»

À trois jours du premier tour, les souhaits de victoire en faveur de Jacques Chirac (39 %) et Lionel Jospin (37 %) sont équivalents[65]. En revanche, le pronostic de victoire avantage nettement le Président sortant (41 % contre 24 %). À la veille du scrutin, un sondage confidentiel de l'Ifop pour *L'Express* les place à égalité (16,5 %), devant Jean-Marie Le Pen (13 %)[66]. Même logique pour Ipsos : égalité pour les deux cohabitants (18 %), qui distancent de 5 points le candidat FN (13 %).

Le jour du scrutin, *Le Journal du Dimanche* titre : « Un 1er tour à surprises... » À 11 heures, Jacques Séguéla reçoit un appel de Lionel Jospin : « Je ne crois pas aux sondages, mais puisque tu en fais tes nourritures terrestres, tu vas être rassuré : le premier comptage du ministère de l'Intérieur, à la sortie des urnes, me met à 18,5 %, Chirac à 18 et Le Pen à 14.[67] » La journée s'écoule au rythme du murmure des données partielles des sondages de sortie des urnes.

Trois instituts réalisent des estimations des résultats du vote : TNS, Ipsos et CSA-TMO. À la clôture des premiers bureaux de vote, à 18 heures, ils commencent à recevoir les données des dépouillements partiels. Or, ces premières remontées perturbent les modèles informatiques. Le candidat du FN s'affirme en deuxième position.

Première réaction des estimateurs : attendre pour engranger davantage de données. Après quelques instants, de nouveaux chiffres corroborent les résultats initiaux. Face à cette situation exceptionnelle, les sondeurs se concertent pour évacuer l'hypothèse d'une défaillance technique de la chaîne d'estimation, tout en devant contenir l'impatience des médias commanditaires.

Une fois les vérifications effectuées, les estimations commencent à être diffusées dans les états-majors des candidats. Dominique de Villepin transmet l'information au Président, qui relate la suite dans ses mémoires : « Agacé, je refuse de me fier à des estimations partielles qui ne reflètent probablement pas le vote des Français, et je demande qu'on veuille bien nous laisser travailler en paix jusqu'à ce que nous disposions de renseignements plus concluants.[68] »

Au siège de campagne du candidat socialiste, l'ambiance vient subitement de verser dans l'effroi. À 19 heures, Gérard le Gall a reçu les premiers chiffres des instituts. Au même moment, le Premier ministre, qui ignore tout de ce qui se joue, est accueilli par les militants qui l'ovationnent. Se frayant un chemin, il se rend au troisième étage, où l'attend sa garde rapprochée.

Sans comprendre l'hébétude générale, il se dirige vers Gérard Le Gall et lui demande pourquoi il ne lui a pas encore communiqué de résultats. Le conseiller sondages fait l'annonce fatidique : « C'est à moi de te le dire, Lionel. Tu n'es pas au second tour. Chirac est premier. Le Pen est deuxième.[69] » Première réaction du candidat : « Je comprends pourquoi tu ne m'as pas appelé. »

Au paquebot, le siège du FN à Saint-Cloud, Olivier Martinelli, le directeur de cabinet de Jean-Marie Le Pen, est informé par le ministère de l'Intérieur, pas par les sondeurs. Il annonce sa qualification au candidat qui répond paisiblement : « Tu vois, c'est arrivé. »

Dans les bureaux des instituts, une armada de fax, conduite avec dextérité, envoie les résultats en direction des formations politiques, des centrales syndicales, des agences de presse et des médias français et étrangers.

À 20 heures, les chaînes de télévision révèlent au pays la nouvelle sidérante. L'estimation Ipsos - Vizzavi pour France 2, *Le Figaro* et Europe 1 attribue 20 % au président sortant et 17 % au candidat frontiste. L'estimation Sofres - Bull pour TF1, *Le Monde* et RTL est similaire : Jacques Chirac (19,8 %) et Jean-Marie Le Pen (17,4 %), devancent Lionel Jospin (16 %). Enfin, pour l'estimation CSA-TMO diffusée par France 3 et Radio France, l'ordre est identique : les candidats de de droite (19,9 %) et du FN (17,9 %) sont qualifiés au détriment du socialiste (16,1 %).

Jacques Chirac souffre du plus mauvais score recueilli par un président sortant (19,9 %). Aucun candidat n'obtient un score supérieur à 20 %. L'extrême droite atteint un niveau historique. Jean-Marie Le Pen (16,9 %) demande aux petits, aux sans-grade, aux exclus – ce sont ses mots – de ne pas avoir peur et les appelle à voter pour lui. Très bon résultat également pour l'extrême gauche, dont le score cumulé dépasse 10 %.

Noël Mamère obtient 5,25 % des suffrages exprimés. Ce score, qui est le plus important réalisé jusqu'alors par un candidat des Verts lors d'une présidentielle, justifie le changement de candidat opéré à la lecture des sondages. Le parti sera remboursé de ses dépenses de campagne.

Lionel Jospin devient le troisième Premier ministre de cohabitation à échouer à la présidentielle. Les militants socialistes accueillent les résultats par des cris d'incompréhension et de désarroi. À 22 h 15, un silence de crypte se fait lorsque le candidat socialiste, livide, prend la parole pour annoncer son retrait de la vie politique. 49 % des Français estimeront qu'il a « raison de quitter la vie politique après son échec[70] ».

Parmi les causes de sa défaite, une seule est pointée majoritairement par les Français : « la montée de l'insécurité durant la période 1997-2002 » (58 %). La dispersion de l'offre électorale à gauche est incriminée (46 %). La campagne « éloignée des attentes des Français » (32 %) et le projet « pas assez clair » (29 %) ont également pesé. La personnalité « trop distante » du candidat (22 %) est citée en dernier.

Les urnes opposent ainsi « un cinglant démenti aux instituts de sondage.[71] » Mais, à la différence de 1995, la soirée électorale n'aborde quasiment pas l'échec des sondeurs. Ce n'est que le lendemain qu'un tombereau de reproches est déversé sur les instituts. Le 22 avril, Alain Juppé tire à boulets rouges sur les sondeurs : « Dimanche soir, à la place des instituts de sondage, je me serais caché. Ils se sont trompés sur toute la ligne.[72] »

À Sciences Po, des étudiants regroupés en « collectif pour la démocratie et contre l'extrême droite[73] » demandent un moratoire sur la diffusion des sondages jusqu'au second tour. Un autre collectif, baptisé « Si j'avais su », fait valoir que les électeurs ont été trompés par les sondages. Il juge dès lors le scrutin sans valeur et dépose au Conseil constitutionnel une requête exigeant son annulation. Seul un candidat ayant le droit saisir les Sages, la demande est jugée irrecevable.

L'affaire est portée sur le terrain judiciaire. Le 26 avril, des électeurs assignent quatre instituts (BVA, CSA-TMO, Ipsos et Ifop) devant le tribunal de grande instance de Paris. La requête en référé demande l'affichage sur les rapports d'intention de vote de la mention obligatoire suivante : « Ce sondage doit être interprété avec prudence. » Elle réclame également la divulgation des redressements effectués. Le 30 avril, les demandeurs sont déboutés.

Face à l'improbation publique, les sondeurs adoptent des réactions hétérogènes. Refusant que les instituts jouent le rôle de victime expiatoire, Roland Cayrol rédige un article intitulé « Sondages et regrets », dans lequel il constate que « désormais, le folklore électoral suppose que l'on s'en prenne aux sondeurs. Personne, en politique, n'a désormais perdu ; seuls les sondages ont failli.[74] » Renvoyant chacun à ses responsabilités, il rappelle que les tendances ont été correctement décrites par l'évolution des courbes. Il note que les écarts entre les dernières intentions de vote et le résultat réel sont dans la marge d'erreur statistique.

D'autres praticiens font profil bas. BVA annonce qu'il « s'abstiendra de tout sondage comprenant des intentions de vote pour le second tour et destiné à être publié ». « Ce serait un sondage de tous les dangers[75] » redoute Jérôme Sainte-Marie. Ipsos annule la soirée de relations publiques prévue pour la veille du second tour. Dans *Le Point* (12 avril 2002), Jean-Marc Lech s'était risqué à faire cet aveu à propos de Jean-Marie Le Pen : « Personnellement, je ne le vois pas faire un score à deux chiffres.[76] »

Quelques journalistes font leur examen de conscience. Emmanuel Kessler estime que si sa corporation avait plus écouté « la France réelle que celle des pourcentages, sans doute [aurait-elle] pu percevoir l'imminence d'une lame de fond protestataire[77] ». La première réaction des médias, où la prudence le dispute à la culpabilité, consiste à s'abstenir de publier de nouveaux sondages. Les rédactions de France 2 et *Libération* annoncent qu'elles ne diffuseront aucun chiffre.

Tous les médias ne sont pas à l'unisson et quelques-uns parviennent à se rappeler leur mission d'information. *Le Figaro* et Europe 1 annoncent qu'ils traiteront les vagues prévues du baromètre Ipsos, malgré le retrait de France 2 de leur partenariat. Philippe Labit, directeur de la rédaction de M6, justifie sa décision de diffuser les chiffres : « Ce serait un peu simpliste, voire démago, de participer à cette sorte d'hallali contre les sondages.[78] »

L'initiative de rompre le silence est prise par *Le Parisien* qui publie le 28 avril 2002 un sondage CSA. Résultats : Jean-Marie Le Pen (19 %) serait battu à plate couture par Jacques Chirac (81 %)[79]. Le 30 avril, *Le Figaro* diffuse comme convenu les chiffres d'Ipsos et rappelle qu'un sondage « ne saurait être autre chose que ce qu'il prétend être : un instrument imparfait mais irremplaçable, au service d'une démocratie adulte[80] ». Pour tenir compte des critiques, les résultats sont présentés sous forme de fourchettes. Ils confirment ceux publiés deux jours plus tôt.

Dans l'entre-deux tours, seuls trois sondages sont ainsi publiés (un CSA, deux Ipsos). Cette brutale pénurie ouvre la porte aux rumeurs, qui se déclinent en version numérique. Le message suivant circule sur Internet : « une enquête commandée par le gouvernement et réalisée par les Renseignements généraux […] crédite Jean-Marie Le Pen de 42 % des voix au second tour et n'exclut pas son élection. Elle ne sera pas publiée. […] Faites circuler cette information.[81] » Pour y mettre un terme, le ministère de l'Intérieur publie un démenti.

Les manipulations pour créer un sursaut démocratique sont superflues. L'intérêt pour le scrutin a bondi de 69 % les 12-13 avril à 87 % les 26-27 avril[82]. 84 % des Français déclarent qu'il est « tout à fait exclu » qu'ils s'abstiennent. Cette remontée en flèche du civisme trouve évidemment sa source dans les résultats du premier tour (62 % des Français les déplorent) et dans une forme de culpabilité ressentie par une partie de l'électorat. Après le premier tour[83], seuls 6,7 % des électeurs avouent avoir voté pour Jean-Marie Le Pen…

Au-delà de la volonté de réparer une erreur, c'est surtout la gravité de l'enjeu qui bat le rappel des citoyens. La présence au second tour de l'extrême droite est perçue comme « une menace pour la démocratie » (61 %)[84]. Pour ne pas donner une nouvelle tribune au FN, Jacques Chirac refuse le débat télévisé, qui était souhaité par 69 % des Français[85]. Tous les candidats éliminés, sauf Arlette Laguiller, appellent à faire barrage à Jean-Marie Le Pen.

Au second tour, l'abstention chute de 27,2 % à 19,1 %. Jacques Chirac est élu avec 82,21 % des suffrages. Morne consolation pour les sondeurs, son score est en ligne avec les intentions de vote publiées dans l'entre-deux tours.

Les causes du naufrage

La perception de l'erreur des sondages a été à la mesure de la surprise qu'a constitué le 21 avril 2002 et du choc de voir pour la première fois l'extrême droite accéder au second tour de la présidentielle. Comme en 1995, elle a aussi été amplifiée par l'unanimisme des instituts. Aucune intention de vote publiée n'a prévu l'ordre d'arrivée exact du premier tour. Aucune n'a attribué des scores *ex aequo* à Lionel Jospin et Jean-Marie Le Pen, ni même révélé leur très grande proximité.

La moyenne des derniers sondages des six principaux instituts attribuait un résultat de 17,75 % au Premier ministre et de 13 % au candidat frontiste[86]. Cet écart de plus de quatre points a été compris comme un classement quasiment définitif. On estime que 9 % des électeurs de Jacques Chirac ou de Lionel Jospin ont voté pour un autre candidat au premier tour, en pensant que leur favori serait nécessairement qualifié pour le second tour[87]. Les sondeurs n'ont pas suffisamment alerté sur les limites statistiques de leurs chiffres.

Les causes du naufrage de prévision des sondages sont multiples et fortement imbriquées. Les premiers facteurs sont exogènes et concernent la configuration de l'élection. La tâche des sondeurs a été complexifiée par l'abstention record au premier tour (28,4 %) et par le nombre de candidats au positionnement très proche (par exemple, le créneau environnemental pour Corinne Lepage et Noël Mamère).

Comme en 1995, les redressements des instituts, qualifiés de « redresseurs de scores[88] », sont en cause[89]. La technique ne parvient pas à évaluer précisément le niveau du Front national, qui fait figure d'« éternel sous-estimé des sondeurs[90] ». Cette sous-évaluation, qui est liée à la dissidence de Bruno Mégret et à la dissimulation du vote FN, pose la question de la difficulté croissante des instituts à contacter des personnes acceptant de participer aux enquêtes par téléphone.

La surévaluation du score de Lionel Jospin résulte de redressements effectués sur des bases historiques anciennes et favorables à la gauche, c'est-à-dire les résultats de la présidentielle de 1995 et des législatives de 1997.

Ajoutons que seules 194 600 voix séparaient Lionel Jospin de Jean-Marie Le Pen, alors que l'élection a mobilisé près de 30 millions d'électeurs. Cet écart minime, correspondant à 0,68 % des suffrages exprimés, se situait nécessairement dans la marge d'erreur statistique. Par conséquent, aucun sondage n'aurait été en mesure d'atteindre un niveau de précision suffisant pour annoncer avec certitude l'ordre d'arrivée correct.

En complément des raisons techniques, des causes psychologiques doivent être discernées. Préférant la clarté des commentaires assertifs aux nuances interprétatives, les journalistes politiques n'ont pas été en mesure de s'affranchir des sondages et de mettre en doute les chiffres. Ce faisant, ils n'ont pas pu prendre la hauteur nécessaire pour déceler le sens profond de l'élection. Pour une partie d'entre eux, évoquer l'éventualité d'une qualification de Jean-Marie Le Pen aurait été prendre le risque de faire le jeu du FN, ce qui pose la question plus générale du rôle civique des médias dans une campagne.

Lorsqu'ils révèlent des configurations politiques inédites ou atypiques, les chiffres ont tendance à être écartés. Dans la semaine précédant le 21 avril 2002, peu d'observateurs ont jugé crédible l'hypothèse d'une qualification de Jean-Marie Le Pen. Statistiquement, les données indiquaient clairement que ce scénario était probable. Mais l'ampleur de cet évènement politique sans précédent empêchait le constat d'être établi.

La publication d'un sondage qualifiant Jean-Marie Le Pen aurait soulevé une immense polémique électorale. Ce pavé dans la mare aurait certainement déclenché un réflexe de vote utile au profit de Lionel Jospin. Rappelons cependant que les intentions de vote concernant le second tour réalisées le 21 avril *avant* 20 heures annonçaient une nette victoire de Jacques Chirac sur Lionel Jospin, tant dans le sondage de sortie des urnes d'Ipsos (53,6 % contre 46,4 %) que dans celui de CSA (54,7 % contre 45,3 %)[91].

La première présidentielle du XXIe siècle débouche sur la plus grave crise de l'histoire des instituts, qui chutent lourdement après avoir trébuché en 1995. Auront-ils encore le droit à l'erreur en 2007 ?

2007

Vers la rédemption ?

Des sondages ne font pas une élection.

Ségolène Royal

Première présidentielle qui n'achève pas une période de cohabitation depuis 1981, l'élection de 2007 s'annonce comme la dernière occasion pour les instituts de reconstruire leur réputation.

La rupture de Nicolas Sarkozy

Après la réélection de Jacques Chirac, le ministre de l'Intérieur Nicolas Sarkozy affiche dès novembre 2003 son ambition présidentielle en posant les prolégomènes de sa stratégie électorale : faire revenir les électeurs du Front national dans le giron de la droite républicaine. Il conquiert l'Union pour un mouvement populaire (UMP) en novembre 2004. Mais en 2005, Matignon lui échappe et revient à Dominique de Villepin, qui engage énergiquement « la bataille pour l'emploi ».

L'opinion accueille favorablement ce nouvel élan. Dès octobre 2005, la cote d'avenir du Premier ministre dépasse celle de Nicolas Sarkozy dans le baromètre TNS - *Le Figaro*

Magazine (48 % contre 47 %). Il entre rapidement dans la catégorie des présidentiables. En décembre 2005, 49 % des Français et 72 % des sympathisants de la droite parlementaire souhaitent sa candidature[1]. Face au fils rebelle Nicolas Sarkozy, il se pose en héritier de Jacques Chirac.

Pour se démarquer de ce dangereux concurrent, Nicolas Sarkozy prône la « rupture » avec l'immobilisme et l'impuissance politique. Si elle lui permet de se désolidariser du bilan de la droite pour attirer les électeurs frontistes, cette formule clivante présente tout de même un risque pour Nicolas Sarkozy : celui d'être perçu comme un homme politique qui divise.

Mais c'est pourtant Dominique de Villepin qui va fracturer la société. Emporté par son impétuosité, il propose la mise en place d'un Contrat première embauche (CPE), qui suscite un puissant mouvement social. L'opinion publique, initialement favorable au projet, se retourne. L'exécutif doit battre en retraite piteusement. Les ambitions présidentielles du Premier ministre en pâtissent. Dès fin mars 2006, une intention de vote de CSA[2] pour *Marianne* lui attribue un score de 4 %, trente points derrière Nicolas Sarkozy (34 %). Il est désormais hors-jeu.

Ancienne présidente du RPR, la ministre Michèle Alliot-Marie envisage de ramasser le flambeau du chiraquisme. L'hypothèse de sa candidature rencontre un succès d'estime. Mais les soutiens de Nicolas Sarkozy lui sont solidement acquis : 78 % des sympathisants UMP se prononcent en sa faveur, loin devant Michèle Alliot-Marie (13 %)[3], dont la candidature reste à l'état de spéculation.

Nicolas Sarkozy se déclare officiellement candidat à la présidentielle le 30 novembre 2006. Très attentif à l'opinion publique, il est « un gros consommateur de sondages[4] ».

Ses sources d'approvisionnement sont diversifiées : études publiées dans la presse, études achetées par l'UMP, études commandées par le ministère de l'Intérieur, études transmises par le Service d'information du gouvernement (SIG).

Au sein de son équipe, une cellule analyse les sondages. Elle se réunit hebdomadairement place Beauvau pour établir un diagnostic partagé des études. Elle dispose également d'un rôle de protection de la position du candidat dans l'opinion. À ce titre, elle se charge de la riposte médiatique : « Sarkozy perd quelques points dans les sondages ? Un argumentaire relativisant la baisse est aussitôt fourni.[5] »

Ce petit groupe dispose d'un « secret de fabrication[6] », selon l'expression de Laurent Solly, le chef de cabinet du ministre : « un réseau de sondeurs et de panels d'électeurs répartis à travers tout le pays[7] », qui permet d'ajuster le discours, les annonces et les déplacements du candidat.

Si les principaux sondeurs sont régulièrement consultés, l'un d'entre eux en particulier appartient au cercle rapproché du candidat : Pierre Giacometti, directeur général d'Ipsos. Inattendue, étant donné la violente passe d'armes qui les avait opposés au premier tour de la présidentielle de 1995, leur collaboration fonctionne parfaitement. Citons également la présence aux côtés de Nicolas Sarkozy de Patrick Buisson.

Expert de l'opinion publique, ce journaliste anime sur LCI *Politiquement show*, une émission dans laquelle il reçoit des sondeurs et des élus pour analyser la situation politique. Il collabore avec Nicolas Sarkozy depuis 2005, quand sur la base des sondages, il lui avait annoncé la victoire du « non » au référendum. Il livre régulièrement ses conseils au candidat qui accepte de « s'en remettre aux oracles sondagiers[8] ».

Cet usage professionnalisé des études d'opinion contraste avec les pratiques plus intuitives des hommes politiques des générations précédentes, comme Jacques Chirac (74 ans) qui ne cesse de recommander à Nicolas Sarkozy (52 ans) : « Arrête de te fier aux sondages ![9] ». Une autre personnalité appartient à la même génération : Ségolène Royal (53 ans).

La « coqueluche des sondages »

Après le retrait impromptu de Lionel Jospin, aucune personnalité ne s'est affirmée comme son successeur. Dans cette situation confuse, Ségolène Royal va tirer son épingle du jeu. Ancienne ministre, elle conquiert en 2004 le Conseil régional de Poitou-Charentes, la région du Premier ministre Jean-Pierre Raffarin.

La force symbolique de cette victoire, qui contribue à cicatriser la blessure de 2002, fait entrer Ségolène Royal dans la catégorie des présidentiables. Sa cote d'avenir dans le baromètre Sofres - *Figaro Magazine* bondit de 12 points, passant de 38 % à 50 % entre mars et avril 2004. Testée pour la première fois dans le baromètre de potentiel présidentiel d'Ipsos[10], elle prend immédiatement la première place (71 %) et devance Lionel Jospin (69 %).

Puis elle perd en visibilité et reste discrète pendant la campagne du référendum. Les sondages d'intentions de vote réalisés en juin et début septembre 2005 par Ipsos, Ifop et CSA ignorent son nom. Sa popularité n'aurait-elle été qu'un feu de paille ?

Un entretien accordé à *Paris Match* le 22 septembre 2005, dans lequel elle envisage sa candidature à la présidentielle fait grand bruit. La rédaction du *Journal du Dimanche* fait ajouter son nom à la dernière minute dans le sondage qu'elle commande à l'Ifop pour identifier le meilleur candidat du PS[11]. Résultats : Ségolène Royal se classe en deuxième position (23 %). Elle talonne Jack Lang (24 %) et devance Dominique Strauss-Kahn (22 %). Le 15 décembre, *Le Nouvel Observateur* titre « Et si c'était elle… ».

En février 2006, 58 % des Français et 75 % des sympathisants de gauche souhaitent qu'elle soit candidate à la présidentielle[12]. Il s'agit de la seule personnalité testée à recueillir des scores majoritaires. Face à cette popularité, Ségolène Royal observe humblement que « des sondages ne font pas une élection[13] ».

Femme dans un monde presque exclusivement masculin, elle incarne le renouvellement du personnel politique. Un sondage Ifop pour le magazine *Elle*[14] indique que 94 % des Français sont favorables à l'élection d'une femme à la présidence de la République (contre 18 % seulement des Français en 1946 et 52 % en 1972).

La nouveauté de son profil est la promesse d'un renouveau des pratiques politiques : 55 % des Français estiment que les femmes « font de la politique de façon différente des hommes[15] ». Tirant les conséquences du discrédit qui frappe les élus, elle cherche à se démarquer de la classe politique en général et des caciques du PS. Quand les autres politiques ne font que parler, elle prend le temps d'écouter les Français, avant de s'ériger en porte-parole des citoyens.

Cette relation directe avec les électeurs va se trouver favorisée par le choix du PS de recourir à nouveau à la primaire pour sélectionner son candidat. Plus encore qu'en 1995, l'opinion publique va peser sur le choix des adhérents, dont la moitié sont des élus. Ayant besoin d'une victoire nationale pour l'avancement de leur carrière politique locale, ils seront plus « attentifs aux verdicts à court terme des sondages d'opinion[16] ». Ajoutons qu'une campagne permet d'enrôler

80 000 nouveaux adhérents au PS. Moins façonnés par le travail idéologique que les militants de longue date, ils seront plus perméables aux indications des sondages.

Or, la presse couvre abondamment « la percée française de Ségolène Royal dans les sondages » (*Libération*, 5 avril 2006), son « ascension dans les sondages » (*Le Monde*, 3 février 2006), voire son « envolée dans les sondages » (*Libération*, 12 avril 2006). La « grande favorite des sondages » (*Nouvel Observateur*, 10 avril 2006) devient « la coqueluche des sondages » (*Le Figaro*, 13 avril 2006).

Caracolant[17], la « gazelle » virevolte d'un pied léger en tête des palmarès, quand les « éléphants » du PS piétinent pataudement au bas du podium. Dès fin avril 2006, elle est perçue par 50 % des sympathisants socialistes comme « le meilleur candidat » socialiste pour la présidentielle[18].

Rassurés par les sondages, certains élus sautent prestement dans le char de la victoire et lui apportent leur soutien. D'autres redoublent d'efforts pour ne pas la laisser leur barrer l'accès à l'Élysée au moment où une majorité de Français (52 %) souhaite la victoire de la gauche[19]. Pour s'opposer à elle, ils organisent une « campagne de diabolisation des sondages[20] ».

Premier angle d'attaque : sa candidature n'est qu'une construction factice, un produit fabriqué à base de sondages gonflés artificiellement par la projection d'une image séduisante mais inconsistante. « L'effet Ségolène » est dénoncé comme un phénomène strictement médiatique, « en apesanteur dans la bulle des sondages précoces[21] ». Cet engouement est voué à s'éteindre. Proche de Lionel Jospin, Daniel Vaillant estime ainsi que sa désignation est « un scénario médiatico-sondagier non structurant pour la suite[22] ».

Autre stratégie, concurrencer Ségolène Royal sur le terrain de l'opinion. C'est celle de Jack Lang, qui « se bat sur les sondages[23] ». Les chiffres révèlent qu'il est le candidat socialiste que les 15-25 ans considèrent comme « le plus proche des préoccupations des jeunes[24] ». Mais cet avantage ne suffit pas à lancer sa candidature. Comme en 1995, il doit renoncer à participer à la primaire.

Gêné dans son retour en politique, Lionel Jospin cherche lui aussi à contenir Ségolène Royal. Il oppose à « la diva des sondages[25] » une autre légitimité : celle de l'expérience d'homme d'État. Mais ses prises de parole échouent à transformer la situation. Dans le duel entre Ségolène Royal et le candidat malheureux de 2002, les Français accordent leur préférence à la première (68 % contre 26 %)[26].

Début septembre, 50 % des sympathisants PS se disent opposés à ce que l'ancien Premier ministre « soit candidat à l'élection présidentielle »[27]. Et s'il se présentait cependant, 62 % des Français souhaitent « vraiment qu'il ne soit pas désigné candidat du PS »[28]. Affront supplémentaire, s'il était investi, « cela réduirait les chances de la gauche de gagner l'élection présidentielle » pour 56 % des Français et même 64 % des sympathisants socialistes.

Lucide, Lionel Jospin annonce le 28 septembre 2006 qu'il ne participera pas à la primaire, et se retire – irrémédiablement cette fois – de la vie politique. Outre Ségolène Royal, la compétition électorale va ainsi mettre aux prises Dominique Strauss-Kahn et Laurent Fabius, qui vont eux aussi canonner les sondages.

Souhaitant incarner « une ligne politique » face à « la logique des sondages[29] », DSK recommande ainsi : « Nous devons sélectionner notre candidat en fonction de son aptitude à battre la droite et non en fonction des sondages[30] », formule étrange puisque les sondages ne cessent d'ériger Ségolène Royal en meilleure adversaire du candidat UMP.

Le plus constant dans sa dénonciation des sondages, le plus féroce également, est incontestablement Laurent Fabius. Dès janvier 2006, il dénigre les études d'opinion : « La différence entre les sondages et les élections est la même qu'entre l'astrologie et l'astronomie.[31] » Il convoque aussi la mémoire du 21 avril : « Le PS en a fait l'expérience : les sondages ne sont pas les suffrages[32] » Ou encore : « depuis des années, la trilogie perdante aux élections c'est sondage / battage / naufrage. Arrêtons ![33] »

Pour disqualifier les sondages, il fait également donner sa garde rapprochée. Le 9 mai 2006, le club Ambition socialiste, qui rassemble ses proches, signe dans *Libération* une tribune intitulée « L'ivresse des sondages », qui rappelle que « la popularité ne garantit pas l'élection ».

Ce bombardement continu ne parvient pas à déstabiliser Ségolène Royal. Dès le premier sondage[34] testant les candidatures officielles, elle domine nettement ses deux adversaires. Préférée par 68 % des sympathisants du PS, elle distance de 45 points Dominique Strauss-Kahn (23 %) et Laurent Fabius (9 %). Elle semble ainsi en mesure de l'emporter dès le premier tour.

Ce sondage, réalisé par Ipsos auprès d'un échantillon de 245 sympathisants socialistes, s'attire les foudres des amis de Laurent Fabius. Dans une lettre ouverte au CSA, ils critiquent le faible nombre d'interviewés et soulignent, à juste titre, que ces sondages sont réalisés auprès des sympathisants socialistes et non des 217 828 adhérents, qui seuls peuvent prendre part au vote.

Cette confusion est de nature à porter atteinte à la sincérité du scrutin, car il est probable que les adhérents ont des comportements électoraux spécifiques, ce qui peut se révéler source d'erreur pour les instituts. Conscients de ce risque méthodologique, les sondeurs préfèreraient évidemment interroger les adhérents. Mais la direction du PS refuse de leur transmettre son fichier de contacts.

Dans l'impossibilité technique d'interroger la cible utile, les instituts devraient logiquement s'abstenir de sonder. Or, ils choisissent d'interroger les sympathisants socialistes, une cible plus large que les adhérents. Ce choix est effectué en réponse à la demande des médias, pour qui une information approximative, présentée comme telle, est préférable à l'absence d'information.

Dans une tribune intitulée « Pour des « primaires » sans sondage » (*Libération*, 11 octobre 2006), le publicitaire Philippe Lentschener, proche de Laurent Fabius, appelle les médias français à « renoncer à publier des sondages pendant la durée de ce débat, à moins qu'ils ne soient faits sur le corps qui votera. » C'est le premier appel à interdire les sondages de cette campagne.

La commission des sondages intervient dans la polémique. Elle invite à « relativiser la pertinence et la signification des sondages[35] » auprès des sympathisants PS récemment publiés. Elle préconise la prudence dans la présentation des chiffres. Ipsos entend la recommandation méthodologique et double la taille de l'échantillon utilisé. Les résultats restent identiques : deux tiers des sympathisants choisiraient Ségolène Royal s'ils participaient à la primaire[36].

À la veille du scrutin, les derniers chiffres annoncent tous la victoire de Ségolène Royal avec un score compris entre 58 % (CSA, Ifop, OpinionWay) et 62 % (Ipsos). Le jour de l'élection, elle obtient 60,62 % des suffrages. Le résultat de DSK a été surévalué. Inversement, les performances de Laurent Fabius ont été minorées de 7 à 12 points.

Malgré cette élection dès le premier tour, Ségolène Royal n'est pas entièrement légitimée. La victoire de « la madone socialiste des sondages[37] » est décrite par certains analystes comme le triomphe de la démocratie d'opinion. Son succès n'aurait pas de causes politiques réelles et ne serait dû qu'à une tocade des adhérents, qui n'auraient fait qu'avaliser « le verdict des sondages[38] ».

Le cas est peu convaincant. Ségolène Royal incarne un profil nouveau (une femme, jeune, sans bilan), un mode d'action politique nouveau (en dehors des partis, le participatif) et des thèmes nouveaux (le sociétal, le quotidien). Ce triple renouvellement produit une image de modernité : elle symbolise la relève. Le fond de son ascension électorale repose donc bien sur un socle politique et pas sur du sable médiatique ou sondagier.

Les sondages ont enregistré et restitué cette situation politique que Ségolène Royal a su habilement mettre à son profit. Acquis en dehors du parti, son « capital de reconnaissance médiatique et sondagière[39] » a été utilisé pour obtenir des gains politiques à l'intérieur du PS. Ses bonnes performances dans les intentions de vote ont indubitablement favorisé son investiture par les adhérents, qui cherchaient un vainqueur pour effacer le traumatisme de 2002.

Le « coup de sondage permanent »

Les sondages font partie intégrante de la stratégie de campagne de Ségolène Royal, dont la curiosité insatiable pour l'opinion publique lui vaut d'être surnommée « l'opiniomane[40] ». C'est en 1983 qu'elle a entamé son apprentissage de la lecture des études d'opinion grâce à Charles Salzmann, le conseiller de François Mitterrand en charge des sondages, qu'elle rencontrait chaque mercredi[41]. Depuis cette époque, elle compulse avec méticulosité la production de tous les instituts, déclarant par exemple : « le bilan annuel de la Sofres, je dévore ça ![42] »

Elle s'appuie sur une équipe dédiée au suivi et à l'analyse de l'opinion, qui comprend deux femmes-clés : la conseillère d'État Sophie Bouchet-Petersen et la publicitaire Nathalie Rastoin, surnommée « la coach de Ségo[43] », dont le rôle consiste à « disséquer les attentes des Français à travers les sondages et, à partir de là, élaborer des pistes de réflexion pour la candidate ». À ce titre, elle a rencontré Yves Bardon, directeur de la prospective chez Ipsos, à qui elle a proposé d'intégrer l'équipe. Un représentant d'Ipsos est ainsi présent auprès de chacun des deux principaux candidats.

Nathalie Rastoin conseille à Ségolène Royal d'appliquer deux techniques : la disruption et la triangulation[44]. La première consiste littéralement à perturber (*to disrupt*) un système en l'empêchant de fonctionner de façon traditionnelle. La seconde vise à s'élever au-dessus de l'axe gauche-droite, pour prendre des positions à équidistance des deux pôles traditionnels : c'est au sein de ce triangle que doit s'inscrire le programme politique. Cela suppose de s'approprier et revendiquer les thèmes de l'adversaire, pour l'affaiblir et s'immuniser contre ses critiques.

Dans l'application de ces deux techniques, les sondages jouent un rôle majeur. Ils permettent d'identifier les sujets pertinents, c'est-à-dire ceux sur lesquels l'opinion a évolué, mais pas les positions officielles des personnalités politiques. Une fois la thématique retenue, Ségolène Royal fait publiquement une proposition iconoclaste, ce qui suscite offuscations et polémiques, avant qu'un sondage publié ne vienne valider son point de vue. Elle peut ainsi se démarquer de ses adversaires, apparaître comme une candidate qui innove en brisant des dogmes et, surtout, se prévaloir du soutien de l'opinion publique.

Exemple de disruption : Ségolène Royal propose de desserrer la carte scolaire, ligne opposée à celle du PS. Quelques jours plus tard, un sondage révèle que 73 % des Français et 61 % des sympathisants socialistes sont favorables à la proposition[45]. Exemple de triangulation : elle souhaite rétablir « l'ordre juste », une expression qui appartient davantage au registre de la droite, et propose l'encadrement militaire des jeunes délinquants, ce qui est approuvé par 69 % des Français et 67 % des sympathisants socialistes[46].

Pour mettre en œuvre cette tactique, l'équipe de Ségolène Royal multiplie les prestataires : Sofres, CSA et Ipsos reçoivent ainsi des commandes. Au total, selon les comptes officiels, les prestations d'enquêtes et sondages représentent 836 807 €. Jamais aucun candidat à la présidentielle n'avait dépensé une telle somme.

Le recours aux études d'opinion est méthodique. Son entourage assure qu'elle n'est pas « otage des sondages[47] ». Mais cet usage intensif des études, qualifié de « coup de sondage permanent[48] », produit l'impression qu'elle navigue à vue en fonction des sondages, ce qui ne correspond pas au *leadership* attendu du plus haut personnage de l'État.

Ce suivi de l'opinion est facilité par l'abondance des sondages. Les premiers baromètres sont publiés dès 2005. L'activité des instituts est florissante grâce à l'affirmation des chaînes d'information en continu. I-Télé s'associe au *Parisien* pour commander des sondages à CSA. BFMTV, RMC et *20 Minutes* sollicitent LH2, nouvelle dénomination de Louis Harris depuis son départ du groupe TNS en 2006. LCI diffuse le baromètre TNS, en partenariat avec *Le Figaro* et RTL.

Au total, neuf instituts publient des études électorales. Leur production est de plus en plus scrutée grâce à la démocratisation d'Internet. Première « cyberprésidentielle[49] », l'élection de 2007 permet que le débat sur les sondages cesse d'être réservé à l'élite médiatique, politique et universitaire. De simples citoyens les passent au crible. Le blog *Sondages 2007* tient ainsi une chronique magistrale des sondages publiés.

Les études par Internet sont réalisées pour la première fois dans le cadre d'une présidentielle. Ce mode d'interrogation abaisse les coûts de production et apporte une solution à la difficulté de contacter les personnes ne disposant que d'un téléphone portable (*mobile only*). Fondé en 2000, OpinionWay est le seul institut à utiliser Internet pour réaliser des études électorales.

Autre nouveauté, la mesure permanente de l'opinion. En partenariat avec Dell, Ipsos lance un dispositif d'interrogation quotidien des électeurs, intitulé « le baromètre électoral en continu ». Les résultats de ce *rolling* sont publiés chaque jour à minuit sur les sites Internet du *Point* et de SFR. Du 26 février au 4 mai 2007, plus de 25 000 interviews sont conduites.

Il faut noter aussi l'apparition de sponsors qui financent des études publiées en contrepartie de visibilité médiatique. Jusqu'à présent cette pratique était réservée aux opérations estimations, plus coûteuses. Par exemple, Orange fait réaliser 35 sondages par BVA. Les financements sont également publics. Les subventions du ministère de l'Intérieur permettent au CEVIPOF de conduire deux dispositifs d'études : le Baromètre politique français (quatre vagues d'enquêtes) et le Panel électoral français. Nul doute que le ministre lira les résultats attentivement.

La campagne de « Starkozy »

À droite, Philippe de Villiers est à nouveau candidat et cherche à rallier à lui les déçus de Jean-Marie Le Pen. Mais il « ne décolle pas dans les sondages[50] ». Méthodiquement, il « fait le tour des politologues et des sondeurs afin de comprendre sa stagnation. » Une cause prévaut : il est pris en étau entre la ligne de droite assumée que portent Nicolas Sarkozy et l'extrême droite de Jean-Marie Le Pen.

Âgé de 78 ans, le président du Front national ne paraît pas en mesure de reproduire sa prouesse électorale de 2002. 56 % des Français estiment qu'il ne sera pas présent au second tour. Alors qu'il dénonce la collusion de « l'UMPS », son image demeure particulièrement répulsive : il est considéré par les Français comme « dur, brutal » (83 %), « raciste » (81 %) et « démagogique » (53 %)[51].

À la fin de l'été 2006, la surprise provient d'une autre personnalité : l'animateur de télévision Nicolas Hulot. S'il était candidat, il recueillerait 7 % des suffrages, devançant largement la candidate des Verts Dominique Voynet (1 %)[52]. Pour les deux tiers des Français, il est la personnalité qui représenterait le mieux la défense de l'environnement au cours de la présidentielle[53]. Fin 2006, il est crédité d'un score à deux chiffres (10 %)[54].

Nicolas Hulot agite la menace d'une candidature pour contraindre les autres candidats à signer son « pacte écologique », une série de mesures qu'ils doivent s'engager à appliquer s'ils sont élus. La plupart accèdent à sa demande. Dès lors, sa candidature n'a plus lieu d'être. Fin janvier 2007, 59 % des Français ne souhaitent pas qu'il soit candidat[55]. Il renonce à se présenter le 23 janvier.

Étant donné sa légitimité institutionnelle, seul Jacques Chirac pourrait théoriquement contrarier les plans de Nicolas

Sarkozy. Mais dès 2006, 79 % des Français ne souhaitent pas qu'il soit candidat en 2007[56]. En janvier, une intention de vote de l'Ifop[57] indique qu'il ne recueillerait que 5 % des voix, loin derrière Nicolas Sarkozy (32,5 %). La cause est entendue. Le 11 mars, il annonce qu'il ne sollicitera pas un nouveau mandat.

Ni le Président sortant, ni le Premier ministre en exercice ne participent au scrutin, ce qui est inédit depuis 33 ans. Finalement, douze candidats participent à l'élection, soit quatre de moins qu'en 2002.

Le 14 janvier 2007, 50 000 militants acclament « Starkozy[58] » lors de son meeting d'investiture. Cette entrée en matière officielle est une réussite. Le candidat UMP est apparu « déterminé » (87 %) et « rassembleur » (63 %). Une majorité l'a jugé « sincère » (56 %) et « convaincant » (55 %). Seul le qualificatif « rassurant » ne lui est attribué que minoritairement (49 %)[59]. L'exposition médiatique lui profite : il devance désormais Ségolène Royal de 4 points dans les intentions de vote (35 % contre 31 %).

Nicolas Sarkozy développe un projet axé sur les domaines régaliens et le rétablissement des valeurs (le travail, l'autorité, le mérite, le respect, la responsabilité). 62 % des Français considèrent qu'il propose des solutions nouvelles pour le pays[60]. Son programme économique, synthétisé dans la formule « travailler plus, pour gagner plus », séduit.

De son côté, la candidate du PS commet une invraisemblable succession d'erreurs de communication. En janvier, elle se rend en Chine où elle évoque la « bravitude », ce qui suscite la perplexité : s'agit-il d'un néologisme ou d'une faute de français ? 55 % des Français estiment qu'elle a eu « plutôt tort » d'avoir prononcé ce terme[61]. Plusieurs autres faux pas donnent un sentiment d'impréparation.

La sanction dans l'opinion survient immédiatement. Le 17 janvier, le potentiel électoral de Ségolène Royal chute de

10 points par rapport à novembre (58 %)[62]. Le 18 janvier, un sondage CSA pour *Le Parisien* l'annonce battue au second tour pour la première fois depuis onze semaines. Les socialistes sont saisis par le doute : pourrait-elle perdre cette « élection imperdable[63] » ?

Pour contrer l'effet de cet effondrement, ses partisans misent sur la présentation du programme conçu en ayant recours à la démocratie participative. Depuis la mi-décembre, Ségolène Royal organise des débats et des consultations sur des forums en ligne. Cette démarche innovante renforce l'image d'écoute et d'empathie que la candidate veut projeter.

Mais elle est chronophage. Ce n'est que le 11 février, soit près d'un mois après l'investiture de Nicolas Sarkozy, que Ségolène Royal présente son « pacte présidentiel ». Le discours ne provoque pas le sursaut attendu. Son score oscille toujours autour de 26 %, quand Nicolas Sarkozy est crédité en moyenne de 33 %. Mi-février, 64 % des Français pronostiquent une victoire du ministre de l'Intérieur (contre 29 % pour Ségolène Royal)[64]. En un mois, le candidat UMP a gagné 13 points quand la socialiste en perdait 9.

Cette réception médiocre de son programme atteint la crédibilité de Ségolène Royal. Dans le Baromètre politique français, en février 2007, seuls 42 % des Français estiment qu'elle « a l'étoffe d'un président de la République » (contre 50 % en mars 2006). Son impéritie contraste avec l'épaisseur présidentielle de Nicolas Sarkozy (68 %, en hausse de 13 points sur la même période).

Pourtant, après un lancement réussi, la campagne du candidat UMP s'enlise en raison de sa volonté d'édulcorer son image transgressive. Serait-il en réalité un homme politique comme les autres ? À droite, une partie de son électorat est désorientée par ses citations répétées des figures de la gauche comme Jean Jaurès. Affaibli par ces incohérences, il perd 4 points fin février. Selon l'Ifop[65], il se trouve désormais à égalité avec Ségolène Royal (28 %). Un troisième homme tire profit de cette situation : François Bayrou.

La percée de François Bayrou

Au second semestre 2006, François Bayrou cherche à s'immiscer dans le duel entre Nicolas Sarkozy et Ségolène Royal en les renvoyant dos à dos. Pour cela, il critique leur utilisation commune des sondages. « On ne connaît pas un pays par les sondages mais par son âme[66] », affirme-t-il.

Autre moyen pour exister entre *Ségo* et *Sarko*, dénoncer une mainmise du système médiatique qui chercherait à imposer ces deux candidats. Le 6 septembre, en clôture de l'université d'été de l'UDF, il détaille le processus qui est, selon lui, à l'œuvre : « Les minutes de télévision font les sondages, les sondages font les médias, qui justifient à leur tour que vous repassiez à la télévision. Et ainsi la mécanique apparaît impossible à contredire. »

Bien que caricaturale, sa démarche antisystème porte ses fruits : fin octobre, un sondage Ifop[67] lui attribue pour la première fois un score supérieur à 10 %. Fort de cet encouragement, François Bayrou annonce sa candidature le 2 décembre.

Mi-janvier, un sondage le place en troisième position, devant Jean-Marie Le Pen (12 % contre 10 %)[68]. Mi-février, 55 % des Français souhaitent sa présence au second tour de la présidentielle[69]. Cette progression dans les sondages lui permet d'obtenir vingt minutes de temps d'antenne supplémentaire lors de l'émission de TF1 *J'ai une question à vous poser* (26 février 2007), au cours de laquelle les candidats répondent à un panel de citoyens recruté par TNS Sofres.

François Bayrou doit désormais convaincre les Français d'adhérer au dépassement du clivage droite-gauche qu'il prône. Dans cette tâche, il souffre d'un handicap majeur : son absence de stature d'homme d'État. Dans le Baromètre politique français, en février 2007, 52 % des Français jugent qu'il n'a pas « l'étoffe d'un président de la République ».

Pour combler ce déficit de présidentialité, il aborde des sujets de fond, soulève l'enjeu de la dette et des comptes publics. Il attire ainsi des électeurs socialistes consternés par le manque de crédibilité de Ségolène Royal. Fin février, son score (19 %) est désormais plus proche de celui de Ségolène Royal (25,5 %) que de celui de Jean-Marie Le Pen (12 %)[70].

Le 5 mars, un sondage LH2[71] le crédite pour la première fois d'un score de 20 %. Dans la vague de mars du baromètre TNS, sa cote d'avenir fait un saut de 19 points par rapport au mois précédent (de 39 % à 58 %). Le 11 mars, un sondage Ifop[72] le place à égalité avec Ségolène Royal (23 %). Les médias voient dans ce surgissement d'un troisième homme crédible une intrigue savoureuse qui porte le suspense à son paroxysme. La « Bayroumania » est à son acmé.

Un institut se distingue dans l'appréhension de cette percée : CSA. Le 21 février, il publie un sondage[73] qui attribue à François Bayrou une progression de 4 points (17 %) en une semaine, tandis que Nicolas Sarkozy perd 5 points (28 %) et cède la première place à Ségolène Royal (29 %). La vague suivante du baromètre enregistre peu de changement. Mais les chiffres[74] publiés le 8 mars font état de mouvements très brutaux. Nicolas Sarkozy (26 %) et Ségolène Royal (25 %) perdent respectivement 3 et 4 points.

Simultanément, François Bayrou (24 %) engrange 7 points en une semaine ! Le scoop est retentissant : la forte proximité statistique entre les trois principaux candidats crée une incertitude pour le second tour. Nouveau rebondissement dans la vague suivante[75] (15 mars) : François Bayrou recule de 3 points (21 %).

Face à ces soubresauts extravagants, la commission des sondages publie le 19 mars une mise au point dans laquelle elle exprime ses « réserves sur le caractère significatif des intentions de vote publiées dans ces deux sondages ». L'institut incriminé rétorque : « CSA, en toute indépendance, maintient intégralement ses évaluations. » Alors même que ce type de controverse était habituellement réglé à huis clos, un désaccord méthodologique est donc porté à la connaissance des citoyens pour la première fois.

Ces remontrances méthodologiques concernant son prestataire n'ébranlent pas *Le Parisien*, qui réalise « une intense exploitation des sondages[76] », comme l'illustre l'énumération suivante des titres affichés en une[77] : « Royal à la baisse (–5 points) » (18 janvier) ; « Ségolène Royal, le mauvais sondage » (28 janvier) ; « Elle décroche » (17 février) ; « Le sondage choc : Royal + 2, Sarkozy – 5 » (21 février) ; « Bayrou confirme sa troisième place » (2 mars) ; « Sondage exclusif. Rien n'est joué » (15 mars) ; « Sondage exclusif. Égalité parfaite » (23 mars) ; « Ça bouge » (30 mars) ; « Sarkozy et Royal à la hausse » (12 avril) ; « Sondage exclusif. J-5. Sarkozy-Royal 50/50 au second tour » (17 avril).

La perception d'une surabondance des études publiées n'en est que confortée. *Le Monde* évoque « l'omniprésence de sondages sur tout et n'importe quoi. La religion du chiffre et du pourcentage[78] ». Ce grief est relayé par des universitaires, comme Alain Garrigou et Patrick Lehingue qui publient des ouvrages[79] importants pour la critique des sondages. Une étude de l'Ifop[80] indique néanmoins que seuls 30 % des citoyens estiment que les sondages publiés sont trop nombreux.

Un autre débat concernant les sondages fait rage. Après 2002, les instituts ont entendu les critiques qui leur reprochaient d'avoir ancré la certitude du duel entre Lionel Jospin et Jacques Chirac en ayant testé uniquement ce scénario de second tour. Ainsi, au-delà de l'hypothèse la plus réaliste (Nicolas Sarkozy *vs* Ségolène Royal), les instituts choisissent de tester les performances au second tour de Jean-Marie Le Pen et de François Bayrou. Six hypothèses opposant ces quatre candidats sont ainsi mesurées.

Par exemple, un sondage Ifop[81] place François Bayrou en troisième position (16 %) au premier tour. Il se trouve donc virtuellement disqualifié. Pourtant, dans les hypothèses de second tour, le centriste sort victorieux de son duel avec Nicolas Sarkozy (52 % contre 48 %). Illustration du paradoxe de Condorcet, ces résultats traduisent autant la difficulté de premier tour du candidat centriste que sa capacité de rassemblement pour le second tour.

Cependant, l'éditorialiste Daniel Schneidermann estime qu'avec cette pratique les instituts cherchent à détourner les électeurs de gauche de Ségolène Royal et à les jeter dans les bras de François Bayrou, présenté comme un meilleur candidat pour faire barrage à Nicolas Sarkozy. Par conséquent, il s'agit selon lui d'« un putsch, ou une tentative de putsch, des sondeurs sur la campagne[82] ». Rien de moins.

La polémique de 2002 est renversée : après avoir été incendiés pour n'avoir mesuré qu'une seule hypothèse en 2002, les sondages sont cloués au pilori pour en tester plusieurs en 2007. Une chose, une seule, ne fluctue pas. L'acte d'accusation débouche invariablement sur une conclusion unique, répétée avec la même constance que le *Delenda Carthago* de

Caton: « La solution idéale, dans une démocratie idéale, consisterait à les interdire purement et simplement. »

Toujours autorisés malgré cet appel à la proscription, les sondages montrent début mars une situation très instable, caractérisée par la percée de François Bayrou, la décrédibilisation de Ségolène Royal et l'enlisement de Nicolas Sarkozy. Le candidat de l'UMP ressent la nécessité de reprendre l'initiative. Le 8 mars, il annonce la création d'un « ministère de l'Immigration et de l'Identité nationale ». Transgressive, la proposition doit lui permettre de réaffirmer sa ligne, celle d'une « droite décomplexée ». Elle recueille une pluie d'indignation.

Face au tollé, Nicolas Sarkozy envisage de modérer la dénomination en « ministère de l'Immigration et de l'Identité républicaine » et de l'annoncer dans un discours le 15 mars. Une heure avant la prise de parole, Patrick Buisson montre au candidat les résultats du Politoscope[83]: 55 % des Français sont favorables à la proposition, que les sympathisants UMP (82 %) et même les sympathisants UDF (59 %) soutiennent majoritairement[84]. Convaincu *in extremis*, Nicolas Sarkozy maintient le nom initial, ce qui lui permet de remonter dans les sondages.

De son côté, Ségolène Royal active le vote utile. Le refus d'assister à « un 21 avril bis » – l'expression fait florès – et la volonté d'assurer la présence de la gauche au second tour resserre les rangs de son électorat. Dès lors, François Bayrou subit un reflux dans les intentions de vote. Les deux principaux candidats semblent avoir écarté la menace centriste. Rassuré, Nicolas Sarkozy peut ironiser: « la seule chose qui enfle chez François Bayrou, ce ne sont pas les sondages, mais les chevilles.[85] »

Des incidents survenus à la gare du Nord remettent en lumière la question de la sécurité. L'attention se polarise sur

Jean-Marie Le Pen, qui est parvenu à obtenir les 500 parrainages nécessaires, alors qu'une majorité de Français (55 %) ne le souhaitaient pas[86]. Comme en 2002, ne construirait-il pas sa qualification pour le second tour sans que personne n'y prenne garde ? Son score est-il correctement appréhendé par les instituts ?

Publiée sur le site Internet du *Parisien* le vendredi avant le premier tour, la dernière intention de vote de CSA[87] alimente les spéculations : elle place Jean-Marie Le Pen en troisième position, légèrement devant François Bayou (16,5 % contre 16 %). Les derniers chiffres des autres instituts ne confirment pas ce score. Tous annoncent la qualification de Ségolène Royal et Nicolas Sarkozy. Le candidat de l'UMP est crédité de scores compris entre 28 % et 30 %.

Plusieurs bloggeurs annoncent qu'ils ne respecteront pas l'interdiction de publication et diffuseront les premiers chiffres avant 20 heures le jour du scrutin. Un communiqué de la commission des sondages rappelant l'amende encourue (75 000 €) les amène à se rétracter. Des journaux étrangers (*Le Soir*, *Le Temps*, *La Tribune de Genève*) font part de la même intention. Mais, lors du premier tour, leurs sites Internet subissent des défaillances techniques en raison de l'affluence des visiteurs.

Un second tour sans suspense

À la différence de la présidentielle précédente, la campagne passionne les citoyens. Elle est en tête de leurs conversations (81 %)[88]. Cet intérêt nourrit l'espérance : 45 % des Français estiment que « la présidentielle permettra d'améliorer les choses en France[89] », soit trois fois plus qu'en 2002 !

Aussi, l'impatience est-elle grande de connaître les résultats des quatre estimations réalisées : TNS Sofres - Unilog pour TF1, RTL et *Le Monde* ; Ipsos - DELL pour France 2, Europe 1, *20 Minutes* et *Le Point* ; CSA - CISCO pour France 3, France Inter, France Info et *Le Parisien* ; Ifop - Fiducial pour M6 et *Le Journal du Dimanche*.

Avec un score de 31,2 %, Nicolas Sarkozy obtient un record de voix sous la Vᵉ République au premier tour (plus de 11 millions). Il est parvenu à capter 23,3 % des électeurs frontistes de 2002, tandis que Jean-Marie Le Pen n'a pu en fidéliser que 49,8 %[90]. Un véritable « rapt électoral[91] », selon l'expression de Jérôme Fourquet. Au total, le candidat du FN perd un million d'électeurs par rapport à 2002.

Ségolène Royal (25,9 %) assure sa présence au second tour, ce qui referme la plaie du 21 avril 2002. Fort d'un score de 18,6 %, François Bayrou distance très largement Jean-Marie Le Pen. Après l'annonce des estimations, il dénonce « les sondages manipulés » en référence à la dernière enquête de CSA, bientôt qualifiée de « ratage[92] » par *Le Monde*.

Hormis cette regrettable exception, les intentions de vote des instituts sont jugées positivement. Les sondeurs sont réhabilités, les sondages connaissent leur rédemption. Mais l'impression générale de précision n'est qu'apparente. Le score de Nicolas Sarkozy a été sous-estimé de 3 points. Seul Ipsos lui a attribué le score symbolique de 30 %. Même sous-évaluation pour Ségolène Royal (2 points en moyenne). Inversement, les performances de Jean-Marie Le Pen ont été surévaluées de plus de 3 points, confirmant les difficultés d'appréhension du vote frontiste.

Pour l'emporter au second tour, Ségolène Royal doit capter le maximum de voix centristes. Si elle est élue, les Français souhaitent qu'elle nomme à Matignon François

Bayrou (37 %)[93], à qui elle propose un débat qui a lieu le 28 avril. Mais le candidat malheureux refuse de donner une consigne de vote, ce qui est approuvé par les Français (72 %) et par ses électeurs[94]. Le 3 mai, il déclare cependant dans *Le Monde*: « Je ne voterai pas Nicolas Sarkozy ».

Le débat télévisé entre les deux finalistes a lieu le 2 mai. Selon un sondage OpinionWay[95] paru le lendemain, 53 % des Français ont jugé Nicolas Sarkozy plus convaincant. La publication de ce sondage réalisé par Internet fait polémique. Les co-directeurs de campagne de Ségolène Royal publient un communiqué de presse intitulé « À qui profite un tel sondage ? », dans lequel ils « dénoncent des manœuvres de commande ». Ils saisissent la commission des sondages, qui ne trouve rien à redire.

Dans les dernières heures de la campagne, Ségolène Royal joue son va-tout. Elle choisit d'attaquer les sondages en les accusant de vouloir dicter leur conduite aux citoyens. Le 4 mai sur RTL, elle lance un appel mobilisateur aux électeurs : « Venez massivement aux urnes et venez faire mentir les sondages.[96] »

Les instituts font chorus pour annoncer la victoire du candidat UMP. Le samedi 5 mai, lors d'un petit-déjeuner dans les locaux de *L'Express,* Jérôme Sainte-Marie de BVA le crédite d'un score de 55 %[97]. Le lendemain, les résultats des premières estimations fuitent sur des sites Internet belges et suisses. À 20 heures, tous les citoyens sont officiellement informés de l'élection de Nicolas Sarkozy (53,1 %).

Cette victoire ne se résume pas « à une « OPA » réussie sur le vote d'extrême droite[98] ». Le candidat UMP a construit sa candidature sur la longue durée. Dès son investiture, il a pris les commandes de la campagne : sur les 103 mesures d'intentions de vote concernant le premier tour effectuées en 2007, il a devancé Ségolène Royal à 95 reprises.

En utilisant les études d'opinion, il a su construire des réponses crédibles aux principales préoccupations des Français et imposer ses thèmes de campagne, en particulier la question du pouvoir d'achat. Grâce aux sondages, il a su détecter l'amorce de l'embourbement de sa campagne et la relancer au moment idoine.

D'une manière générale, l'élection est une réussite. Les résultats marquent un reflux de l'abstention et un recul des partis contestataires. Le rapport des citoyens à la politique est revivifié. Avant le premier tour, 46 % des Français estimaient que « la démocratie fonctionne bien » en France. Après la présidentielle, 64 % partagent cet avis, soit un bond prodigieux de 18 points[99].

Pour les sondeurs, la présidentielle a été l'occasion de se rédimer. Aucune erreur majeure n'a été commise. Les instituts ont innové et fourni une production pléthorique qui a permis de mieux suivre la campagne et de comprendre le scrutin. Au total, la commission des sondages a recensé 293 enquêtes publiées ayant un lien direct ou indirect avec l'élection. Un nouveau record est ainsi établi.

Cette campagne constitue aussi une nouvelle étape de la démocratie d'opinion, fondée sur l'alliance des médias et des sondages. De rares observateurs en célèbrent la « grande victoire[100] » ; d'autres, plus nombreux, en regrettent « l'apothéose[101] ».

Ségolène Royal – « un pur produit de la "démocratie d'opinion"[102] » – en a été l'incarnation première et la plus aboutie. Nicolas Sarkozy et François Bayrou ont eux aussi participé pleinement à cette montée en puissance de la démocratie d'opinion. Chacun en a été une expression spécifique. La rhétorique antisystème et la dénonciation de l'emprise des médias par le candidat UDF d'une part, la production d'un feuilleton médiatique quotidien – le « Sarko show » – par le candidat UMP d'autre part en sont les signes les plus visibles.

En 2007, les instituts ont su faire oublier le désastre de 2002. La démocratie d'opinion s'est affirmée comme un puissant moteur de la conquête électorale. Glissera-t-elle sur la pente du populisme, le grand péril qui la menace, lors de la prochaine campagne ?

2012

Le croisement des courbes

> Quand la courbe commence à descendre, le candidat a beau déployer des efforts surhumains, il est quasiment impossible de l'infléchir.
>
> NICOLAS SARKOZY

La présidentielle de 2012 est une élection de réélection. Pour la première fois depuis dix ans, le Président sortant est candidat à sa succession.

Le spectre d'un 21 avril à l'envers

À l'Élysée, Nicolas Sarkozy a structuré le suivi de l'opinion publique. La fonction de conseiller opinion est confiée à Julien Vaulpré, dont le rôle consiste à « alimenter en cacahuètes sondagières[1] » les trois conseillers du Président : Patrick Buisson, Pierre Giacometti et le publicitaire Jean-Michel Goudard. Cet « improbable trio[2] » se réunit autour du Président au moins une fois par semaine pour analyser l'opinion.

Patrick Buisson, qui prépare avec un soin poussé ces réunions auxquelles il vient « toujours bardé de notes et d'analyse de sondages[3] », bénéficie de la confiance de Nicolas Sarkozy, au point de pouvoir – privilège rarissime – transmettre au Président « des notes sans passer le filtre du secrétaire général de l'Élysée[4] ». Il va se trouver au cœur de l'affaire dite des sondages de l'Élysée.

En 2009, la Cour des comptes procède pour la première fois à un audit de la présidence de la République. Rendu public, le rapport traite du « cas particulier des études » et met en cause une convention signée entre la présidence de la République et un cabinet d'études. La presse révèlera qu'il s'agit de Publifact, dont Patrick Buisson est le directeur. Un autre cabinet, Giacometti/Péron, co-fondé par Pierre Giacometti, est aussi incriminé.

Un système de manipulation politique de l'opinion semble avoir été mis au jour : la présidence, par le biais de ses conseillers, concevrait et financerait des sondages laudateurs pour son action, publiés dans des médias complaisants. L'« *OpinionGate* » soulève une clameur de réprobation. Surnommé « l'obsédé des sondages[5] », Nicolas Sarkozy est éclaboussé.

Les députés socialistes demandent la création d'une commission d'enquête parlementaire, qui leur est refusée par la majorité. Deux sénateurs prennent le relai. L'ancien conseiller opinion d'Édouard Balladur, Hugues Portelli (UMP), et son collègue Jean-Pierre Sueur (PS) rédigent un rapport intitulé « Sondages et Démocratie : pour une législation respectueuse de la sincérité du débat politique », qui est publié le 25 octobre 2010.

L'affaire des sondages de l'Élysée n'est qu'un des éléments qui handicapent l'action de Nicolas Sarkozy. Qualifié d'« hyperprésident », il doit essuyer des reproches sur son comportement et sa personnalité. Ses excès de langage, l'exposition de sa vie privée et son style qualifié de « bling-bling » semblent incompatibles avec sa fonction. Il est accusé d'agir comme le « Président des riches ».

La défaite de l'UMP lors des régionales 2010 est le signal d'un changement nécessaire. Prescrite par Patrick Buisson, véritable « druide des études d'opinion[6] », une stratégie de reprérsidentialisation est déployée. La sobriété et la discrétion sont les nouveaux mots d'ordre. À l'heure de la crise économique, le fanfaron doit céder la place au capitaine de tempête, qui défend les plus vulnérables.

82 % des Français estiment alors que Nicolas Sarkozy va briguer un deuxième mandat. Mais 65 % ne le souhaitent pas[7]. En revanche, les sympathisants de l'UMP font bloc derrière leur champion. À la question ouverte, « Quelle personnalité souhaiteriez-vous voir comme candidat de la droite pour l'élection présidentielle de 2012 ? », 51 % d'entre eux citent Nicolas Sarkozy, devant François Fillon (11 %)[8].

Nicolas Sarkozy est surtout concurrencé par la montée en puissance de Marine Le Pen, qui a été élue présidente du Front national. À 42 ans, elle entreprend une stratégie dite de dédiabolisation, pour corriger l'image du parti. Entre décembre 2010 et mai 2011, sa cote d'avenir double, passant de 14 % à 29 % dans le baromètre TNS Sofres. Dans les intentions de vote pour la présidentielle, elle jaillit de 14 % en novembre 2010 à 18,5 % en février 2011[9].

La dynamique de Marine Le Pen atteint le chef de l'État, dont la fragilité apparaît avec la publication le 6 mars 2011 par *Le Parisien* d'une étude réalisée par Harris Interactive[10]. *Ex aequo* avec Martine Aubry (21 %), Nicolas Sarkozy est devancé par la présidente du FN (23 %). Son score est inférieur de 10 points à son résultat électoral de 2007 : pourrait-il être éliminé dès le premier tour, ce qui serait inédit pour un sortant ?

Surtout, pour la première fois, un sondage indique que la présence du Front national au second tour de la présidentielle est possible. Moribond en 2007, le parti d'extrême droite se serait spectaculairement redressé, ce qui constitue à la fois un scoop et un choc dans l'univers médiatico-politique.

Plusieurs éléments de ce sondage soulèvent toutefois des interrogations. La taille de l'échantillon utilisé (1 618 personnes), anormalement élevée, étonne les spécialistes. Surtout, la candidature de Dominique Strauss-Kahn, qui incarne alors les espoirs de la gauche, n'a pas été testée. Ces diverses insuffisances provoquent un tollé, à gauche comme à droite. Ségolène Royal critique « une manipulation des sondages[11] ».

Pour calmer les esprits, Harris Interactive réalise une nouvelle intention de vote[12] en incluant les candidatures de DSK, Martine Aubry et François Hollande. Les résultats confirment ceux de la première étude : Marine Le Pen serait qualifiée, quel que soit le cas de figure, et devancerait même Dominique Strauss-Kahn d'un point (24 % contre 23 %).

L'affaire débouche sur des appels réflexes au durcissement de la législation des sondages, voire à leur interdiction. L'économiste Thomas Piketty estime qu'un « tel charlatanisme ne peut plus durer » et appelle à « réguler (enfin) les sondeurs[13] ». D'autres voix rappellent que légiférer sous l'emprise des circonstances ne relève pas du bon gouvernement[14]. La controverse est éclipsée par un scandale d'une autre portée : l'affaire DSK.

La chute de Dominique Strauss-Kahn

Depuis la présidentielle perdue de 2007, le PS est profondément fracturé. Les Français le tiennent majoritairement responsable de la défaite (69 %), tandis qu'ils exonèrent en grande partie Ségolène Royal (20 %)[15]. La candidate vaincue ne parvient pas à s'emparer du parti lors du congrès de Reims en 2008.

La nouvelle Première secrétaire, Martine Aubry, se fixe pour objectif d'éviter un quatrième échec consécutif à la présidentielle. Arnaud Montebourg et Olivier Ferrand, le directeur du *think tank* Terra Nova, lui remettent un rapport pour l'organisation d'une primaire ouverte à tous les sympathisants, et non pas réservée aux seuls adhérents. Les Français (57 %), les sympathisants de gauche (63 %) et du PS (66 %) estiment qu'il s'agirait de « la meilleure solution[16] » pour désigner le candidat socialiste à la prochaine présidentielle. Le principe est accepté en juin 2010.

Dans cette compétition inédite qui débute, Dominique Strauss-Kahn occupe la position de grand favori. L'opinion le porte aux nues : en juillet 2009, il obtient 73 % d'opinions favorables dans le baromètre Ifop - *Paris Match*. Les ressorts de sa popularité sont identiques à ceux de Jacques Delors en 1994 : expatrié et donc à l'écart des mesquineries du jeu politique hexagonal, il est à la tête d'une institution internationale reconnue (le FMI), ce qui flatte la fierté nationale. Son expertise économique, alors que la crise fait rage, réconforte.

De tous les éventuels candidats, il apparaît comme celui qui a le plus « l'étoffe d'un président de la République » (52 %)[17] et qui est « le plus capable de faire gagner la gauche à l'élection présidentielle ». Il arriverait largement en tête au premier tour, ce qui évacue le risque de disqualification. Son score (33 %) serait très supérieur à ceux de Martine Aubry et François Hollande (23 % chacun)[18]. Il vaincrait facilement le président sortant, alors même que 45 % des sympathisants du PS identifient « la capacité du candidat à battre Nicolas Sarkozy » comme l'élément qui comptera le plus dans leur choix lors de la primaire.

Dès lors, Dominique Strauss-Kahn choisit de se tenir le plus longtemps possible à l'écart de la politique nationale et de transformer l'obstacle de la désignation en simple formalité. Il se contente de rappeler régulièrement son existence et de « laisser prospérer la "main invisible" des sondages[19] ».

Sa primauté « authentifiée par les sondages[20] » constitue un avantage concurrentiel puissant. Martine Aubry ne semble pas en mesure de rivaliser. Elle conclut un accord avec DSK qui prévoit qu'un seul d'entre eux sera candidat : le mieux placé selon les sondages.

À l'inverse, l'ancien Premier secrétaire du PS, François Hollande, va contester cette suprématie. La tâche est colossale. En novembre 2010, alors que 32 % des Français citent spontanément DSK comme la personnalité qu'ils souhaitent voir désignée candidat du PS[21], il obtient un score dix fois plus faible et devient pour ses détracteurs « Monsieur 3 % ».

DSK tente d'utiliser son ascendant dans les sondages pour lui imposer de renoncer. Mais cette « dissuasion du fort au faible[22] » n'entame pas la détermination de François Hollande, ni celle de ses fidèles qui se sont baptisés le « groupe des 3 %[23] ». Le 31 mars, il se déclare officiellement candidat depuis sa mairie de Tulle.

L'exercice est réussi : sa cote de « bonnes opinions » progresse de 5 points (63 %) dans le baromètre Ifop pour *Paris Match* d'avril 2011. Dans le même sondage, le score de DSK recule de 6 points à 69 %. Il ne peut plus se tenir à l'écart du jeu politique. Entouré des communicants d'Euro RSCG, il prépare son retour. Objectif : « ne pas rater l'atterrissage du favori des sondages.[24] »

En fait d'atterrissage, c'est un crash qui a lieu. Le 14 mai, à 16 h 40, Dominique Strauss-Kahn est arrêté à New York et inculpé « d'agression sexuelle, de séquestration de personne et de tentative de viol ». Incarcéré, il démissionne du FMI. Un sondage réalisé à chaud révèle que 57 % des Français et 70 % des sympathisants socialistes estiment qu'il a été « victime d'un complot[25] ».

Mais, une fois passé le temps de la sidération, l'opinion publique révoque son jugement. Entre mai et juillet 2011, la cote d'avenir de DSK dans le baromètre Sofres plonge de 46 % à 17 % ! Début juillet, il est définitivement hors-jeu. 74 % des Français et 69 % des sympathisants PS pensent qu'il ne sera pas candidat[26]. Fin de l'ambition présidentielle de Dominique Strauss-Kahn qui restera, selon le mot prémonitoire de François Mitterrand, « un jouisseur sans destin[27] ».

Grâce à cette affaire, Nicolas Sarkozy « redresse la tête dans les sondages[28] » : il gagne 6 points entre juin et juillet 2011 (36 %) dans le baromètre de popularité Ifop - *JDD*. Le spectre d'un « 21 avril à l'envers » perd en crédit. À gauche, une autre primaire occupe le début de l'été : celle organisée par Europe Écologie-Les Verts.

Deux candidats se présentent : l'eurodéputée Eva Joly et Nicolas Hulot. Dans la compétition qui s'ouvre, l'animateur de télévision dispose d'atouts puissants. Sa notoriété est forte. 81 % des Français estiment qu'il « incarne les idées et les valeurs de l'écologie », contre seulement 16 % en ce qui concerne son adversaire. Le déséquilibre entre leurs deux images est flagrant.

Surtout, Nicolas Hulot dispose d'une ressource majeure : les sondages l'avantagent. Une majorité des Français (61 %) et des sympathisants écologistes (64 %) souhaitent qu'il soit le candidat des écologistes à la présidentielle[29]. Le combat avec Eva Joly semble a priori inégal et la primaire apparaît comme une formalité pour Nicolas Hulot.

Eva Joly frôle pourtant la qualification dès le premier tour. Elle est largement désignée au second (58,2 %), ce qui réfute l'idée selon laquelle, dans les scrutins internes, la victoire va au candidat le mieux placé dans les sondages. En l'espèce, les électeurs ont choisi d'apporter leurs suffrages à la tenante d'une ligne idéologique et programmatique plus conforme à leurs attentes.

Après cette parenthèse, l'attention se porte à nouveau sur la primaire socialiste. Une majorité des Français souhaite toujours la victoire de la gauche en 2012 (54 %)[30]. François Hollande est propulsé au premier rang. Dans la deuxième vague du « Baromètre des Primaires » d'OpinionWay[31], il bondit de 12 points. Avec un score de 49 %, il domine ses concurrents. *A contrario*, Martine Aubry paie sa proximité avec DSK et s'effondre de 8 points (27 %).

Malgré son absence d'expérience gouvernementale, 50 % des Français estiment que François Hollande « ferait un bon président de la République[32] », contre 41 % pour Martine Aubry et 21 % pour Ségolène Royal, qui se lance dans « une croisade contre les sondages[33] ». Brûlant ce qu'elle a adoré, elle considère qu'une « petite élite politicomédiatique[34] » tente de « manipuler l'opinion » pour empêcher sa candidature.

Le moyen utilisé ? Les intentions de vote qui montrent que sa désignation ne permettrait pas à la gauche d'être présente au second tour. Selon un sondage Ipsos[35], elle n'obtiendrait que 17 %, laissant ainsi Marine Le Pen (21 %) affronter Nicolas Sarkozy (21 %). Reprenant le discours tenu à la fin de la campagne présidentielle précédente, elle critique « l'accumulation maintenant quotidienne de sondages qui voudraient influencer les électeurs[36] ».

Ce rejet des sondages est partagé par la plupart des candidats. Arnaud Montebourg affirme que « tous les sondages nous ont conduits au désastre[37] ». Martine Aubry le rejoint dans la critique : « Les sondages sur la primaire n'ont aucun sens.[38] »

Cette affirmation est-elle exacte ? Pour le savoir, *Le Monde* publie un dossier intitulé « Vers une démocratie sondagière ». Un des articles[39] note que la primaire ouverte est un exercice inédit pour les sondeurs, ce qui pose plusieurs obstacles méthodologiques. Première difficulté : « le corps électoral de la primaire dont on ne sait rien. » Le sondeur Brice Teinturier estime qu'il s'agit de « l'argument le plus entendu… et le plus inepte[40] ». Le corps électoral est précisément défini par les statuts de la primaire. Il suffit donc aux instituts de retenir les critères officiels pour construire l'échantillon à interroger. Deuxième écueil supposé, le redressement des données qui s'appuie sur les résultats des élections antérieures est par définition impossible puisque la primaire est une première. Ici aussi, l'argument méconnaît la réalité du travail des sondeurs, qui utilisent systématiquement plusieurs scrutins pour redresser leurs chiffres. Seule la dernière limite pointée est pleinement recevable. Elle concerne la participation : « Les prévisions oscillent entre 500 000 et 5 millions de participants », selon *Le Monde*. La mesure de la mobilisation électorale constitue toujours l'exercice le plus complexe pour les sondeurs, quelle que soit l'élection. La nouveauté du scrutin va-t-elle se traduire par un effet de curiosité ou bien par une forme de méfiance propice à nourrir l'abstention ?

Dès le lendemain de la publication de ce dossier, la haute autorité du PS en charge de la régularité du processus de la primaire recommande aux candidats de saisir la commission des sondages en cas de litige et engage les médias à ne pas publier de chiffres à la veille des scrutins. Immédiatement, Harlem Désir, Premier secrétaire par intérim du parti, demande « un moratoire[41] » sur la publication des sondages 24 heures avant le vote, comme pour la présidentielle.

Ségolène Royal résume l'état d'esprit des candidats : « Ces sondages sont vraiment un poison.[42] » Certaine qu'ils sont « manipulés par la droite[43] », elle est convaincue de créer la surprise : « Je serai en tête au premier tour. Je le sens sur le terrain.[44] » Selon elle, certains signes ne sauraient tromper : ne fait-elle pas salle comble ? La ferveur des militants qui l'acclament n'est-elle pas tout aussi vive qu'en 2006 ?

Trois débats télévisés sont organisés, pendant lesquels Arnaud Montebourg fait passer son message. Il prône le passage à la VIe République et se fait le chantre de la démondialisation. Cependant, aucun institut ne le place au-delà de 12 %.

Le 9 octobre 2011, jour du premier tour, la mobilisation est forte. François Hollande est en tête. Mais son score (39,2 %) est inférieur aux derniers chiffres qui le créditaient au minimum de 40 % (Harris Interactive[45]) à 43 % (OpinionWay[46]). Il devance Martine Aubry (30,4 %), dont le résultat est supérieur aux prévisions. Comme Laurent Fabius en 2006, la candidate qui dispose d'une forte emprise sur l'appareil du parti a été sous-estimée.

La principale surprise provient du score d'Arnaud Montebourg qui obtient la troisième position (17,2 %). Quant à Ségolène Royal, elle a bien fait mentir les sondages comme elle le prophétisait, mais en subissant un désaveu cuisant : elle n'obtient que le score humiliant de 6,9 %, très éloigné des derniers chiffres publiés. Malgré ces performances très mitigées, *Libération* écrit que « les sondeurs ont évité la faute d'écart[47] », dans la mesure où ils ont correctement identifié les deux finalistes.

Dans l'entre-deux tours, Martine Aubry relance le débat entre la gauche forte, qu'elle veut représenter, et la gauche molle, qu'est censé défendre François Hollande et qui serait insuffisante face à une droite dure. Elle lutte contre les sondages qui l'annoncent battue en insistant sur le fait qu'elle est, elle aussi, en mesure de vaincre le Président sortant, ce qu'attestent les chiffres. Par conséquent, il ne s'agit pas de choisir le meilleur candidat pour évincer la droite mais de faire entrer la vraie gauche à l'Élysée.

Ce discours ne porte pas. Le 16 octobre, François Hollande, ancien « oublié des sondages[48] », est facilement désigné (56,57 %).

L'entrée en campagne réussie de François Hollande

La primaire citoyenne, à laquelle ont été consacrés 118 sondages publiés, a donné un élan avantageux à François Hollande. Il est crédité de scores supérieurs à 35 % au premier tour. Au second, un sondage BVA[49] fait état d'un écart abyssal de 28 points face à Nicolas Sarkozy (64 % contre 36 %), un résultat sans précédent lors des présidentielles. C'est « l'état de grâce pour M. Hollande[50] ».

Analysant les sondages avec son conseiller opinion, Olivier Faure, tout en sollicitant l'expérience de Gérard Le Gall, François Hollande est conscient de la nécessité d'« anticiper l'érosion sondagière[51] », qui ne peut manquer de survenir. Pour désamorcer des interprétations potentiellement dangereuses, il prend soin de prévenir publiquement :

« Aujourd'hui, on m'annonce sur des sondages qui n'ont aucun sens, qui risquent de démobiliser, qui ne pourront que baisser.[52] »

Fin décembre, l'écart avec Nicolas Sarkozy reste conséquent (57 % *vs* 43 %[53]) mais a été divisé par deux. Cette baisse, qui aurait pu être vue par les médias comme l'effondrement d'un candidat qui peine à lancer sa campagne nationale, devient une simple correction technique par rapport à un point haut.

Les premiers coups reçus par François Hollande proviennent de son camp. Dans *Le Journal du Dimanche* du 13 novembre 2011, il est qualifié de « capitaine de pédalo », inapte à affronter les tempêtes en haute mer, par Jean-Luc Mélenchon. Avec cette épigramme, le candidat du Front de gauche veut lancer sa campagne.

Ses premiers résultats dans les intentions de vote sont faibles. En septembre 2011, il dépose une réclamation auprès de la commission des sondages à propos d'un sondage atypique[54] qui le crédite d'un score de seulement 3 %. Il demande la transmission des données. La commission refuse d'accéder à cette requête, estimant que le secret des affaires couvre les méthodes des instituts. Jean-Luc Mélenchon introduit un recours auprès du Conseil d'État, qui le déboute.

Fin 2011, une vingtaine de points le séparent de François Hollande, qui n'a pas à craindre non plus Eva Joly, dont la campagne est chaotique. Dès novembre 2011, 60 % des Français souhaitent qu'elle renonce à être candidate[55], un avis partagé par plus d'un tiers des sympathisants de son propre parti (35 %).

En réalité, le candidat socialiste se méfie surtout de François Bayrou, qui a fondé le Mouvement démocrate (MoDem) et qui dénonce la « sarkhollandisation » du débat, c'est-à-dire sa réduction aux deux principaux candidats. Les premiers pas du centriste sont salués : son score dans les intentions de vote mesurées par OpinionWay double entre novembre et décembre, passant de 7 à 14 %.

Alors que se clôt 2011, neuf instituts réalisent des sondages électoraux pour couvrir la campagne présidentielle. Parmi eux, six étaient présents en 2007 (BVA, CSA, Ifop, Ipsos, LH2, OpinionWay, TNS Sofres) et deux sont des nouveaux entrants (Harris Interactive et Viavoice). Les méthodes d'interrogation évoluent. Cinq instituts ont recours à Internet pour réaliser leurs études, contre un seul en 2007[56]. Selon eux, ce mode de recueil facilite l'expression des électeurs frontistes, ce qui améliore la précision des intentions de vote.

Le développement des réseaux sociaux ouvre un nouveau champ d'étude de l'opinion. TNS Sofres lance le Twittoscope, qui analyse les messages sur Twitter concernant 140 personnalités politiques en identifiant pour chacune le « *buzz* » (le nombre de citations) et le « *mood* » (les sentiments associés).

Les médias sociaux constituent autant une opportunité qu'une menace puisqu'ils facilitent la diffusion de rumeurs sur les sondages. En juillet 2011, un groupuscule de gauche baptisé le « Pouvoir au Peuple » publie sur son blog un article intitulé « les sondages truqués des primaires socialistes ». Repris sur Twitter, ce texte évoque un prétendu sondage confidentiel réalisé par l'Ifop au service de la « désinformation de masse ». Dès le lendemain, l'institut oppose un démenti formel à ces allégations.

En revanche, l'Ifop conduit bien, en partenariat avec Fiducial pour *Paris Match* et Europe 1, « La présidentielle en temps réel ». Les résultats de ce *rolling* sont diffusés chaque jour à 18 heures et rythment la campagne (plus de 80 mesures). Fait sans précédent, Fiducial sponsorise simultanément un dispositif d'un autre institut : le baromètre d'OpinionWay pour *Le Figaro* et LCI. OpinionWay produit également « L'indicateur 2012 : l'observatoire de la présidentielle » pour *Les Échos* et Radio Classique. De son côté, CSA réalise un baromètre présidentiel pour BFMTV, RMC et *20 Minutes*.

Le CEVIPOF conduit un panel nommé « Présidoscopie 2012 », en partenariat avec la Fondapol, la Fondation Jean Jaurès, le quotidien *Le Monde* et le CECOP. La réalisation en est confiée à Ipsos. Jamais un dispositif aussi ambitieux n'avait été réalisé en France, tant par son ampleur (interrogation de 6 000 personnes inscrites sur les listes électorales) que par sa durée (douze vagues d'enquête réparties entre novembre 2011 et juin 2012).

L'année 2012 débute par une brève polémique liée à la publication le 9 janvier par *Libération* d'un sondage de Viavoice[57] concernant le potentiel électoral de Marine Le Pen, c'est-à-dire le nombre de personnes qui pourraient voter pour elle. Habituellement, ce score n'agrège que les réponses « oui, certainement » (8 %) et « oui, probablement » (10 %). Il aurait donc dû s'établir à 18 %. Mais le quotidien a choisi d'ajouter les réponses « non, probablement pas » (12 %) pour afficher en une le titre choc suivant, entaché d'une faute d'orthographe : « 30 % des électeurs n'exclueraient pas de voter Le Pen. » La commission des sondages convoque la rédaction du quotidien, qui fait amende honorable.

Pourtant, malgré ce chiffre, Marine Le Pen « s'essouffle dans les sondages[58] ». La crise de la zone euro fait apparaître ses lacunes en matière économique. Dans l'opinion, la conversion d'un vote de protestation en vote d'adhésion est loin d'être accomplie. Pour 68 % des Français, apporter sa voix à Marine Le Pen reste perçu comme un moyen d'« exprimer son mécontentement à l'égard du cours des choses[59] ».

À la différence de son père qui n'a jamais commandé une seule étude lors de ses campagnes présidentielles, elle dépense 127 852 € en « enquêtes et sondages », selon ses comptes officiels. Son entourage dispose d'une « vraie culture des sondages[60] ». Florian Philippot, le directeur stratégique de sa campagne, a effectué un stage à la Sofres. Nicolas Bay, secrétaire national délégué à la communication électorale, et Bruno Bilde, directeur de la communication, analysent en détail les études publiées.

Ils ont noté le tassement dans les sondages de leur candidate. La primaire du PS a réinstallé un affrontement gauche-droite dans lequel elle peine à exister. Comme son père, elle juge que son score est sous-estimé : « Je ne suis plus assez redressée[61] » proteste-t-elle. Comme son père, elle peine aussi à recueillir les parrainages nécessaires. Une intention de vote réalisée par l'Ifop en testant uniquement une « offre électorale resserrée » aux candidats certains d'obtenir les parrainages montre que son absence profiterait à Nicolas Sarkozy[62].

Le Président prépare activement sa future candidature. Pendant la primaire citoyenne, une cellule « riposte » a été mise sur pied au sein de l'UMP afin de défendre son bilan. Secrétaire national chargé des études d'opinion et des sondages, Guillaume Peltier ouvre chaque réunion de cette cellule au cours de laquelle « il épluche les sondages, analyse les états d'âme de l'électorat, décrypte les mouvements d'opinion[63] ».

Début janvier, les proches du Président estiment qu'il peut reprendre à François Hollande la première place dans les sondages : « Les courbes peuvent se croiser d'ici à un mois.[64] » D'ici là, il faut contre-attaquer. La gestion défensive de son patrimoine sondagier par François Hollande est critiquée. Le secrétaire d'État Benoist Apparu déclare ainsi que le « rôle d'un chef d'État, ce n'est pas de gérer des sondages, mais de gérer des crises[65] », ce qui n'a pas été épargné à Nicolas Sarkozy.

Une succession de difficultés économiques s'est abattue sur le quinquennat : la crise des *subprimes*, puis la crise des dettes souveraines en 2010 et enfin la crise de la zone euro. Tous les indicateurs ont subi une profonde détérioration. Logiquement, les thèmes qui, selon les Français, pèseront le plus dans leur vote sont avant tout d'ordre économique : le pouvoir d'achat (37 %), le chômage (29 %), la croissance (25 %)[66]. Dans ces trois domaines, Nicolas Sarkozy est jugé beaucoup moins crédible que son adversaire socialiste.

Pourtant, François Hollande n'entend pas s'endormir sur ses lauriers : « Entre les sondages et l'élection, il y a la campagne, je la dois[67] » rappelle-t-il. Premier acte, le 22 janvier, il prononce au Bourget un discours travaillé dans lequel il désigne son adversaire : « le monde de la finance. » Il révèle son slogan : « Le changement, c'est maintenant ».

L'exercice est réussi. L'audience est forte. 88 % des Français en ont entendu parler[68]. Une majorité (56 %) a trouvé François Hollande « convaincant ». Le 26 janvier, il présente son programme composé de 60 engagements, en référence aux 110 propositions de François Mitterrand. Il espère avoir le même destin.

Le croisement des courbes

Fin janvier, Nicolas Sarkozy est en mauvaise posture dans les sondages. L'écart avec François Hollande est marqué (6 points) et Marine Le Pen le talonne (20,5 % contre 22 % dans le *rolling* de l'Ifop le 27 janvier). Face à cette situation, la déclaration de candidature du Président, initialement prévue en mars, est avancée. Elle a lieu le 15 février au journal de 20 heures de TF1. Rappelant qu'il a dû affronter des crises d'une « violence inouïe », il décrit son programme destiné à bâtir une « France forte » et se pose en candidat du peuple face à François Hollande, présenté comme le candidat des élites.

Au moment de sa déclaration, sa cote de popularité dans le baromètre Ifop (33 %) est plus basse que celles de Valéry Giscard d'Estaing en 1981 (37 %), François Mitterrand en 1988 (55 %) ou Jacques Chirac en 2002 (50 %) quand ils ont annoncé leur volonté de briguer un second mandat.

Malgré ce handicap, l'objectif stratégique du président-candidat est simple : finir en tête au premier tour. Il s'agit de créer un mouvement ascendant dans les sondages. Nicolas Sarkozy ne cesse de répéter que le ressort secret d'une campagne électorale réside dans le primat de la dynamique sur l'arithmétique.

Cela suppose de limiter la dispersion dans son camp. Plusieurs candidatures sont incitées à se retirer, comme celles de Christine Boutin et Frédéric Nihous qui font alliance avec Nicolas Sarkozy. Au centre, Hervé Morin est à la peine, ce qui inspire cette réflexion acide au député Jean-Christophe Lagarde : « 0 %, c'est bon pour la santé dans le fromage blanc, mais c'est très mauvais dans un sondage ![69] » Sous la pression des cadres de son parti, il se rallie à Nicolas Sarkozy. Seul Nicolas Dupont-Aignan résiste à ce mouvement centripète.

L'attention se polarise sur Nicolas Sarkozy et François Hollande, comme si l'élection présidentielle se réduisait, dès avant le premier tour, à un duel. La grille d'analyse la plus utilisée est celle de l'écart qui les sépare, comme le montrent ces titres de presse : « Ça se resserre ! Hollande 28 % Sarkozy 26 % » (*JDD*, 8 janvier 2012), « Hollande-Sarkozy : l'écart se réduit » (*Le Figaro*, 9 janvier 2012) ou encore « Sarkozy-Hollande, l'écart se resserre » (*Le Figaro*, 23 février 2012).

Une intention de vote de CSA[70] annonce-t-elle que leurs scores se rapprochent ? Elle est immédiatement exploitée comme une preuve d'un début de dynamique : « Ça bouge, tous les sondages le disent[71] », veut croire le candidat de l'UMP le 21 février. Mais ce frémissement ne reste qu'un clapotis, car François Hollande contre-attaque sur-le-champ.

Le 27 février, il annonce une mesure qui réactive le clivage gauche-droite : la taxation à hauteur de 75 % des revenus supérieurs à un million d'euros. La proposition rencontre l'adhésion de 61 % des Français[72]. À droite, elle est jugée démagogique et se trouve rejetée par 65 % des sympathisants UMP.

Cette annonce forte a rempli la fonction qui lui était assignée. Elle a occulté les effets de la déclaration de candidature du Président et a relancé la campagne du candidat socialiste en mobilisant son électorat naturel. Début mars, l'écart entre François Hollande et Nicolas Sarkozy est de 3 points pour OpinionWay (29 % contre 26 %) ; 4,5 points pour Ipsos (29,5 % contre 25 %) ; 7,5 points pour LH2 (30,5 %/23 %) ; 8 points selon BVA (33 % *vs* 25 %) …

Nicolas Sarkozy ne retrouve pas le souffle de 2007. Sa volonté d'être le candidat protecteur du peuple ne trouve pas d'adhérence dans l'opinion. Il est perçu comme celui qui « protège le plus les élites et le système » (81 % contre 18 % pour François Hollande). Et c'est le candidat du PS qui semble le « plus proche du peuple » (77 % contre 16 %)[73].

Le Premier ministre en est déjà réduit à remobiliser les adhérents UMP désemparés : « Comme vous, je vois que les sondages nous sont défavorables. [...] Mais rien, absolument rien, n'est écrit ![74] » Le Secrétaire général de l'UMP, Jean-François Copé, vise lui aussi à galvaniser les militants, en conseillant de « ne jamais lire les sondages pendant les campagnes présidentielles[75] ».

Dans ce climat d'abattement, le meeting de Villepinte le 11 mars prend un aspect de quitte ou double pour le Président. Face à 45 000 militants survoltés agitant des drapeaux tricolores, il prononce un discours mobilisateur. Le lendemain, les résultats du *rolling* de l'Ifop annoncent pour la première fois que Nicolas Sarkozy (28,5 %, + 1,5 point) devance François Hollande (27 %, –1,5 point). L'écart entre les deux candidats reste dans la marge d'erreur, mais l'inversion a une forte valeur symbolique. Le 14 mars, *Le Figaro* titre : « L'élection présidentielle relancée par les sondages. »

Dans le camp de François Hollande, « ce sondage Ifop a fait l'effet d'une douche froide, glaciale même[76] ». Ce résultat est utilisé comme un levier pour rassembler l'électorat de gauche. François Hollande demande aux militants de ne pas se laisser impressionner par « l'accumulation des sondages[77] » et de continuer à faire campagne.

À droite, le moral des troupes connaît un brusque regain. Les doutes s'estompent, les rangs se resserrent instantanément. Les militants de l'UMP exultent et parodient le slogan de François Hollande, qui devient « Le croisement, c'est maintenant. » Réconforté, Nicolas Sarkozy ne peut s'empêcher de reconnaître l'embellie : « Les sondages, ça met du soleil.[78] »

Sa stratégie est confortée. Il affirme avoir pressenti la dynamique à travers toute une série d'indices: « Une campagne ne se joue pas sur les sondages mais sur les émissions, les audiences, les salles, le nombre de gens… […] Les mouvements de fond, on les sent venir avant les sondages.[79] » Surtout, il estime le déclin de son adversaire irréversible: « Quand la courbe commence à descendre, le candidat a beau déployer des efforts surhumains, il est quasiment impossible de l'infléchir.[80] »

Une fin de campagne erratique

Mi-mars, une série d'attentats terroristes est commise. Pendant cette parenthèse tragique, Nicolas Sarkozy a adopté l'attitude qui convient pour 74 % des Français[81]. Il est crédité d'avoir « bien géré la crise » (71 %). Il s'est montré « à la hauteur de la fonction présidentielle » (76 %) et « soucieux de l'unité nationale » (72 %).

En remettant au premier plan les questions de sécurité, cet épisode dramatique réactive l'image d'homme fort du Président. De tous les candidats, il est celui à qui les Français font le plus confiance pour « assurer la sécurité des citoyens ». Sa capacité perçue à « lutter contre le terrorisme » (44 %) et « contre l'insécurité » (41 %)[82] enregistre des progressions respectives de 27 points et 19 points!

Fin mars, il est mesuré en tête des intentions de vote par la plupart des instituts: 30 % pour CSA (27 mars), 29,5 % pour Ipsos (31 mars). « Il n'y a pas si longtemps on aurait payé pour être à ce niveau[83] » se réjouit-il. Sa stature semble fortifiée par cette « nouvelle donne des sondages[84] ».

Pourtant, en avril, sa dynamique va marquer le pas. En raison de l'équité du temps de parole, son message se noie dans la masse. François Hollande résiste et rappelle sans relâche que la victoire n'est pas acquise tant que le vote n'a pas eu lieu : « À cause de l'abstention, les sondages peuvent être déjoués.[85] » prévient-il. Destiné à contrer Nicolas Sarkozy, cet appel à la mobilisation cherche aussi à contenir la poussée de Jean-Luc Mélenchon.

Les débuts du candidat du Front de gauche ont été poussifs. Son directeur de campagne, François Delapierre, se plaint de « l'effet d'effacement[86] » dont souffrent les candidats dont les scores dans les sondages sont faibles. S'il ne commande pas d'études, Jean-Luc Mélenchon sait néanmoins l'importance des chiffres dans le regard porté sur lui : « J'attends le moment où un sondage me mettra à 10 %. À cet instant le signal sera donné, à savoir : « Ces gens-là sont crédibles ».[87] »

Pour atteindre ce seuil symbolique, il prononce un grand discours à la Bastille le 18 mars, jour anniversaire du début de la Commune de Paris, dans lequel il appelle à une « insurrection citoyenne » et préconise le passage à la VIe République. Ces convictions fortes contribuent à structurer son image.

Pour 60 % des Français, il « incarne le changement[88] », quand François Hollande, qui a pourtant fait de ce thème le slogan de sa campagne, n'est cité qu'à hauteur de 52 %. Il devient un « phénomène d'opinion[89] ». Ses meetings organisés en plein air sont l'attraction de la campagne. Entre le 6 et le 29 mars, son score progresse de 8 % à 14 % selon le *rolling* de l'Ifop. Fin mars, il devance François Bayrou.

Son ascension menace Marine Le Pen, qui serait même devancée par lui selon CSA[90] (17 % contre 15 %). La candidate du FN affecte de ne pas accorder de crédit à cette dynamique. Estimant toujours que son score est sous-évalué, elle lance une proposition insolite de démagogie aux dirigeants des instituts : « Je propose qu'ils s'engagent à verser chacun, pour chaque point d'écart entre leurs prévisions et le résultat final, l'équivalent du mois de salaire qu'ils touchent au profit des Restos du cœur.[91] »

La controverse des sondages se décline aussi de façon plus classique. Un Observatoire des sondages est animé par Alain Garrigou, qui affirme que « les sondages influencent l'attitude des électeurs[92] ». L'omniprésence des études dans le débat électoral est toujours réprouvée. Daniel Schneidermann vilipende une vie politique qu'il juge « shootée aux sondages bidon[93] ». Pierre Marcelle affole les lecteurs de *Libération* en prétendant que « les sondeurs ont pris le pouvoir[94] ».

Le quotidien propose cependant sur son site web un dossier intitulé « La boîte à sondages » qui recense toutes les publications. Ce faisant, il participe au travail de pédagogie des médias. *Les Échos* entendent dévoiler « la cuisine secrète des instituts de sondage » (5 avril 2012). Dans un article intitulé « On a sondé les sondeurs » (19 avril 2012), *Le Nouvel Observateur* brosse le portrait des praticiens, qui s'efforcent eux-mêmes de mieux faire connaître leur travail. Hugues Cazenave, le président d'OpinionWay, publie un livre de vulgarisation remarqué, *La Guerre des sondages*[95].

Revenons à la campagne. Mi-avril, les intentions de vote contredisent la forte mobilisation des militants lors des réunions publiques, ce qui déstabilise les spécialistes électoraux de l'UMP. Guillaume Peltier estime ainsi que « la boussole sondagière a perdu le nord[96] ». Nombreux sont ceux qui préconisent de ne pas tenir compte des chiffres. Nicolas Sarkozy lui-même ne cesse de répéter : « Les sondages, on s'en moque ![97] »

Il annonce des surprises, sous-entendant que les sondages seront démentis par les urnes. La source de cette erreur : l'existence d'une majorité qui reste muette aux questions des sondeurs mais s'exprimera le jour du scrutin. Le député Sébastien Huyghe estime ainsi qu'il existe « un vote caché Sarkozy[98] ».

C'est précisément pour stimuler cette dynamique paresseuse que Nicolas Sarkozy déclare à deux semaines du premier tour : « La mobilisation est plus forte que je l'avais connue lors de la précédente campagne. Je sens monter la vague...[99] » Mais ce raz-de-marée électoral à venir n'est pas détecté par les sondeurs, qui « n'enregistrent qu'une modeste vaguelette sur leurs écrans radar[100] ». L'ultime grand discours du candidat UMP, place de la Concorde, doit « enrayer le ressac dans les sondages[101] ».

Le même jour, François Hollande prévient contre « cette anesthésie qui confond sondages et élections, prédictions et scrutins, pronostics et résultats. » Cette volonté d'assurer un vote utile en contrant les effets démobilisateurs des sondages est une constante de sa campagne. Sa qualification pour le second tour est toujours présentée comme précaire, tandis que le 21 avril 2002 est systématiquement rappelé.

Les autres candidats restent totalement inaudibles. C'est particulièrement le cas d'Eva Joly. Sa campagne est en perdition, comme le souligne le titre de cet article de *Sud-Ouest* : « Avec 1 % des intentions de vote, Eva Joly est au bord du vide » (15 mars 2012). La candidate écologiste appartient au groupe compact des petits candidats, qui sont présentés par Nicolas Dupont-Aignan comme « les gueux des sondages[102] ».

La fin de campagne est marquée par une forme de confusion. Les mouvements des intentions de vote sont erratiques. Alors que lors des présidentielles précédentes les courbes ne s'étaient croisées qu'une seule fois, le *rolling* quotidien de l'Ifop enregistre cinq croisements entre les deux favoris, ce qui fait le miel des médias : « Croisements, décroisements, recroisements : rebondissements assurés à chaque flash d'info.[103] »

Le nom du vainqueur du premier tour demeure indéfini. Les derniers sondages sont divergents. Pour les uns, François Hollande devancerait Nicolas Sarkozy : ce serait le cas selon l'Ifop (28 % contre 27 %), Ipsos (29 % contre 26,5 %) et BVA (30 % contre 26,5 %). Pour les autres, ils seraient à égalité à 27,5 % (OpinionWay) ou 27 % (TNS Sofres).

L'identité du candidat en troisième position reste également inconnue. Selon les instituts, Jean-Luc Mélenchon et Marine Le Pen ont des scores identiques (14 % pour BVA), proches (respectivement 15 % et 15,5 % selon LH2) ou très éloignés (13 % et 17 % d'après TNS ; 12 % et 16 % selon Harris Interactive). Enfin, une abstention plus importante qu'en 2007 est attendue.

À l'approche du premier tour, alors que la plupart des instituts protègent « leurs matrices de redressement comme [le] secret de Coca-Cola[104] », Bruno Jeanbart publie les résultats bruts de la dernière intention de vote d'OpinionWay[105]. L'apocalypse redoutée par certains de ses confrères n'a pas lieu.

Et c'est un autre sujet qui concentre les inquiétudes démocratiques : la divulgation prématurée des résultats des estimations du vote. Des médias étrangers annoncent qu'ils publieront les chiffres des instituts français avant 20 heures. Des fuites sur les réseaux sociaux sont également redoutées. Nicolas Sarkozy déclare qu'il ne serait « pas choqué[106] » par une révélation prématurée des résultats. Ses adversaires s'offusquent : comment un président en exercice peut-il admettre une pratique illégale ?

La commission des sondages et la commission nationale de contrôle de la campagne électorale préviennent que toute infraction sera signalée au procureur de la République et que la loi prévoit une amende de 75 000 euros pour toute publication illégale. Un dispositif de surveillance du web et des réseaux sociaux sera mis en place.

Les principaux instituts affirment qu'ils ne conduiront pas de sondages de sortie des urnes : trop onéreux, ce type de dispositif est délaissé. Ils s'engagent par écrit à ne pas diffuser d'estimations aux médias étrangers qui envisagent de ne pas respecter la loi française. Dès lors, tout chiffre évoqué en ligne avant 20 heures serait nécessairement infondé.

Le jour du scrutin, les médias étrangers mettent leur plan en application. En Belgique, la RTBF et *Le Soir* révèlent avant 20 heures les estimations. Estimant que le viol de la législation française constitue une information, l'AFP diffuse à 18 h 46 à ses seuls clients médias une dépêche sur ce thème et profite de ce prétexte pour dévoiler le contenu illicite.

La twittosphère foisonne de créativité pour contourner la loi. Les résultats, diffusés sous le mot-dièse #RadioLondres, sont faiblement codés : « Les talonnettes ne sont plus à la mode », « Le prix du flan a drôlement augmenté[107] », « Le nain chausse du 26 », etc. Les sondeurs publient mises en garde et démentis. La commission des sondages fait plusieurs signalements et le parquet de Paris annonce l'ouverture d'une enquête.

À partir de 20 heures, l'attention se concentre sur un autre problème impliquant les instituts : la dissonance des estimations. Sur TF1, LCI et RTL, TNS Sofres annonce les résultats suivants : François Hollande (29,2 %), Nicolas Sarkozy (27,3 %) et Marine Le Pen (18,3 %). Sur M6, les estimations de Harris Interactive et Viadeo confirment ces chiffres.

En revanche, l'estimation de CSA pour BFMTV, RMC, iTélé, Canal + et *20 Minutes*, si elle est proche des deux premières en ce qui concerne les scores de François

Hollande (29,3 %) et Marine Le Pen (18,2 %), attribue à Nicolas Sarkozy 26 % des suffrages. Réalisée pour France Télévisions, Radio France et *Le Monde*, l'estimation Ipsos-Logica Business Consulting indique aussi un écart de trois points entre François Hollande (28,4 %) et Nicolas Sarkozy (25,5 %). Surtout, elle considère que Marine Le Pen atteint la barre symbolique des 20 %.

En réalité, un point et demi seulement sépare François Hollande (28,6 %) et Nicolas Sarkozy (27,1 %). Le score du Président sortant a été fortement minoré par Ipsos, qui a surestimé de deux points la performance de Marine Le Pen (17,9 %). L'estimation a été affinée en cours de soirée. Mais les débats se sont développés sur de fausses bases et les électeurs, qui souvent ne regardent que les premiers chiffres puis se détournent de la soirée électorale, ont reçu une information très approximative. Cette situation provoque l'ire du Président.

En deuxième position, Nicolas Sarkozy perd près de 1,7 million de suffrages par rapport à 2007. Le vote d'adhésion à son égard s'effondre par rapport à la précédente présidentielle (52 % contre 77 %[108]). La dynamique enclenchée en mars s'est essoufflée et l'objectif stratégique de finir en tête n'est pas atteint.

En troisième position, Marine Le Pen obtient le meilleur résultat d'un candidat du FN lors d'une présidentielle. Son score a été sous-évalué comme lors des scrutins précédents : ni l'usage d'Internet pour mesurer les intentions de vote, ni la massification du vote frontiste, ni le changement de candidat n'ont favorisé la précision des instituts, qui butent à nouveau sur ce problème. Elle devance nettement Jean-Luc Mélenchon (11,1 %), dont le score a été surévalué dans les sondages de 1 à 4 points.

Le resserrement du second tour

Au soir du premier tour, Nicolas Sarkozy et ses fidèles analysent les premiers résultats. Patrick Buisson, « sorte de Raspoutine des sondages[109] », revigore le Président : le score élevé du FN constitue une abondante réserve de voix à capter, ce qui autorise tous les espoirs.

L'offensive s'organise sur-le-champ. Les éléments de langage sont diffusés. Premier thème, l'abstention élevée annoncée par les instituts a été contredite par les urnes. Sur France 2, Nadine Morano pilonne les sondeurs : « C'est le plantage de tous les instituts de sondage. » Deuxième axe de communication : tout commence au soir du premier tour. Les intentions de vote pour le second tour réalisées jusqu'alors sont donc nulles et non avenues. Hervé Morin déclare : « Ces sondages n'ont pour moi aucune valeur, car la campagne pour le second tour ne sera pas celle du premier.[110] »

François Hollande aborde le second tour en favori : les instituts lui attribuent un score de 54 % à 56 %. Il cherche à agréger l'antisarkozysme. La plupart des candidats de gauche appellent à voter pour lui. En revanche, Nicolas Sarkozy ne reçoit aucun soutien. Marine Le Pen prône le vote blanc.

C'est un handicap supplémentaire pour Nicolas Sarkozy qui, pour l'emporter, doit assurer de bons reports de voix de la part des électeurs frontistes. Il se lance dans une campagne d'entre-deux-tours exclusivement dédiée à cet objectif. Le thème de l'immigration progresse de 90 % dans ses discours[111].

Les intentions de vote restent stables la première semaine (55 % *vs* 45 %), mais se resserrent lors de la seconde ce qui constitue un fait inédit. Selon le *rolling* de l'Ifop, le score de Nicolas Sarkozy progresse quotidiennement : 46 % le

30 avril, 46,5 % le 1er mai, 47 % les 2 et 3 mai, 48 % le vendredi 4 mai. Au lendemain du premier tour, 42 % des électeurs de Marine Le Pen avaient l'intention de voter pour lui ; ils sont 55 % à la veille du second. Tout redeviendrait-il possible ?

Un dernier grand rassemblement a lieu le 1er mai sur la place du Trocadéro. Nicolas Sarkozy reprend ses thèmes de campagne mais sans dépasser ses contradictions. Comment être antisystème alors que sa fonction institutionnelle le place au centre du jeu et qu'il incarne « l'envie de préserver le système actuel au maximum[112] » pour 69 % des Français ?

Pour l'opinion, Nicolas Sarkozy semble aussi moins « honnête » (37 % contre 59 %) et moins « sincère » (38 % contre 55 %) que François Hollande. Le candidat de gauche l'emporte sur les dimensions relationnelles. Il paraît mieux comprendre « les problèmes des gens comme vous » (52 % contre 34 %), semble plus « sympathique » (59 % contre 39 %). On prête aux deux hommes des « convictions » (67 % contre 68 %). En revanche, la supériorité de Nicolas Sarkozy en matière de dynamisme est flagrante (77 % contre 48 %)[113].

La droite est ainsi certaine que, lors du débat, la tonicité de son héros va révéler par contraste toute la mollesse de son opposant et démontrer son inaptitude à exercer la fonction suprême. Mais il n'en est rien. La rhétorique sarkozyste est mise en pièces par l'anaphore « Moi, président de la République », qui permet à François Hollande de démontrer sa pugnacité en dressant un anti-portrait de la présidence qu'il propose.

Le 6 mai à 20 heures, les estimations annoncent la victoire de François Hollande avec des scores allant de 51,8 % (CSA), 51,9 % (Ipsos et Harris Interactive) à 52 % (TNS Sofres). S'il a gagné le référendum anti-Sarkozy, il serait erroné de réduire sa victoire à un simple vote de rejet. L'adhésion dont il a bénéficié (47 %) est identique à celle concernant son adversaire (48 %)[114].

Après Valéry Giscard d'Estaing, Nicolas Sarkozy est le second président sortant battu. Il s'est trouvé dans l'incapacité de maintenir son alliage électoral de 2007. Les électeurs du centre-droit ont été effrayés par sa stratégie de droitisation, tandis que ceux de l'extrême droite, qui doutaient de la sincérité de ses engagements, ont préféré se réfugier dans le vote blanc (25 %)[115]. Malgré les efforts déployés, seuls 54 % des électeurs frontistes l'ont soutenu (contre 78 % en 2007).

L'élection de François Hollande correspond à une tendance de fond. Dès mars 2010, 59 % des Français avaient exprimé leur préférence pour la victoire de la gauche en 2012[116]. Parmi les 409 études publiées recensées par la commission des sondages, pas une seule n'a annoncé la réélection de Nicolas Sarkozy. La surprise se loge davantage dans l'écart de voix que dans le résultat. Avec un score de 48,7 %, le sortant limite les pertes.

Conformément aux prévisions établies de longue date par les instituts, un président de gauche remplace un président de droite. La présidence normale s'ouvre de façon normale. La présidentielle de 2017 va y mettre un terme inattendu.

2017

Le défi lancé aux sondages

> Les sondages de la primaire ne valent pas tripette.
>
> François Fillon

Après la présidentielle de 2012, Nicolas Sarkozy se retire dans une retraite de façade. La pertinence de sa ligne droitière est interrogée. Pour ses soutiens, elle lui a permis une défaite honorable en revenant « de l'enfer des sondages[1] ». Pour d'autres, elle a été la cause de son échec. C'est l'avis d'Alain Juppé.

Alain Juppé, la « superstar des sondages »

À la fin de l'été 2014, Alain Juppé annonce sa décision de participé aux « primaires de l'avenir », la procédure de désignation du candidat de la droite qui est encore en réflexion. Face à ce rival qui se dresse, Nicolas Sarkozy effectue son retour dans la vie politique. Le 29 novembre 2014, il est élu à la tête de l'UMP (64,5 %). La confrontation entre les deux hommes devient dès lors inévitable.

Pour 61 % des Français, le retour de Nicolas Sarkozy est une mauvaise chose pour la vie politique[2]. Il semble animé par « un désir de revanche » (73 %) plus que par la volonté de présenter « un vrai projet pour la France » (26 %). Deux tiers des Français ne souhaitent pas qu'il participe à la présidentielle de 2017, mais 60 % des sympathisants de droite l'espèrent.

Pour ouvrir une nouvelle étape, le nouveau président rebaptise le parti « Les Républicains » et accepte l'organisation d'une primaire pour sélectionner le candidat à la présidentielle, conformément au souhait de 67 % des Français et de 73 % des sympathisants de droite[3]. La « primaire de l'alternance » aura lieu les 20 et 27 novembre 2016.

La pré-compétition se réduit à un duel entre Nicolas Sarkozy et Alain Juppé, qui connaît une ascension spectaculaire dans les sondages. Il devient la personnalité politique préférée des Français. Son âge (70 ans) lui permet de camper une forme de sagesse rassurante. Un phénomène médiatique se développe autour de lui : il fait même la une des *Inrockuptibles* et de *Society* !

Alain Juppé polarise son attention sur Nicolas Sarkozy, qui agit réciproquement. Tous deux reproduisent vingt ans après l'affrontement entre Jacques Chirac, dont Alain Juppé fut le Premier ministre, et Édouard Balladur, dont Nicolas Sarkozy fut le porte-parole. Mais cette répétition se fait à fronts renversés. L'ancien Président domine l'appareil partisan tandis qu'Alain Juppé s'appuie sur sa forte popularité.

40 % des Français estiment que le maire de Bordeaux dispose de la « capacité à remporter l'élection présidentielle de 2017 », soit 15 points de plus que Nicolas Sarkozy, qui reste majoritaire parmi les sympathisants de l'UMP (53 % contre 36 % pour Alain Juppé)[4]. Un candidat rassembleur, favori des Français, s'oppose au champion de la droite, préféré des sympathisants du parti.

La stratégie de Nicolas Sarkozy consiste à présenter la « Juppémania » comme une bulle gonflée par les médias. Sa popularité ne serait due qu'au soutien des sympathisants de gauche, qui citent son nom dans les sondages par anti-sarkozysme, mais ne se déplaceront pas aux urnes lors de la primaire. Alain Juppé est implicitement présenté comme le candidat de la gauche.

Un an après son retour actif en politique, Nicolas Sarkozy est « malmené dans les sondages[5] ». Le passage d'ancien chef d'État à chef de parti lui a ôté une partie de son prestige : désormais, seule une minorité de Français estiment qu'il dispose de « l'étoffe d'un Président[6] » (41 %, soit une baisse de 11 points depuis septembre 2014).

À cette perte de présidentialité s'ajoute une perte de confiance : 33 % des Français déclarent avoir eu confiance en lui mais l'avoir perdue (contre 16 % en 2012)[7]. Le souhait de le voir participer à la présidentielle est en baisse constante. Il était partagé par 33 % des Français en juillet 2014, 22 % en février 2015 et seulement 19 % en janvier 2016. À cette date, 76 % des Français disent qu'il serait « un moins bon candidat qu'en 2012[8] ».

Les mauvaises nouvelles s'accumulent aussi sur le front judiciaire. Nicolas Sarkozy est mis en examen pour financement illégal de sa campagne électorale de 2012. Au même moment, l'affaire des sondages de l'Élysée rebondit. En juillet 2015, Patrick Buisson est mis en examen. Puis c'est au tour de Pierre Giacometti en septembre 2015, avant Julien Vaulpré, son ancien conseiller opinion en février 2016.

Tirant parti de ce contexte, Alain Juppé, « la star des sondages[9] », compte « tuer le match avant le match en s'imposant dans les sondages[10] ». Sa popularité, sa capacité unique à être en tête au premier tour en devançant Marine Le Pen, son électorabilité au second tour : ces avantages singuliers lui permettent de se présenter comme le meilleur candidat pour sécuriser l'accès à l'Élysée d'un représentant de la droite. Il espère déclencher un réflexe de vote utile en sa faveur.

Mais cette primauté fait redouter à son entourage un effondrement de dernière minute. Alain Juppé serait-il trop haut, trop tôt ? Réponse de Gilles Boyer, son directeur de campagne : « être très haut, très tôt, c'est mieux que d'être trop bas, trop tard.[11] » Pour conserver son ascendant, Alain Juppé opte pour une campagne minimaliste et se contente d'activer l'antisarkozysme pour fédérer. Se laissant porter par la vague, il « surfe sur son avance dans les sondages[12] ».

Ses rivaux, qui ont compris la fragilité intrinsèque de cette suprématie sondagière, convoquent le souvenir de la campagne de 1995. Pour eux, Alain Juppé serait frappé du « syndrome Balladur », qui consiste en une forme d'immobilisme destiné à préserver sa position de favori.

Mais, pour l'heure, les autres candidats ne parviennent pas à se faire entendre. François Fillon se trouve « en panne dans les sondages[13] » : il est crédité de scores inférieurs à 10 %. Son directeur de campagne, Patrick Stefanini, lui conseille de réaliser « une analyse qualitative approfondie dont l'objet serait de « construire une histoire » autour de notre candidat[14] ». D'abord réticent, François Fillon accepte. L'étude est confiée à Ipsos.

Le maire de Meaux, Jean-François Copé reste « scotché dans les profondeurs des sondages[15] ». Mais il conserve sa détermination : « C'est vrai qu'être candidat alors que je dois être à 3 % dans les sondages, cela peut relever de l'ascension de l'Everest par la face nord.[16] »

François Fillon comme Jean-François Copé sont devancés par Bruno Le Maire qui, à 47 ans, cherche à incarner un changement générationnel à droite. Conformément à son slogan – « Le renouveau, c'est Bruno » –, il « incarne plutôt bien le renouvellement politique » pour 55 % des sympathisants de droite[17], mais sans constituer une quelconque menace pour Alain Juppé.

Fin 2015, une loi de modernisation des règles applicables à l'élection présidentielle entre en discussion au parlement. Les sénateurs Jean-Pierre Sueur et Hugues Portelli y voient une opportunité pour ranimer leur proposition de loi enlisée depuis plusieurs années. Ils en réintroduisent les principales dispositions. La loi est promulguée le 25 avril 2016. La Commission de sondages doit désormais contrôler tous les sondages concernant « le débat électoral », et non plus seulement le scrutin. En revanche, l'interdiction de publication des sondages 48 heures avant le scrutin est maintenue.

Le « décollage vertical » de François Fillon

Jusqu'en mai 2016, « les sondages décrivent un Alain Juppé stratosphérique et un Nicolas Sarkozy cataleptique[18] ». Puis, l'ex-Président entame un début de remontée. Fin juin, il gagne 4 points (26 %) quand Alain Juppé en perd 5 (38 %)[19]. Il mise sur sa déclaration de candidature à la rentrée pour combler son retard en créant un *blast* dans les sondages, c'est-à-dire un effet de souffle.

Les proches d'Alain Juppé relativisent la baisse de leur champion, en rappelant qu'elle part d'un point très élevé, que l'écart avec Nicolas Sarkozy reste conséquent et qu'il s'agit d'une évolution attendue. Benoist Apparu indique ainsi : « Nous savions que la cote prêtée à Juppé avait un caractère exceptionnel. Je préfère de loin un retour à la normale maintenant.[20] » Cette stratégie de communication est calquée sur celle de François Hollande après la primaire de 2011.

Alain Juppé entend continuer à faire campagne sans varier de ligne politique. Un « changement de stratégie à chaque point perdu dans les sondages[21] » abîmerait l'image de constance et sérieux du candidat, qui affirme ainsi que « les hommes d'État ne sont pas faits pour suivre l'opinion. Ils sont là pour la guider » (*Le Monde*, 28 juin 2016).

Dans le camp sarkozyste, la remontée spectaculaire de Jacques Chirac « revenu des profondeurs des sondages[22] » lors de la campagne de 1995 est régulièrement rappelée. Le parallèle qui est établi est simple : « Comme en 1995, le candidat des militants et sympathisants finira par coiffer sur le fil le préféré du « système » et des sondages d'opinion.[23] » Le 8 août 2016, *Libération* titre en une « Alain Juppé, un néo Balladur ? ».

Nicolas Sarkozy officialise sa candidature le 22 août. Un premier sondage[24] atteste d'un gain de quatre points qui lui permet de rattraper Alain Juppé (34 %). Une deuxième enquête confirme leur égalité (37 %)[25]. Imperturbable, Alain Juppé continue d'afficher son flegme.

La rentrée est aussi marquée par la déclaration de candidature de François Fillon, « déterminé à faire mentir les sondages[26] ». Dans son discours prononcé le 30 août depuis Sablé-sur-Sarthe, une phrase fait mouche : « Qui imagine le général de Gaulle mis en examen ? » L'attaque vise à la fois Alain Juppé, condamné en 2004 dans l'affaire des emplois fictifs et, surtout, Nicolas Sarkozy, dont les problèmes judiciaires se multiplient.

Fin septembre, l'affaire des sondages resurgit une nouvelle fois. La convocation de Nicolas Sarkozy en qualité de témoin est demandée. Cela renforce un mouvement qualifié de « Tout sauf Sarkozy », qui vise à empêcher à tout prix la réélection de l'ancien Président et mobilise les sympathisants de gauche : 15 % des électeurs de François Hollande en 2012 pourraient participer à la primaire de droite[27], ce qui fait polémique.

L'enjeu, pour Nicolas Sarkozy comme pour les autres candidats, est colossal puisque le vainqueur de la primaire sera probablement opposé à Marine Le Pen au second tour, ce qui lui permettra de bénéficier d'un front républicain, comme en 2002. 54 % des Français estiment que « celui ou celle qui remportera la primaire de la droite et du centre a de grandes chances de gagner l'élection présidentielle[28] ».

Pour couvrir cette campagne, les instituts utilisent des échantillons beaucoup plus volumineux que ceux interrogés en 2011 : 8 000 personnes pour Kantar Sofres, 10 000 pour l'Ifop et même plus de 18 000 personnes pour le panel d'Ipsos. Ces tailles d'échantillon permettent d'interroger entre 650 et 1 200 électeurs à la primaire.

Début octobre, Alain Juppé demeure « la superstar des sondages[29] ». Dans les intentions de vote d'OpinionWay[30], il est crédité d'un score de 42 %, soit 14 points devant Nicolas Sarkozy (28 %). François Fillon est maintenu à l'écart (11 %). Le 13 octobre, le premier débat télévisé confirme la prééminence d'Alain Juppé. Pour la première fois, OpinionWay interroge 2 000 téléspectateurs dans la demi-heure qui suit la fin des échanges[31] : le maire de Bordeaux est identifié comme « le candidat le plus convaincant » (31 %).

Le déplacement d'Alain Juppé vers le centre et François Bayrou d'une part, la dérive de Nicolas Sarkozy vers la droite d'autre part, ouvrent un espace politique dans lequel s'engouffre François Fillon. Engrangeant les premiers bénéfices de sa bonne prestation médiatique lors du premier débat, il prend la troisième place dans les sondages derrière Nicolas Sarkozy et Alain Juppé, qui voit la victoire à portée de main. Seule une démobilisation de son électorat pourrait être fatale au maire de Bordeaux.

L'élection présidentielle américaine du 8 novembre lui offre un exemple saisissant de ce qu'il redoute. Contre toutes les prévisions des sondages, Donald Trump est élu face à Hillary Clinton. Coupables par association, les instituts français reçoivent une volée de bois vert. Ce dénigrement des enquêtes électorales reçoit le nom de « sondage *bashing*[32] ».

Les principaux candidats tirent des conclusions différentes de l'élection américaine. Les soutiens d'Alain Juppé y voient la nécessité d'assurer à tout prix la mobilisation des électeurs et d'éviter tout triomphalisme. Le camp de Nicolas Sarkozy note que le favori des sondages n'est pas nécessairement élu.

L'ancien Président, qui se présente en candidat de la majorité silencieuse contre la pensée unique et les élites, y trouve une justification de son positionnement : « Je suis le vote caché[33] » clame-t-il, en affirmant l'existence d'une réserve de voix indétectable par les instituts, qui sous-évalueraient les intentions de vote en faveur de candidats clivants.

Pour sa part, François Fillon lit dans la déconfiture des instituts américains la possibilité de déjouer les pronostics qui l'annoncent battu : « Les sondages seront également démentis par les faits, le 20 novembre », jour du scrutin. À une semaine du premier tour de la primaire, cet évènement étranger alimente toutes les spéculations. Le long week-end du 11 novembre, propice aux discussions politiques en famille, constitue un tournant majeur.

Le mardi 15 novembre, la dernière vague du « Baromètre de la primaire de la droite et du centre » réalisé par

OpinionWay[34] fait l'effet d'une bombe. François Fillon connaît une hausse spectaculaire de 10 points. Il est désormais à égalité avec Nicolas Sarkozy (25 %). Certes, Alain Juppé reste en tête (33 %), mais il perd 7 points. L'écart entre les trois candidats se resserrant, OpinionWay publie pour la première fois les hypothèses de second tour dans lesquelles figure François Fillon : il battrait tant Nicolas Sarkozy (63 % contre 37 %) qu'Alain Juppé (54 % contre 46 %).

François Fillon passe du statut d'*outsider* à celui de *challenger*, ce qui attire à lui des électeurs qui hésitaient à le soutenir quand il ne paraissait pas en mesure d'être présent au second tour. Le jeudi 17 novembre, l'Ifop place les trois candidats dans un mouchoir de poche : les scores d'Alain Juppé (31 %, – 2 points), Nicolas Sarkozy (30 %, stable) et François Fillon (27 %, + 7 points) se situent dans la marge d'erreur[35].

Le troisième et dernier débat se déroule le même jour. François Fillon se révèle : 59 % des électeurs de la primaire déclarent avoir une meilleure opinion de lui à l'issue de la confrontation[36]. Le lendemain, Ipsos le place en tête : avec un score de 30 %, il devancerait d'un point ses deux rivaux (29 % chacun).

L'élection connaît un succès. La mobilisation est supérieure à celle de la primaire socialiste de 2011. Les électeurs portent François Fillon en tête. Avec un score de 44,1 %, il distance Alain Juppé (28,6 %) de plus de 15 points. En troisième position, Nicolas Sarkozy (20,6 %) est éliminé. Après avoir été démis par les Français en 2012, il est désavoué *ex abrupto* par son propre camp. Il n'y a pas eu de vote caché du peuple de droite, comme il l'espérait.

François Fillon a su réinventer son personnage public et incarner une solution pour les électeurs désireux de s'extraire d'un duel insatisfaisant et usé. Il représente un compromis entre le volontarisme de Nicolas Sarkozy et la placidité d'Alain Juppé, tout en écartant les outrances rhétoriques de l'un et l'affadissement idéologique de l'autre. Son positionnement revendiqué à droite et son style sobre ont séduit l'électorat.

Les journalistes considèrent que « les sondeurs n'ont pas vu la réalité du vote Fillon[37] » et que les résultats sont une « claque pour les instituts de sondage[38] ». Tant de sévérité ne doit pas occulter une contrainte technique : la poussée électorale puissante dont a bénéficié François Fillon s'est déployée brusquement, tardivement et jusqu'au jour du vote. Pris de court, les sondages n'ont pu en mesurer qu'un fragment. Cependant, ils ont bien restitué le rattrapage des deux principaux candidats par le troisième homme.

Les intentions de vote concernant le second tour annoncent une victoire franche de François Fillon. Sonné par l'*uppercut* qu'il vient de recevoir, Alain Juppé, dont l'abandon est même envisagé, entend cependant terminer le combat. Il dénonce la radicalité du projet de son adversaire, qui a beau jeu de répliquer : « Quand j'étais à 10 % dans les sondages, mon programme était excellent. Maintenant que je suis à 44 %, il est, paraît-il, infaisable.[39] »

Le 27 novembre, il est désigné par 66,5 % des suffrages. Après avoir été le favori des sondages pendant deux ans, Alain Juppé trouve dans cette défaite sans appel la fin de sa carrière politique. Son échec démontre l'autonomie des électeurs vis-à-vis des sondages, ce qui contredit ceux qui, comme Alain Garrigou, estimaient que « les primaires livrent la présidentielle aux sondages[40] ».

Exemplaire de ténacité, François Fillon a martelé avec constance que les sondages n'avaient pas de valeur : « Faire des sondages sur les primaires, ça n'a aucun sens» (*Le Monde*, 22 janvier 2016); «Ces sondages, pour moi, n'ont strictement aucune importance» (RTL, 1er avril 2016); «Les sondages ne veulent rien dire» (*Le Monde*, 20 octobre 2016); et surtout cette expression qui a marqué les esprits: «Les sondages de la primaire ne valent pas tripette» (*Le Parisien*, 29 octobre 2016).

Au terme de la plus fulgurante dynamique électorale de la Ve République, que Patrick Stefanini a décrite comme un «décollage vertical[41]», celui qui était relégué au rang de simple «collaborateur» par Nicolas Sarkozy, celui qui était surnommé «*Mister Nobody*», celui dont on raillait le manque de témérité par la formule «courage Fillon!» tient une revanche éclatante: la droite vient de trouver un nouveau leader.

François Hollande déclare forfait

Tous les regards se tournent alors vers la gauche. La logique institutionnelle plaide pour une candidature de François Hollande. Mais l'automaticité d'une nouvelle campagne du sortant est contestée pour la première fois.

De tous les présidents, François Hollande est le plus mal aimé. Il reçoit d'abondantes critiques, phénomène qualifié de «Hollande *bashing*». En avril 2014, il conditionne une nouvelle candidature à l'inversion de la courbe du chômage. En novembre 2014, un sondage Ifop[42] révèle que, quelle que soit l'offre électorale, il ne serait jamais qualifié pour le second tour, si l'élection avait lieu dimanche. 73 % des sympathisants de gauche s'opposent à une nouvelle candidature de sa part[43].

Les deux séries d'attentats terroristes de janvier puis novembre 2015 créent un mouvement de rassemblement autour du chef de l'État. À chaque fois, sa côte de popularité progresse fortement avant de retomber comme un soufflé. En janvier 2016, la proposition du gouvernement de Manuel Valls de déchoir de la nationalité française les terroristes binationaux divise la gauche.

Le ministre de l'Économie, Emmanuel Macron se désolidarise de l'exécutif à ce sujet. C'est le premier acte d'une prise de distance progressive de celui qui, depuis sa nomination à Bercy en 2014, se fait l'avocat d'une gauche réaliste. En janvier 2016, son nom est testé pour la première fois dans une intention de vote présidentielle par Odoxa[44]. En tant que candidat du PS, il obtiendrait un meilleur score que François Hollande.

Le 6 avril à Amiens, il lance son mouvement politique, présenté comme étant « et de droite et de gauche » et baptisé En Marche ! Il assure qu'il ne s'agit que d'un lieu de réflexion, pas d'une écurie pour la présidentielle. Les Français n'en croient pas un mot et estiment que ce mouvement « a été créé pour promouvoir une éventuelle candidature à la présidentielle » de son fondateur (76 %). Ils reconnaissent aussi qu'il « se démarque des partis traditionnels » (52 %)[45].

Pour conforter son image novatrice, Emmanuel Macron lance une « grande marche » destinée à établir « un diagnostic du pays ». L'ambition est de recueillir 100 000 témoignages de citoyens via 5 000 volontaires (les « marcheurs ») pour réaliser une sorte d'immense étude qualitative. Personne ne doute que les résultats serviront à bâtir un programme présidentiel.

Les sondages encouragent l'audacieux ministre. Alors qu'« un renouvellement de la vie politique au niveau de l'exécutif[46] » est jugé nécessaire par 90 % des Français, il est vu comme étant « différent des autres personnalités politiques » (56 %[47]). Une majorité (59 %) déclare avoir « une bonne opinion[48] » de lui. Reconnu comme « compétent » (69 %), il est « un bon ministre » (60 %) et ferait un « bon président de la République » (52 %).

Il apparaît comme un espoir et un recours en cas de forfait de François Hollande. Si le chef de l'État n'était pas candidat en 2017, 28 % des Français souhaiteraient que le jeune ministre soit soutenu par le Parti socialiste[49]. En résumé, tous les indicateurs d'opinion sont positifs. Le 21 avril 2016, *Le Parisien* titre « Présidentielle : Macron, nouveau chouchou des sondages ».

La situation de François Hollande est à l'opposé. À un an de l'élection, son état est critique. Il se trouve « humilié par les sondages[50] » comme aucun président avant lui. Son bilan est jugé négatif par près de 9 Français sur 10 (87 %, dont 47 % « très négatif »)[51]. Dans les intentions de vote, il n'est pas qualifié pour le second tour. Malgré ces « sondages qui le condamnent à une mort électorale assurée[52] », il entrevoit un « trou de souris » par lequel il pourrait se faufiler jusqu'à sa réélection.

Cette échappatoire, c'est l'organisation d'une primaire de la gauche, qui est vue comme la « potion miracle pour s'éviter le sort funeste annoncé par les sondages[53] ». Le chef de l'État estime que la procédure lui permettrait de reconquérir sa légitimité. Le scrutin aurait lieu en janvier 2017. La comparaison avec le candidat LR pourrait alors lui bénéficier. L'amélioration de la conjoncture économique pourrait également, espère-t-il, être portée à son crédit.

Pour l'heure, il se trouve dans l'incapacité d'enrayer l'autonomisation d'Emmanuel Macron, qui quitte le gouvernement le 30 août. La première intention de vote[54] réalisée après son départ le crédite de 15 % à 18 % des voix, selon les configurations. En concurrence avec François Hollande, il le devance systématiquement de 4 à 6 points et s'affirme comme le meilleur candidat à gauche, mais sans pouvoir se qualifier pour le second tour.

Pire encore pour le chef de l'État, les résultats d'un sondage confidentiel réalisé par Ipsos pour le PS[55] fuitent dans *Le Point* le 25 août 2016 : en tête au premier tour de la primaire, il serait battu par Arnaud Montebourg au second. Pour décrire sa situation dans l'opinion, la presse utilise le champ lexical des profondeurs : croupissant « au fond des sondages de popularité[56] », il « flirte avec les abysses dans les sondages[57] » et ne peut s'extraire « du trou des sondages[58] ».

À la rentrée, deux journalistes publient *Un président ne devrait pas dire ça*, un livre fondé sur 61 entretiens avec le chef de l'État. Le plus haut personnage de l'État apparaît comme un commentateur politique, et pas comme un acteur, ce qui choque l'opinion et l'affaiblit encore. Seuls 14 % des Français souhaitent sa candidature, mais 73 % pronostiquent qu'il se présentera tout de même[59].

En réalité, la décision n'est pas encore prise. François Hollande étudie les chiffres avec Vincent Feltesse, son conseiller responsable du suivi des études d'opinion. Il est lucide : « Mon impopularité n'était guère encourageante. J'en tenais évidemment le plus grand compte.[60] » La condition qu'il avait lui-même fixée pour une nouvelle candidature n'est pas remplie aux yeux de l'opinion : 82 % des Français doutent de l'inversion de la courbe du chômage[61].

Outre les sondages, François Hollande observe le déroulement de la primaire d'Europe Écologie-Les Verts. En dépit de son expérience gouvernementale, de son passé à la tête du parti et de sa notoriété, Cécile Duflot est écartée dès le premier tour de « la primaire de l'écologie », qui se solde par la victoire du député européen Yannick Jadot (54,25 %).

L'élimination surprise de son ancienne ministre, puis l'éviction abrupte de Nicolas Sarkozy et d'Alain Juppé lors de la primaire de la droite laissent entrevoir à François Hollande un sort comparable. Un autre élément réduit encore son espace électoral : Emmanuel Macron déclare sa candidature le 16 novembre. 57 % des Français estiment que c'est « une bonne chose[62] » et lui donnent raison de contourner la primaire de gauche (63 %).

Le Président redoute aussi la défection de son Premier ministre, Manuel Valls, qui lui est préféré par les Français pour être le candidat du Parti socialiste (65 % contre 23 %)[63]. Les sympathisants de gauche, ceux du PS et les électeurs de François Hollande en 2012 partagent le même avis. Le locataire de Matignon s'affirme et n'hésite pas à pousser au renoncement le chef de l'État, qui relate la scène : « Devant moi, il évoque l'impopularité que les sondages démontrent.[64] »

François Hollande se trouve ainsi pris en tenaille entre Manuel Valls et Arnaud Montebourg au sein du PS, et entre Emmanuel Macron et Jean-Luc Mélenchon à l'extérieur du parti. Sa victoire à la primaire paraît très incertaine. S'il parvenait à être désigné, il serait en grande difficulté au premier tour de la présidentielle. Avec un score de 8 %, soit un recul de 20 points par rapport au résultat obtenu en 2012, il obtiendrait quatre fois moins de suffrages que le candidat LR (32 %)[65].

Signe supplémentaire de l'affaiblissement présidentiel, le 27 novembre, Manuel Valls fait part de son intention de participer à la primaire, y compris contre le chef de l'État. Ce crime de lèse-majesté, sans précédent de la part d'un Premier ministre en exercice, finit de convaincre François Hollande : le 1er décembre 2016, il renonce. Pour la première fois, un président ne cherchera pas à être reconduit à l'issue de son premier mandat.

La déception étreint ses proches : « On ne renonce pas parce qu'un sondage vous met à moins de 10 % ![66] » regrette l'un d'eux. Mais la décision est approuvée par 82 % des Français[67]. Le Premier ministre annonce sa candidature à la primaire de la gauche le 5 décembre et quitte Matignon le lendemain. Il prend la tête des intentions de vote (45 %), devant Arnaud Montebourg (28 %) et Benoît Hamon (11 %)[68].

Le député des Yvelines ne s'inquiète pas de cette troisième position. Directeur du planning stratégique d'Ipsos de 2000 à 2004, il sait comment exploiter médiatiquement les études d'opinion : « Je ne veux pas que les sondages soient favorables trop vite[69] » déclare-t-il, confiant dans sa stratégie et dans le projet résolument ancré à gauche qu'il a méthodiquement élaboré.

L'enjeu de cette primaire dite de la Belle Alliance Populaire est limité. 83 % des Français considèrent que le vainqueur ne sera pas le prochain président[70]. Le PCF et Europe Écologie-Les Verts, alliés traditionnels du PS, n'y participent pas. Même refus pour Jean-Luc Mélenchon et Emmanuel Macron. Dans ces conditions, l'attention des Français est faible : 68 % déclarent ne pas être intéressés par la primaire de la gauche[71].

Les sondages publiés (moins d'une dizaine) sont beaucoup moins nombreux que ceux qui ont concerné la primaire de la droite (une quarantaine). Ajoutons que plusieurs instituts, comme Ipsos, renoncent à s'aventurer dans le domaine de la prévision électorale, « ce terrain miné où les sondages peuvent exploser en vol[72] ».

Les rares intentions de vote réalisées montrent la hausse de Benoît Hamon, notamment grâce à sa proposition phare, la mise en place d'un revenu universel d'existence. Sa progression s'effectue au détriment d'Arnaud Montebourg, dont la campagne est dirigée par François Kalfon, l'ancien délégué général aux études d'opinion du PS. Les instituts constatent aussi l'érosion de Manuel Valls.

Le jour du scrutin, la participation est faible. Benoît Hamon (36,3 %) devance Manuel Valls (31,1 %). Arnaud Montebourg (17,5 %) est éliminé. Le second tour illustre l'affrontement des deux gauches et se solde par la large victoire de Benoît Hamon (58,6 %). À la différence de la primaire de 2011, le candidat le plus radical – et pas le plus rassembleur – est désigné. Le choix des électeurs vise à renouer avec les valeurs de la gauche pour prendre le contrepied du quinquennat écoulé.

En polarisant leur camp respectif, les désignations de François Fillon et Benoît Hamon ouvrent un espace central pour Emmanuel Macron, qui peaufine son programme en faisant fond sur les résultats des 25 000 questionnaires recueillis dans le cadre de la « grande marche ».

Alors que 75 % des Français estiment qu'« aujourd'hui les notions de droite et de gauche ne veulent plus rien dire[73] », il souhaite recomposer la vie politique en dépassant les clivages traditionnels. Sa méthode consiste à concilier les éléments positifs de la droite et de la gauche. L'expression « en même temps » devient un gimmick, qui résume cette volonté.

Il étudie l'opinion avec Ismaël Emelien, son conseiller politique, et Denis Delmas, l'ancien président de TNS Sofres. Des commandes sont passées à plusieurs instituts. Aucun sondage n'aurait pu prévoir le fait central de la campagne : l'affaire Fillon.

L'affaire Fillon

Après la phase des primaires, les sondages se concentrent sur la présidentielle. Neuf instituts se côtoient : BVA, Harris Interactive, Ifop, Ipsos, Kantar Sofres (nouveau nom de TNS), OpinionWay, Viavoice et deux nouveaux, Elabe et Odoxa.

BVA conduit un dispositif électoral nommé « Pop 2017 », qui inclut une observation des réseaux sociaux. Comme en 2012, l'Ifop met en place un dispositif de suivi quotidien des intentions de vote (« La présidentielle en temps réel ») pour *Paris Match*, CNews et Sud Radio. OpinionWay lance un *rolling* concurrent baptisé « Prési*Track* » pour *Les Échos* et Radio Classique. Chaque jour, deux séries de résultats sont ainsi publiées à midi (OpinionWay) et 18 heures (Ifop).

Ipsos réalise pour le CEVIPOF un panel très volumineux (25 000 interviews) et s'étalant de novembre 2015 à juin 2017, un dispositif ambitieux et sans précédent en France. Signalons aussi le baromètre intitulé « Les Français et les sondages » réalisé par OpinionWay pour le compte de *Délits d'Opinion* : pour la première fois, ce type de sondage sur les sondages est mené à plusieurs reprises pendant une campagne.

Début janvier, *Le Parisien* prend le contrepied de sa ligne éditoriale historique et annonce son intention de faire « une pause avec les sondages[74] ». La rédaction indique qu'elle ne commandera, ni n'affichera de sondages politiques en une. Dicté par l'erreur américaine, ce choix d'abstinence sondagière est une première en France.

Il vise à rompre avec une forme de sensationnalisme journalistique utilisant les sondages. Depuis 2012, la progression de Marine Le Pen a ainsi été l'occasion de divers scoops médiatiques. En 2014, un sondage Ifop publié par *Marianne*[75] la place pour la première fois en tête au premier tour. Le 29 janvier 2015, nouvelle une de *Marianne* : pour la première fois, la barre symbolique des 30 % d'intentions de vote est franchie[76].

Un homme obère la dynamique de Marine Le Pen : son père, dont les provocations médiatiques sont vues comme un handicap. 58 % des Français et 72 % des sympathisants du FN estiment que le président d'honneur du parti « nuit à Marine Le Pen dans sa stratégie de conquête du pouvoir[77] ». En avril 2015, une crise est ouverte. L'exclusion du fondateur est envisagée. Elle est approuvée par 78 % des Français qui estiment que ce serait « une bonne chose[78] ». Elle est prononcée en août 2015.

Marine Le Pen annonce sa candidature à la présidentielle le 8 février 2016. Elle veut construire « La France apaisée », ambition qui prolonge la dédiabolisation. En novembre, l'élection de Donald Trump, qu'elle prend en exemple, ne l'empêche pas de refluer dans les sondages. Avec un score de 23 % à 26 % selon les hypothèses, elle se trouve désormais devancée par François Fillon (29 % à 34 %)[79].

Mais l'état de grâce post-primaire du candidat LR est obscurci par l'affirmation d'Emmanuel Macron. Pour les Français, il ferait un meilleur président de la République que l'ancien Premier ministre (55 % contre 39 %)[80]. Début janvier, une intention de vote le place même devant Marine Le Pen (24 % contre 22 %)[81], en situation d'affronter François Fillon au second tour.

Depuis sa victoire, le candidat LR a pris du champ, laissant l'espace médiatique dangereusement découvert. Les participants à la primaire de la gauche l'attaquent sur son programme présenté comme un plan d'austérité néo-libéral.

Début janvier, seuls 42 % des Français déclarent avoir « une bonne opinion » de François Fillon, soit une baisse préoccupante de 12 points par rapport à début novembre[82]. Surtout, dans les intentions de vote[83], il cède la première place et se trouve désormais devancé par Marine Le Pen.

Ces avertissements sont vus comme un trou d'air passager. Le sénateur Bruno Retailleau, coordinateur de la campagne, ne s'inquiète pas de ces chiffres : « Après ce que nous avons vécu à la primaire, nous sommes définitivement immunisés contre les sondages ![84] » *A posteriori*, Patrick Stefanini reconnaîtra ne pas avoir accordé suffisamment d'attention à ces sondages, qui auraient dû éveiller sa vigilance[85].

Le 25 janvier 2017, *Le Canard enchaîné* révèle que François Fillon a employé sa femme en tant qu'assistante parlementaire en émettant des doutes sur la réalité du travail effectué. Une enquête préliminaire pour détournements de fonds publics et abus de biens sociaux est ouverte. Ce qui est immédiatement qualifié de « *Penelope gate* » entre en contradiction frontale avec l'image d'honnêteté et d'intégrité que François Fillon avait mise en avant pendant la campagne de la primaire.

Une semaine plus tard, le 1er février, *Le Canard enchaîné* fait de nouvelles révélations. Un sondage Ifop pour *Le Journal du Dimanche* fait tomber le verdict de l'opinion publique : 77 % des Français considèrent que François Fillon n'est pas honnête et 68 % souhaitent qu'il retire sa candidature[86]. Le même sondage montre qu'il reste majoritairement soutenu par les sympathisants des Républicains (64 %), ce qui fait avorter la publication d'une pétition signée par plusieurs parlementaires de droite pour réclamer son départ[87].

Dans l'opinion, la colère (47 %) et la déception (30 %) l'emportent sur l'indifférence (12 %)[88]. Alors que François

Fillon se dit la cible d'un « coup d'État institutionnel », les trois-quarts de la population estiment qu'il « n'est pas victime d'un complot » (77 %). Mais 53 % des sympathisants LR considèrent qu'il s'agit « d'une affaire politique pour le discréditer et l'empêcher d'être candidat à l'élection présidentielle ».

Électoralement, les effets sont dévastateurs. François Fillon (20 %, en recul de 6 points) se trouve désormais devancé par Emmanuel Macron (23 %)[89] : sa qualification pour le second tour n'est plus assurée. Le 6 février, il présente ses excuses tout en affirmant qu'il n'a rien commis d'illégal. Il martèle sa détermination à rester candidat envers et contre tout : « Ce ne sont pas les sondages qui me feront changer d'avis. »

Le 1er mars, il annonce lui-même sa convocation en vue d'une mise en examen par trois juges, dont Serge Tournaire qui a conduit l'instruction dans l'affaire des sondages. Il réaffirme fermement sa volonté d'être candidat, ce qui provoque une série de défections au sein de son équipe. La pression s'accentue pour qu'il se retire.

Alain Juppé fait figure de remplaçant potentiel. Un sondage Kantar Sofres[90] lui attribue un score supérieur à celui de François Fillon (24,5 % contre 17 %), qui lui permettrait d'assurer la présence de la droite au second tour. Un deuxième sondage[91] le place même en première position (26,5 %) devant Emmanuel Macron (25 %). Les proches du maire de Bordeaux, qui sont pourtant des « grands brûlés des sondages[92] », reprennent espoir.

François Fillon s'apprête à passer la main à l'issue d'un baroud d'honneur organisé au Trocadéro le dimanche 5 mars. Un sondage publié le jour-même montre que 71 % des Français attendent qu'il renonce à sa candidature, mais 53 % (–12 points) des sympathisants LR souhaitent qu'il la maintienne[93]. Sa base électorale résiste. L'affluence au meeting est forte, ce qui revivifie la détermination de François Fillon. Invité du *20 heures* de France 2, il refuse de se retirer. Alain Juppé n'aura pas de seconde chance.

Mais, dès le 8 mars, la litanie des révélations reprend. *Le Canard enchaîné* révèle que François Fillon a reçu un prêt non déclaré de 50 000 euros de Marc Ladreit de Lacharrière en 2013. Le 12 mars, nouveau scandale : François Fillon aurait accepté en cadeau des costumes de luxe d'une valeur de 13 000 euros. Le 14 mars, il est mis en examen pour détournement de fonds publics et abus de biens sociaux. Désormais, 75 % des Français estiment qu'il devrait se retirer (contre 61 % le 3 février et 70 % le 3 mars)[94].

Les affaires saturent l'espace médiatique. Le travail de bénédictin de Christophe Piar[95] indique qu'elles constituent 11 % de l'information électorale en 2017, contre 2 % en 2007. À titre de comparaison, alors que les observateurs ont le sentiment de subir un « tsunami de sondages[96] », les études d'opinion ne représentent que 0,4 % de l'information.

Pour 63 % des Français, il est justifié que « les affaires occupent une place très importante dans la campagne présidentielle[97] ». Bien que légitime, cette polarisation sur les scandales prend un tour délétère. Pour évaluer la qualité de la campagne, les Français attribuent une note médiocre de 4,4 sur 10[98]. Pour trois quarts de la population (73 %), le débat politique est en train « plutôt de s'appauvrir »[99].

Le 20 mars, le premier débat entre les candidats est vu comme une occasion de clore cette séquence et d'aborder les enjeux de l'élection. La liste établie par TF1 ne retient que les cinq candidats dont le score dans les sondages est supérieur à 10 %[100]. Exclu, Nicolas Dupont-Aignan, dont le score oscille autour de 3 %, s'insurge contre ce choix. Révolté, il presse le CSA de contraindre la chaîne à l'intégrer à l'émission et conteste sa mise à l'écart devant le Conseil d'État. Mais sa requête est rejetée. La première confrontation entre les principaux candidats a donc lieu sans lui. Elle va permettre à Jean-Luc Mélenchon de se révéler.

L'ascension de Jean-Luc Mélenchon

Après avoir fondé son propre mouvement, la France insoumise, Jean-Luc Mélenchon déclare sa candidature en février 2016. En avril, une intention de vote[101], qu'il qualifie de « sondage suave[102] », le place au coude-à-coude avec François Hollande, avec un score variant de 12 % à 16 % selon les hypothèses. La possibilité de prendre la tête de la gauche est réelle.

Dans son programme, il propose de « combattre la sondocratie[103] » en interdisant la publication des intentions de vote pendant soixante jours avant tout scrutin. Il reprend le terme de « dégagisme », né lors de l'insurrection tunisienne de 2011, pour désigner le phénomène de rejet des élus en poste, dont l'éviction de Manuel Valls est le dernier signe. Il impose ainsi l'une des clés de lecture de la campagne.

Mais lui qui est élu depuis 1986 ne pourrait-il pas être victime de ce mouvement ? Alors qu'il était crédité en moyenne d'un score de 13 % en janvier 2017, il reflue après la désignation de Benoît Hamon, qui incarne une forme de renouvellement à gauche.

Quelques jours plus tard, un sondage Ifop[104] qui lui attribue un score de 10,5 % est l'objet d'une polémique. Les partisans du candidat de la France insoumise dénoncent une minoration abusive de son score réel, supposé être de 17 %.

Jean-Luc Mélenchon lui-même rédige alors une tribune publiée sur Facebook le 8 février, intitulée « Sondeur ou m'as-tu vu ? », dans laquelle il considère qu'« une grenouille ou un poulpe dans un bocal seraient plus efficaces pour étudier l'opinion. » Le lendemain, un article de *Libération*[105] révèle le redressement effectué par l'Ifop, qui augmentait le score du candidat de 10 % à 10,5 %. Cette querelle de campagne s'éteint aussitôt.

Si la situation est aussi électrique, c'est parce que les scores dans les sondages des différents candidats de gauche sont au cœur de tractations pour aboutir à une candidature commune. Benoît Hamon utilise sa position dominante pour appeler à des désistements en sa faveur. Le 18 février, le candidat de la France insoumise rompt les discussions avec le PS, refusant de « s'accrocher à un corbillard ».

Seul Yannick Jadot entend l'appel à l'unité. Mais son ralliement le 23 février n'a pas d'effet positif sur les intentions de vote du candidat socialiste, qui a imprudemment perdu près d'un mois en négociations interpartisanes.

Benoît Hamon subit l'assaut d'Emmanuel Macron, qui vise à attirer les électeurs socialistes modérés rebutés par le programme radical du vainqueur de la primaire. Alors qu'il devance Benoît Hamon et Jean-Luc Mélenchon, il appelle les électeurs de gauche à voter pour lui afin d'éviter un second tour opposant la droite à l'extrême droite. La logique offensive du vote utile (faire gagner son camp) devient défensive (empêcher l'arrivée au pouvoir du FN)[106].

Au centre, il subsiste cependant un obstacle de taille pour Emmanuel Macron : une éventuelle candidature de François Bayrou. Mais le contexte n'est pas encourageant pour le président du MoDem. En septembre 2016, un sondage[107] a montré que les Français estiment qu'il ne ferait pas « un bon président» (70 %). Il constate la faiblesse de son score dans les intentions de vote et note que les valeurs qu'il défendait de longue date depuis le centre droit, sont aujourd'hui portées depuis le centre gauche par Emmanuel Macron. Les négociations s'ouvrent.

Le 22 février, François Bayrou annonce son soutien au candidat d'En Marche! en précisant qu'il s'agit d'une alliance et pas d'un ralliement. Ce geste symbolique confère de la légitimité à Emmanuel Macron, qui n'a jamais été élu. Il lui permet aussi de sortir d'une forme d'isolement. Pour la première fois, une personnalité politique de premier plan, identifiée par l'opinion, le rejoint.

Dans les intentions de vote, cet acte politique est l'un des tournants de la campagne. Il se traduit par un gain de 5 points en une vingtaine de jours : crédité de 21 % le 22 février, Emmanuel Macron obtient un score de 26 % le 10 mars selon OpinionWay. Il se détache de François Fillon, qui jusque-là était son rival le plus dangereux. Il accroît son avance sur Benoît Hamon.

Parallèlement, Jean-Luc Mélenchon enclenche une dynamique électorale. Sa bonne prestation lors du débat télévisé du 20 mars attire à lui les électeurs plus à gauche. Le 23 mars, il devance Benoît Hamon dans le Présí*Track* (13 % contre 12 %). Le 29 mars, son score s'élève à 15 %. Le 9 avril, après le deuxième débat, il est crédité de 18 % des voix. Mi-avril, il atteint même le seuil symbolique de 20 % et s'empare de la troisième place, devant François Fillon[108].

Cette ascension pénalise Benoît Hamon : l'avance de 6 points dont il disposait sur Jean-Luc Mélenchon le 6 mars s'est transformée en retard de 10 points à la veille du premier tour. Amputé sur son aile droite par Emmanuel Macron, siphonné sur son aile gauche par Jean-Luc Mélenchon, le socialiste descend dans « les tréfonds des sondages[109] » et n'a plus qu'un seul espoir : sauver l'honneur grâce à un score à deux chiffres.

La dynamique de Jean-Luc Mélenchon atteint aussi Marine Le Pen, dont le score tombe de 28 % à 22 % entre le 17 mars et la veille du scrutin, selon le Prési*Track*. Elle est toujours pénalisée par son programme économique, qui ne permettrait pas d'améliorer la situation de la France selon 72 % des Français[110]. L'abandon de l'euro et le retour au franc sont rejetés, en particulier par les séniors. À la veille du premier tour, la candidate du FN a perdu l'avance qu'elle avait acquise sur François Fillon.

Pourtant, le candidat LR ne connaît aucun redressement. L'évolution des intentions de vote en sa faveur décrit une ligne plate, dont les variations ont été d'une très faible amplitude. Le point haut a été mesuré par OpinionWay à 21 %, son étiage à 18 %. Cette stabilité est vue comme le signe du soutien de son électorat. François Fillon estime que son score est minoré en raison des scandales dont il a été l'objet. Ce vote caché aux sondeurs serait visible sur le terrain, qui se trouve à nouveau érigé en seul indicateur fiable.

Pour les fillonistes, les études d'opinion seraient devenues inaptes à mesurer la réalité électorale, en raison de la recomposition politique en cours, dont la nature leur échapperait. Ils fondent leur raisonnement sur les chiffres de nouveaux acteurs, qui prétendent disposer de méthodes plus pertinentes que celles des instituts.

La société canadienne Filteris est la plus citée. Elle mesure le « poids numérique » de chaque candidat sur Internet et les réseaux sociaux. L'application de démocratie participative GOV prétend détecter des signaux faibles en interrogeant les 100 000 membres de sa communauté. Brand Analytics recueille sur les réseaux sociaux les effets sur le vote des variations du « champ informationnel ».

Ces *start-ups* cherchent toutes à profiter de la présidentielle pour obtenir une forte exposition médiatique. Toutes exploitent les erreurs des sondages anglo-saxons pour tenter de discréditer les instituts français. Toutes affirment voir surgir les mouvements électoraux instantanément, tandis que les sondeurs seraient ralentis par leurs techniques[111]. L'observation des réseaux sociaux serait ainsi plus précise et plus rapide que l'interrogation des électeurs.

Les sondeurs répondent à ce défi méthodologique, qui leur est lancé avec arrogance, en pointant le manque de représentativité et la grande opacité des méthodes appliquées par ces acteurs. Sans se présenter ouvertement comme des intentions de vote, leurs résultats laissent entendre qu'ils reflètent plus fidèlement le vote que les sondages. La commission des sondages clarifie la situation et met en garde contre ce type d'enquêtes[112].

À l'approche du premier tour, les quatre principaux candidats recueillent plus de 80 % des intentions de vote. La forte proximité de leurs scores fait que tous peuvent espérer figurer au second tour. Emmanuel Macron demeure favori : mi-avril, 30 % des Français pronostiquent sa victoire, selon le Prési*Track*. La dernière intention de vote d'OpinionWay le place en première position (23 %), devant Marine Le Pen (22 %). François Fillon est crédité de 21 %, un score qui rend possible une qualification à l'arrachée. Jean-Luc Mélenchon est au pied du podium (18 %).

La réforme des heures de fermeture des bureaux de vote, fixée désormais à 19 heures au lieu de 18 heures dans les petites communes, raccourcit dangereusement le temps de travail des instituts dans l'élaboration des estimations.

Le Parisien (23 avril 2017) s'interroge : « Y aura-t-il des résultats à 20 heures ? », un risque crédible en cas de scrutin indécis.

Pour y parer, les sondeurs prennent des dispositions. Ipsos double le nombre des bureaux de vote : 500 seront utilisés dans le cadre de l'estimation réalisée pour France Télévisions, Radio France et France 24. Quatre autres instituts réalisent des estimations : Kantar Sofres - Onepoint pour TF1, RTL et LCI ; l'Ifop - Fiducial pour CNews, *Paris Match* et Sud Radio ; Elabe pour BFMTV et Harris Interactive pour M6.

Le jour du premier tour, un fait inédit survient : à 20 heures, l'estimation de Kantar Sofres est dans l'incapacité de départager Emmanuel Macron et Marine Le Pen (23 % chacun). Tous les autres instituts annoncent en première position le candidat En Marche !

La Sofres place aussi *ex aequo* Jean-Luc Mélenchon et François Fillon (19 %). Mais sur ce point, elle est en cohérence avec les estimations d'Elabe (19,5 %), d'Ipsos (19,5 %) et d'Harris Interactive pour M6 (20 %). Seul l'Ifop annonce François Fillon (20,3 %) devant Jean-Luc Mélenchon (19,6 %) dès 20 heures. Cette incertitude conduit le candidat de la France insoumise à publier sur Facebook à 21 heures le message suivant : « Nous ne validons pas le score annoncé sur la base de sondages. Les résultats des grandes villes ne sont pas encore connus. J'appelle à la retenue et les commentateurs à la prudence. »

Finalement, Emmanuel Macron est en tête (24 %). Il affrontera Marine Le Pen qui recueille 21,3 % des suffrages, un score sans précédent. Comme en 2002, le FN accède au second tour. Mais, cette fois, il ne s'agit pas d'un accident. Pourtant, ce résultat constitue une contre-performance au regard du potentiel que lui accordaient les sondages (jusqu'à

28 % le 17 mars dans le Prési*Track*). La campagne officielle, celle dans laquelle l'exposition médiatique est maximale, lui a nui.

Aucun candidat de droite ne sera présent au second tour, une première sous la Ve République. Au terme de sa *Via Crucis*, François Fillon (20 %) voit s'échapper irrémédiablement l'élection qui lui était promise quatre mois auparavant. Il n'a pas démenti les sondages. Il n'y a pas eu de surprise. Le vote caché est reste terré dans sa cachette.

Au désastre de la droite répond celui de la gauche. Pour le Parti socialiste, la défaite est d'une sévérité sans précédent. Le score de Benoît Hamon (6,3 %) met fin au cycle ouvert à Épinay en 1971 par François Mitterrand. Le PS perd le rôle central qu'il occupait dans son camp. Pour la première fois depuis 1969, il se trouve devancé par un autre candidat de gauche, Jean-Luc Mélenchon (19,6 %).

Les résultats du premier tour ont globalement confirmé les intentions de vote et les estimations, contrairement à la présidentielle américaine. Les instituts ont relevé le défi lancé par de nouveaux acteurs numériques, qui ont été démentis par les faits. À l'heure du *Big Data* et des réseaux sociaux, ils ont su prouver la fiabilité de leurs techniques.

L'autodestruction de Marine Le Pen

Au soir du premier tour, Emmanuel Macron célèbre sa victoire à La Rotonde, une brasserie prestigieuse située au carrefour Vavin. Alors que les intentions de vote lui sont très favorables, puisqu'elles lui accordent un score de 60 % (Ifop) à 64 % (Elabe), le candidat se voit reprocher de fêter son élection par anticipation, au mépris du suffrage universel.

Ces réjouissances sont d'autant plus malvenues que 71 % des inscrits sur les listes électorales ne sont pas satisfaits de l'identité des deux finalistes, ce qui laisse redouter une forte abstention[113]. Quinze ans après le 21 avril 2002, l'opposition au Front national n'a plus la même vigueur. Seuls 52 % des Français souhaitent que Marine Le Pen soit battue. Une majorité estime que « le FN devrait être considéré comme un parti comme les autres » (54 %)[114].

Lors de la première semaine après le premier tour, la candidate frontiste occupe le terrain médiatique. Elle tient notamment une conférence de presse avec Nicolas Dupont-Aignan, qu'elle présente comme son futur Premier ministre. 60 % des Français estiment qu'elle effectue « une bonne campagne d'entre-deux tours » (contre 48 % à propos de son adversaire)[115]. Plusieurs instituts la créditent d'un score de 41 %.

Contrairement à Jacques Chirac en 2002, Emmanuel Macron a accepté un débat télévisé, que 65 % des électeurs ont l'intention de regarder. Marine Le Pen pense prendre l'ascendant sur « l'euromondialiste ». Mais le débat tourne pour elle à une opération d'autodestruction en direct. Vindicative et sardonique sur la forme, elle fait preuve sur le fond d'une intense confusion dans les dossiers, notamment en économie. L'ancien locataire de Bercy voit la faille et l'exploite à son profit.

L'attitude de Marine Le Pen est lourde de conséquences. 56 % des Français qui ont vu ou entendu parler du débat déclarent que la présidente du FN les « a plutôt inquiétés[116] ». Sa performance a mis en pleine lumière son incapacité à dépasser la fonction protestatrice et ruiné son entreprise de présidentialisation. Sanction immédiate, elle perd en moyenne 2 points dans les intentions de vote. Les derniers chiffres publiés le vendredi précédant le second tour lui attribuent 37 % (Ifop) à 38 % (OpinionWay).

Le même jour a lieu une ultime opération de déstabilisation : les courriels de la campagne d'Emmanuel Macron sont diffusés illégalement sur Internet et les réseaux sociaux. Ces fuites (#MacronLeaks) révèlent notamment plusieurs études qualitatives confidentielles conduites par Ipsos et par Kantar Sofres.

Cette action subversive est sans conséquence. Le 7 mai 2017, Emmanuel Macron est vainqueur. Un candidat sans parti et n'ayant jamais été élu auparavant devient le plus jeune Président de l'histoire de France, toutes républiques confondues. Mais son résultat (66,1 %) est très inférieur à celui de Jacques Chirac en 2002.

Le score de Marine Le Pen (33,9 %) a été surévalué par les instituts pour la première fois. La candidate du FN a mal évalué son enjeu, qui consistait à dépasser le seuil symbolique des 40 % afin d'être légitime pour prendre la tête de l'opposition.

Alors qu'elle avait chuté après le 21 avril 2002, l'abstention a progressé dans l'entre-deux tours de 2017. Décompté pour la première fois des suffrages nuls, le vote blanc (8,51 % des votants) explose. Jamais l'offre électorale de l'élection présidentielle n'avait suscité une telle insatisfaction.

Une fois les résultats des instituts confirmés, Emmanuel Macron traverse avec solennité la cour du Louvre, siège multiséculaire de l'autorité royale, en longeant la grande pyramide, symbole napoléonien. Le nouveau président de la République cherche d'emblée à s'inscrire dans l'histoire de France.

Conclusion

> La France, qu'on dit si incrédule, si sceptique et si positive, a pourtant toujours besoin d'un miracle, du miracle humain, le héros. Il lui faut adorer quelqu'un ou quelque chose qui lui semble au-dessus de l'homme.
>
> Jules Michelet

Quand tout finit, tout peut débuter. Autorisé à séjourner dans l'empyrée pour cinq ans, l'heureux élu qui accède à la fonction suprême va pouvoir mettre en œuvre son programme politique. Tout nouveau président ne peut que faire sien ce mot d'Alexandre Bracke-Desrousseaux saluant avec enthousiasme le 10 mai 1936 la victoire du Front populaire : « Enfin les difficultés commencent ! »

La fin de la campagne électorale devrait s'accompagner d'une baisse de l'intensité de publication des sondages et du silence des intentions de vote. Une chute immédiate des études publiées est bien constatée, ainsi qu'un regain d'intérêt pour les cotes de popularité et les sondages d'actualité. Mais les enquêtes électorales concernant la présidentielle ne disparaissent pas.

Six mois ou un an après l'élection, des intentions de vote *a posteriori* consistant à rejouer le scrutin sont réalisées.

Ces sondages rétrospectifs cèdent rapidement le pas à ceux concernant le scrutin à venir, qui interviennent de plus en plus précocement dans le déroulé du quinquennat, en raison notamment de la généralisation de la primaire, ce « prélude à l'élection présidentielle[1] » qui « dilate l'intrigue sondagière[2] ».

L'attention se trouve ainsi systématiquement fixée sur la dernière ou la prochaine échéance présidentielle, ce qui constitue « une résurgence redoutable de notre immaturité démocratique[3] ». Tout se passe comme si, pour les médias, l'élection présidentielle était devenue le but ultime de l'action politique. Le moyen est confondu avec la fin. La célèbre distinction établie par Léon Blum entre la conquête et l'exercice du pouvoir est en voie d'effacement. Entre deux scrutins présidentiels, l'omniprésence des sondages alimente un phénomène d'« élection continue » (*continuing election*[4]), d'autant plus marqué que la durée du mandat présidentiel a été resserrée.

La présidentialisation du débat politique a donc partie liée avec la généralisation progressive des sondages. Réciproquement, chaque élection présidentielle a donné une nouvelle impulsion à l'institutionnalisation des sondages, en leur accordant davantage de place et d'importance. La présidentielle et les sondages se sont ainsi progressivement enlacés au point de devenir indissociables.

Cet entrelacs a été porté par deux mouvements de fond, qui sont à l'œuvre depuis 1965 et dont les sondages sont à la fois la cause et le bénéficiaire. Le premier est le développement des médias, qui se sont nourris des sondages électoraux pour s'émanciper du politique et étendre leur activité. Une douzaine d'enquêtes seulement ont été publiées en 1965. Une centaine d'études ont été dénombrées en 1981 par le premier comptage de la commission des sondages. En 2017, plus de 500 publications ont été recensées, soit une inflation de 400 % en 36 ans. L'essor est vertigineux.

Parallèlement, l'enracinement des sondages a bénéficié de la professionnalisation de la politique et des campagnes électorales, sous l'effet du déploiement du marketing politique. Un fossé béant existe entre les méthodes artisanales du précurseur Jean Lecanuet[2] en 1965 et les candidatures de Nicolas Sarkozy et Ségolène Royal en 2007, dans lesquelles la connaissance et le suivi de l'opinion publique sont pleinement intégrés à la conception et au pilotage de la stratégie de la campagne. Depuis 1995, 28 candidats sur 49 ont commandé des sondages, soit 57 %.

Ces deux tendances profondes que sont le développement de la sphère médiatique et la professionnalisation de la conquête du pouvoir se sont combinées au profit des sondages, dont la croissance a rencontré de fortes résistances. L'histoire de la présidentielle est aussi celle de la réglementation de l'activité des instituts. La mise en place d'un cadre législatif est apparue urgente aux décideurs politiques après les polémiques de la présidentielle de 1974. Entrée en vigueur en 1977, la loi est restée inchangée pendant un quart de siècle avant d'être assouplie à quelques semaines du scrutin de 2002. Mais la France demeure l'objet d'une anomalie démocratique : la publication des résultats de sondages électoraux reste interdite la veille et le jour du scrutin.

Cette singularité illustre la suspicion dont les sondages sont encore l'objet et que leur longévité n'a pas abolie. La méfiance persistante exprimée par tous les acteurs de la présidentielle est sans doute le trait le plus saillant de l'itinéraire des sondages sous la Ve République. Elle s'est traduite par une critique constante des études d'opinion, figure obligée de l'élection présidentielle. Des premières improbations émises à bas bruit dans les années 1960 jusqu'au déchaînement de reproches de 2002, les sondages constituent la cible commune d'une partie des hommes politiques, des journalistes et des intellectuels.

Trois angles d'attaque ont été privilégiés. La charge principale concerne la mise en cause récurrente de la fiabilité des sondages, dont les défaillances sont indéniables. Du simple faux pas au naufrage complet, les instituts ont vécu la plupart des nuances de l'erreur de prévision électorale. La plus grande vertu de ces échecs a été de faire la démonstration irréfragable que le vote reste autonome : les sondages « font et défont la campagne, pas l'élection[5] ».

Il faut cependant relever que les sondeurs ont su éviter deux chausse-trappes. D'une part, les intentions de vote n'ont jamais commis d'erreur sur l'identité de l'élu final, à la différence des sondages américains en 2016. D'autre part, les estimations du vote ont toujours su donner l'information essentielle, contrairement à la soirée électorale de 2000 aux États-Unis, au cours de laquelle les *networks* n'ont pas été en mesure de révéler le nom du président. Quelle que soit leur rudesse, aucun des coups reçus ne leur a été fatal : « blessé à plusieurs reprises, le sondage n'est donc pas mort.[6] »

Deux autres objections ont été bruyamment soulevées au cours de la plupart des campagnes présidentielles. La première est l'épineuse question de leurs effets et de leur influence sur les électeurs. La seconde porte sur la lancinante thématique de leur place et de leur volume surabondant dans le débat politique. Alors qu'ils en sont les commanditaires et les diffuseurs, les médias se pressent sans relâche pour condamner le « déluge de sondages annonçant l'élection présidentielle[7] » : ont-ils conscience d'être la cause du phénomène qu'ils réprouvent ?

Véritable *opus diaboli*, les sondages ont ainsi été érigés en monument central du Pandémonium anti-démocratique. Sous leurs coups de boutoir, un grand renversement aurait eu lieu : il ne s'agirait plus pour les candidats de faire gagner leurs idées mais de trouver les meilleures idées pour gagner et de les présenter de la façon la plus séduisante.

Les campagnes présidentielles auraient été réduites à une confrontation de stratégies de communication, dont les effets seraient mesurés par les sondages publiés dans les médias. Placés en situation de spectateurs, les électeurs seraient incités par les chiffres à se conduire en stratèges, en préférant l'efficacité électorale du vote utile à la sincérité du vote de conviction, qui seul serait noble. En atténuant le rôle des idéologies, les sondages occulteraient les projets collectifs et exacerberaient la personnalisation de la vie politique.

Ils renforceraient « le poison présidentiel[8] » qui se répand pendant les campagnes électorales et conduit chaque candidat à énoncer des promesses irréalistes en se faisant passer pour un homme providentiel.

Suivant le modèle américain, cette dérive néfaste aurait transformé l'élection présidentielle en un feuilleton médiatique, dont les vagues de publication des sondages seraient autant de scansions. Les citoyens suivraient « le "Grand Prix de l'Élysée" comme une excitante course de chevaux[9] ». Des « *spin doctors* guidés par les sondages[10] » mettraient en scène des candidats pantins sans autre programme que celui d'accéder au pouvoir coûte que coûte. Au terme de ce processus funeste, une menace ultime se dresserait : l'émergence d'un « *polls made man* » qui deviendrait un « président de sondages[11] », figure moderne du démagogue.

Stratégisation-personnalisation-spectacularisation : voici le triptyque démoniaque par lequel les sondages auraient dévoyé l'élection présidentielle, en la transformant en un vaste *show* médiatico-politique destiné à manipuler les électeurs pour permettre aux candidats d'atteindre le pouvoir.

Cette vision rétrospective caricaturale dit la difficulté à percevoir l'apport des sondages au suivi et à la compréhension de l'élection présidentielle. Sans eux, la campagne serait-elle aussi lisible pour les citoyens ? Sans eux, les électeurs accepteraient-ils de ne pas connaître le nom du vainqueur dès 20 heures et d'attendre l'issue du comptage du ministère de l'Intérieur ? Sans eux, l'analyse du vote, de ses enjeux, du profil des électorats et des motivations des électeurs aurait-elle la même profondeur ?

Surtout, une dose raisonnable de dramaturgie est nécessaire en politique afin de nourrir l'intérêt pour la campagne et son dénouement, ce qui favorise la mobilisation des citoyens. Et une participation électorale soutenue constitue à la fois un facteur de légitimité politique et la preuve d'une vie politique saine. La démocratie a besoin de cette mise en récit de la présidentielle par les chiffres et les courbes des instituts. Les sondages participent du décorum de l'élection présidentielle.

Cette place croissante prise concomitamment par les sondages et la présidentielle dans la vie politique révèle le fil structurant de l'histoire de la Ve République : la montée en puissance de la démocratie d'opinion.

Avec l'opération « Monsieur X » en 1963, Gaston Deferre ouvre la voie en cherchant à séduire l'opinion via les médias. Michel Rocard en 1980 et Raymond Barre en 1988 jouent en vain la carte de l'opinion contre les appareils partisans. En 1995, les premières lézardes apparaissent. Lionel Jospin est investi face au Premier secrétaire du PS. Mais, contre Édouard Balladur, Jacques Chirac résiste encore aux pressions des sondages, grâce à son ancrage dans le RPR. La marche de la démocratie d'opinion reprend et triomphe en 2007 avec la désignation de Ségolène Royal, mais aussi les campagnes de Nicolas Sarkozy et François Bayrou. Elle ne cesse ensuite de s'amplifier. Le « populisme *mainstream*[12] » d'Emmanuel Macron, exaltant la société civile contre les partis traditionnels sclérosés, en est le dernier chapitre en date.

Ce sacre de l'opinion constitue bien une transformation de la nature originelle du régime. Mais il s'agit davantage d'un parachèvement que d'un dévoiement. Les rédacteurs de la Constitution se gardaient des formations partisanes et abhorraient « le régime des partis ». Les sondages ont permis de desserrer leur emprise sur le jeu électoral, soit en les contournant, soit en leur imposant des personnalités et/ou des thèmes attendus par les électeurs. La généralisation de la primaire signe l'affaiblissement des partis, qui ne remplissent plus leur fonction de sélection des candidats.

De la même façon, l'élection présidentielle a été conçue par le fondateur de la Ve République comme la rencontre d'un homme et d'un peuple. Cette rencontre ne pouvait se réduire à des candidats soliloquant sur des estrades, fussent-elles médiatiques, devant des citoyens muets jusqu'au jour du vote. Les sondages, qui sont un des modes d'expression de l'opinion publique, ont transformé ce monologue en dialogue, en amenant les prétendants à l'Élysée à prendre en compte les préoccupations des Français et à y apporter des réponses, qui sont elles-mêmes évaluées en retour. Grâce aux sondages, un débat s'est instauré, donnant à la rencontre d'un homme et d'un peuple l'épaisseur d'une véritable relation.

Mais une tension est progressivement apparue : l'horizontalité de l'écoute des attentes de l'opinion entre en conflit avec la verticalité de la conception classique du pouvoir présidentiel, dont on attend autorité et omnipotence. Pour résoudre cette contradiction, il faudrait pour certains restaurer la prééminence du pouvoir suprême, redonner du lustre à la fonction présidentielle, notamment en se débarrassant définitivement des sondages. Cette re-sacralisation est-elle encore possible à l'heure des réseaux sociaux, qui mettent à portée de crachat numérique ou de ricanement digital tout détenteur de la moindre parcelle de responsabilité ? Pour d'autres, il conviendrait de basculer complètement du côté de l'horizontalité, en associant davantage les citoyens aux décisions, voire en abolissant l'élection présidentielle, ce « moment d'illusion collective[13] ». Le pouvoir s'exerce-t-il efficacement à plusieurs ? Peut-il seulement être partagé ?

Supprimer la présidentielle, liquider les sondages : aucun de ces remèdes ne paraît salutaire. La solution, qui reste à inventer formellement, passe par l'institutionnalisation de la démocratie d'opinion, dont le Grand débat national ou la convention citoyenne sur le climat, bien que critiquables à plusieurs titres, ont été des ébauches sommaires. Une transformation de cette ampleur devra faire l'objet d'un débat pendant une élection présidentielle. Les sondages ne manqueront pas d'y prendre toute leur part.

Notes

Avant-Propos

1. Winock Michel., *La Mêlée présidentielle*, Paris, Éd. Flammarion, 2007, p. 208.

2. L'ouvrage de Bruno Jeanbart, *La Présidence anormale. Aux racines de l'élection d'Emmanuel Macron*, Paris, Éd. Cent Mille Milliards, 2018, constitue la première chronique politique d'un mandat présidentiel – celui de François Hollande – à travers le prisme des sondages.

1965. L'entrée en scène des sondages

1. *Sondages*, n° 3, 1er février 1946.
2. *Sondages*, n° 5, 1er mars 1946.
3. *Sondages*, n° 8, 16 avril 1946.
4. *Sondages*, n° 6, 9 avril 1947.
5. *Sondages*, n° 3, 1959, p. 66.
6. *Sondages*, n° 4, 1958.
7. Lacouture Jean, *De Gaulle* (t. III), p. 573. Cité dans Ottenheimer G., *Poison Présidentiel*, Paris, Albin Michel, 2015, p. 212.
8. Sondage IFOP réalisé du 1er au 10 novembre 1945, cité dans IFOP, *Les Français et De Gaulle. Présentation et commentaire de Jean Charlot*, Paris, Plon, 1971, p. 325.
9. *Sondages*, n° 2, 1963, p. 90.
10. Brissac Elvire, « II – Saisir des instantanés », *Le Monde*, 20 août 1964.
11. Gros Brigitte, « Quand on sonde l'opinion », *L'Aurore*, 4-5 mai 1963.
12. Sondage IFOP réalisé du 17 au 26 novembre 1965. Cité dans *Sondages*, n° 4, 1965, p. 44.
13. Suffert Georges, *De Defferre à Mitterrand : la campagne présidentielle*, Paris, Éd. du Seuil, 1966, p. 20-21.

14. Sainderichin Pierre et Poli Joseph, *Histoire secrète d'une élection*, Le cercle du nouveau livre d'histoire, 1966, p. 29.

15. Blondiaux Loïc, « Le règne de l'opinion, chronique d'une prise de pouvoir », *Le Débat*, n° 88, janvier-février 1996, p. 28.

16. *L'Express*, n° 643, 10 octobre 1963.

17. Piret Jeanne, « L'opinion publique et l'élection présidentielle », *Revue française de science politique*, 14e année, n° 5, 1964, p. 948-949.

18. Ysmal Colette., « La stratégie des formations politiques » dans CEVIPOF, *L'Élection présidentielle de décembre 1965. Cahiers de la Fondation nationale des sciences politiques, n° 1969*, Armand Colin, 1970, p. 51.

19. *Ibid.*, p. 53.

20. « Un cliché de l'électorat », *Le Nouvel Observateur*, 24-30 novembre 1965.

21. Derogy Jacques et Kahn Jean-François, *Les secrets du ballottage. Le récit, heure par heure de la course à l'Élysée*, Paris, Fayard, 1966, p. 74.

22. Sainderichin Pierre et Poli Joseph, *Ibid.*, p. 164.

23. Derogy Jacques et Kahn Jean-François, *Ibid.*, p. 92.

24. Sainderichin Pierre et Poli Joseph, *Ibid.*, p. 78.

25. White Theodore, *The making of the President*, Signet, 1961.

26. « Un cliché de l'électorat », *Le Nouvel Observateur*, 24-30 novembre 1965.

27. Delporte Christian, *La France dans les yeux : une histoire de la communication politique de 1930 à aujourd'hui*, Paris, Flammarion p. 135.

28. *L'Express*, 25-31 octobre 1965.

29. *L'Express*, 11 au 17 octobre 1965.

30. Gros Brigitte, « Quand on sonde l'opinion », *L'Aurore*, 4-5 mai 1963.

31. Delporte Christian, *Ibid.*, p. 120.

32. *L'Express*, 29 novembre-5 décembre 1965.

33. Campagne officielle, interview de Jean-Louis Tixier-Vignancour par Claude Darget, 22 novembre 1965.

34. Cayrol Roland et Parodi Jean-Luc, « La campagne électorale : septembre-décembre 1965. Deuxième partie : propagandes », dans CEVIPOF, *L'Élection présidentielle de décembre 1965*, p. 218.

35. *L'Express*, 29 novembre-5 décembre 1965.

36. Sainderichin Pierre et Poli Joseph, *Ibid.*, p. 15.

37. Zamponi Francis, *Les RG : L'écoute de la France, Police et politique de 1981 à 1997*, La Découverte, 1998, p. 34.

38. Foccart, Jacques, *Tous les soirs avec de Gaulle. Journal de l'Élysée – 1 (1965-1967)*, Paris, Fayard, 1997, p. 294.

39. Carre Dominique et Delbarre Roger, *Sondages d'opinion : la fin d'une époque*, Paris, Éd. L'Harmattan, 2003, p. 39-40.

40. Derogy Jacques et Kahn Jean-François, *Ibid.*, p. 13.

41. « Alain Duhamel : "J'adore les soirées électorales" », *Le Journal du Dimanche*, 26 mai 2019.

42. Cotta Michèle, *Cahiers secrets de la Ve République, Tome I, 1965-1977*, Paris, Fayard, 2007, p. 39.

43. Campana André, « Une science presque exacte : le sondage », *Le Figaro*, 13 décembre 1965.

44. Foccart Jacques, *Ibid.*, p. 306.

45. Sainderichin Pierre et Poli Joseph, *Ibid.*, p. 234.

46. Foccart Jacques, *Ibid.*, p. 306.

47. Duhamel Alain, « L'"opération estimation" de l'I.F.O.P. », *Le Monde*, 21 décembre 1965.

48. Max Alfred, *La République des* sondages, Gallimard, 1981, p. 29.

49. Cayrol Roland et Parodi Jean-Luc, « Relais » dans CEVIPOF. *L'Élection présidentielle de décembre 1965*, p. 147.

50. « La fin du pifomètre », *L'Express*, 13-19 décembre 1965.

51. Campana André, *Ibid.*

52. *Ibid.*

53. Righini Mariella, « Un cliché de l'électorat », *Le Nouvel Observateur*, 24 novembre 1965.

54. « L'âge d'or des sondages », *L'Express*, 3 octobre 1963.

1969. Premières polémiques

1. « Monsieur antisondages », *L'Express*, 13 mars 1967.

2. Sénat, Question écrite n° 765, 15 mars 1967.

3. Sondage SOFRES réalisé du 10 au 20 février 1969. Cité dans Lancelot, Alain et Weill, Pierre. « L'évolution politique des électeurs français, de février à juin 1969 », *Revue française de science politique*, p. 251.

4. Foccart Jacques, *Le Général en mai – Journal de l'Élysée II 1968-1969*, Paris, Fayard – Jeune Afrique, 1998, p. 705.

5. Foccart Jacques, *Ibid.*, p. 712-713.

6. Burnier, Michel-Antoine, *La chute du général*, Paris, Éd. Premières, 1969, p. 193-194. Le passage s'intitule « SOFRES et Figaro : les secrets d'un sondage ».

7. Foccart Jacques, *Ibid.*, p. 736.

8. Grunberg Gérard, « Mémoires d'estimateur » dans *Politix*, vol. 2, n° 5, hiver 1989, p. 47-49.

9. *Sondages*, n° 3, 1969, p. 45.

10. Poher Alain, *Trois fois président : Mémoires*, Paris, Plon, 1993, p. 190.

11. *Sondages*, 1969, n° 3, p. 48.

12. Duhamel Olivier et Jeanneney Jean-Noël, *Présidentielles, les surprises de l'histoire 1965-1995*, Paris, Seuil, 2002, p. 79.

13. Haedrich Jean-Michel, « 53 jours d'intérim », *Bulletin du Centre d'information internationales*, numéro spécial, septembre 1969, p. 13, cité par Charlot Jean et Charlot Monica, « Persuasion et politique : les campagnes de Georges Pompidou et Alain Poher », *Revue française de sciences politiques*, n° 2, 1970, p. 228.

14. *Sondages*, 1969, n° 3, p. 44.

15. Cité dans Lancelot Alain et Weill Pierre, « L'évolution politique des électeurs français, de février à juin 1969 », *Revue française de science politique*, 20e année, n° 2, 1970, p. 261.

16. Sondage SOFRES pour *Le Figaro* réalisé du 5 au 6 mai 1969. Cité dans Lancelot Alain et Weill Pierre, *Ibid.*, p. 260.

17. *Sondages*, 1969, n° 3, p. 53.

18. Gérard Grunberg sera conseiller technique en charge des sondages dans le cabinet de Michel Rocard lorsqu'il sera Premier ministre.

19. Guigo, Pierre-Emmanuel, *Le chantre de l'opinion : la communication de Michel Rocard*, INA éditions, 2013, p. 78-79. Comme Jérôme Jaffré, Roland Cayrol utilise alors un pseudonyme : Gilbert Hercet (phonétique de ses initiales RC).

20. *L'Express*, 19-25 mai 1969.

21. Duclos Jacques. *Mémoires. Tome VI (1959-1969) : et la lutte continue*, Paris, Fayard, 1970, p. 428.

22. « M. Duclos : "je ne suis pas déprimé par les sondages" », *Le Monde*, 23 mai 1969.

23. Duclos Jacques, *Ibid.*, p. 446.

24. Delporte Christian, *Ibid.*, p. 169.

25. *Sondages*, 1969, n° 3, p. 37.

26. Pompidou Georges, *Pour rétablir une vérité*, Paris, Flammarion, 1982, p. 278.

27. Giesbert Franz-Olivier, *Une vie*, Paris, Flammarion, 2016, p. 160.

28. Pado Dominique, *Les 50 jours d'Alain Poher*, Paris, Éditions Denoël, 1969, p. 192-193.

29. Faye Olivier, *La conseillère*, Paris, Fayard, 2021, p. 84.

30. Cité par Girard Alain et Stoezel Jean, *Les* sondage*s d'opinion publique*, Paris, Presses Universitaires de France, 1973, p. 13.

31. Cotta Michèle, *Cahiers secrets de la Ve République, Tome I, 1965-1977*, Paris, Fayard, p. 204.

32. Sondage SOFRES réalisé du 16 au 17 mai 1969. Cité dans Lancelot Alain et Weill Pierre, *Ibid.*, p. 266.

33. Cité dans Lancelot Alain et Weill Pierre, *Ibid.*, p. 274.

34. Sondage SOFRES réalisé du 26 au 27 mai 1969. Cité dans *Ibid.*, p. 268.

35. « Polémique autour des sondages d'opinion "France-Soir" répond à la protestation des amis de M. Poher », *Le Monde*, 3 juin 1969.

36. POHER Alain, *Ibid.*, p. 201.

37. Sondage SOFRES pour *Le Figaro* (échantillon de 1 000 personnes inscrites sur les listes électorales, le 4 juin 1969).

38. *Sondages*, n° 3, 1969, p. 65.

39. *L'Express*, 9-15 juin 1969.

40. GRUNBERG Gérard. « Ouverture : les enjeux politiques et institutionnels » dans FOGACCI Frédéric FRANCILLE Cédric et LE BEGUEC Gilles (dir.), *L'élection présidentielle de 1969*, P.I.E. Peter Lang, 2016, p. 18.

41. Cité par CHARLOT Jean et CHARLOT Monica, « Persuasion et politique : les campagnes de Georges Pompidou et Alain Poher », *Revue française de sciences politiques*, p. 238.

42. BASSI Michel, « Les sondages, facteurs importants au moment de prendre parti », *Le Figaro*, 27 mai 1969.

43. Sondage SOFRES pour *Le Figaro* (échantillon de 1 500 personnes inscrites sur les listes électorales, le 11 juin 1969).

44. ESCARPIT Robert, *« Pari mutuel », Le Monde*, 23 mai 1969.

1974. L'INSTRUMENTALISATION POLITIQUE

1. SÉNAT, Proposition de loi n° 83 tendant à interdire la publication et la diffusion de certains sondages d'opinion en période électorale, présentée par MM. Étienne DAILLY et Gaston PAMS, le 29 novembre 1972.

2. POMPIDOU Georges, Vœux à la presse, 2 janvier 1973.

3. Sondage IFOP pour *Le Point* (échantillon de 1 732 personnes, 6-9 juin 1973).

4. Sondage IFOP pour *France-Soir* (échantillon de 834 personnes, 23-25 mars 1974).

5. Sondage Publimétrie pour *L'Aurore* (échantillon de 991 personnes, 29-30 mars 1974).

6. COLLIARD Sylvie, *La campagne présidentielle de François Mitterrand en 1974*, Paris, Presses Universitaires de France, 1979, p. 134.

7. COTTA Michelle, *La VIe République*, Paris, Flammarion, 1974, p. 105.

8. *Le Nouvel Observateur*, 7 mai 1974. Cité dans BERNE Jacques, *La campagne électorale de Valéry Giscard d'Estaing en 1974*, p. 28.

9. LAURENS André, *D'une France à l'autre*, Paris, Gallimard, 1974, p. 60.

10. Sondage Publimétrie pour *L'Aurore* (échantillon de 1 044 personnes, 6-8 janvier 1974).

11. *Sondages*, n° 1 et 2, 1974, p. 33.

12. Sondage Publimétrie pour *L'Aurore* (échantillon de 993 électeurs, 28-30 mars 1974).

13. LAURENS, André, *Ibid.*, p. 60.

14. Sondage Publimétrie réalisé pour *L'Aurore* (échantillon de 993 électeurs, 28-30 mars 1974).

15. *Sondages*, n° 1 et 2, 1974, p. 82-83.

16. JAFFRE Jérôme, « L'échec de Jacques Chaban-Delmas à l'élection présidentielle de 1974 », dans LACHAISE, Bernard *et al.*, *Jacques Chaban-Delmas en politique*, Paris, Presses Universitaires de France, 2007, p. 315.

17. LINDON Denis et WEILL Pierre, « Autopsie d'une campagne : Pourquoi M. Giscard d'Estaing a-t-il gagné ? », *Le Monde,* 22 mai 1974.

18. Sondage SOFRES pour *Le Figaro* (échantillon de 1 000 personnes, 8-9 avril 1974).

19. DELPORTE Christian, *Ibid.*, p. 253.

20. PONIATOWSKI Michel, *Conduire le changement : essai sur le pouvoir (entretiens avec Alain Duhamel)*, Paris, Fayard, 1975, p. 46.

21. DELPORTE Christian, *Ibid.*, p. 253.

22. COURTOIS Gérard, *Parties de campagne : la saga des élections présidentielles*, Perrin, 2017, p. 103.

23. PONIATOWSKI Michel, *Ibid.*, p. 67.

24. JAFFRE Jérôme, *Ibid.*, p. 329.

25. Sondage Publimétrie pour *L'Aurore* (échantillon de 991 personnes, 11-13 avril 1974).

26. LAURENS André, *Ibid.*, p. 72.

27. CHABAN-DELMAS Jacques, *Mémoires pour demain*, Paris, Flammarion, 1997, p. 466.

28. « M. Chirac : la publication d'un sondage des Renseignements généraux est due à une fuite », *Le Monde*, 24 avril 1974.

29. Sondage IFOP pour *Le Point* réalisé du 24 au 25 avril 1974. « Les spectateurs sont méfiants », *Le Point*, 7 mai 1974.

30. « Les autres candidats : Mlle Laguiller au Palais des Sports "La droite se déguise pour tromper l'électeur" », *Le Monde*, 3 mai 1974.

31. TRONCHERE André, « M. Jean Royer à Clermont-Ferrand : Prendre la Bastille », *Le Monde*, 2 mai 1974.

32. COTTA Michèle, *Ibid.*, p. 183.

33. DURAND-SOUFFLAND Jean-Michel, « M. Jean Royer au Palais des Sports de Paris : Les « vrais sondages » du maire de Tours », *Le Monde*, 6 mai 1974.

34. « M. Jacques Chaban-Delmas à Toulon et à Ajaccio : "C'est avec des hommes nouveaux que nous ferons la nouvelle société" », *Le Monde*, 3 mai 1974.

35. FERENCZI Thomas, « M. Jacques Chaban-Delmas. Le maire de Bordeaux veut relancer le gaullisme à Paris : tout ce qui affaiblit la France met le monde en péril », *Le Monde*, 4 mai 1974.

36. CHARPENTIER Pierre-Frédéric, *Histoire des grands perdants du premier tour de la présidentielle (1965-2012)*, Paris, Éd. du félin, 2017, p. 97.

37. Campagne électorale officielle : élection présidentielle 1er tour, spot vidéo, 3 mai 1974.

38. DUHAMEL Olivier et JEANNENEY Jean-Noël. *Présidentielles, les surprises de l'histoire 1965-1995*, p. 118.

39. Sondages Publimétrie cités dans PARODI, Jean-Luc. « Chronique de l'opinion publique : en attendant 1981 : « les présidentielles hypothétiques » (1974-1979) », *Pouvoirs*, n° 12, 1979, p. 189.

40. « À gauche M. Mitterrand : il n'y a plus de majorité pour personne », Le Monde, 15 avril 1974.

41. COLLIARD Sylvie, *Ibid.*, p. 99.

42. DELPORTE Christian. *Ibid.*, p. 270.

43. *Ibid.*, p. 267.

44. Sondage réalisé auprès d'un échantillon de 100 Parisiens, le 9 avril 1974. Cité dans COLLIARD Sylvie, *Ibid.*, p. 68.

45. BERNE Jacques, *La campagne électorale de Valéry Giscard d'Estaing en 1974*. Paris, Presses Universitaires de France, 1980, p. 120.

46. LINDON Denis et WEILL Pierre, « Autopsie d'une campagne : Pourquoi M. Giscard d'Estaing a-t-il gagné ? », *Le Monde*, 22 mai 1974.

47. *Ibid.*

48. FAUVET Jacques, « Un vaincu », *Le Monde*, 7 mai 1974.

49. Sondage SOFRES cité dans *L'Express*, 29 avril-5 mai 1974.

50. LECH Jean-Marc, *Sondages privés, les secrets de l'opinion*, Paris, Stock, 2001, p. 62.

51. « Un sondage de l'IFOP : un débat passionnant », *Le Monde*, 13 mai 1974.

52. « Les sondages : le débat télévisé semble avoir été plus favorable à M. Giscard d'Estaing qu'à M. Mitterrand », *Le Monde*, 14 mai 1974.

53. *Ibid.*

54. « M. François Mitterrand à Europe 1 : Polémique avec les responsables de la station périphérique », *Le Monde*, 16 mai 1974.

55. « Reprise des cotations. Baisse des valeurs françaises », *Le Monde*, 13 mai 1974.

56. DUHAMEL Olivier et JEANNENEY Jean-Noël, *Présidentielles, les surprises de l'histoire 1965-1995*, p. 138.

57. Sondage SOFRES pour *Le Figaro* (échantillon de 1 200 personnes, le 14 mai 1974).

58. « Le choix d'Europe 1 », *Le Point*, 27 mai 1974.

59. *Le Nouvel Observateur*, 10-16 juin 1974. Sondage SOFRES (échantillon de 200 personnes du 20 au 21 mai 1974).

60. *Le Point*, 29 avril 1974.

61. BALLE Francis. « Les sondages et le suffrage universel », *Le Monde*, 20 mai 1974.

62. « Le centre d'information civique est hostile aux sondages », *Le Monde*, 30 avril 1974.
63. ROYER Jean, Campagne électorale officielle pour le premier tour de l'élection présidentielle, 27 avril 1974.
64. « Non aux sondages », Communiqué de Jean Royer, *Le Monde*, 30 avril 1974.
65. EMMANUEL Pierre, « Le vote tourné en dérision », *Le Figaro*, 29 avril 1974.
66. « Les électeurs ont compris les règles du jeu », *L'Express*, 6-12 mai 1974.
67. CAMPANA André, « Une arme psychologique à double tranchant », *Le Figaro*, 29 avril 1974.
68. BLEUSTEIN-BLANCHET Marcel, « Faut-il supprimer les sondages ? », *Le Monde*, 23 mai 1974.
69. Sondage IFOP (échantillon de 1 800 personnes, 9 mai 1974). Cité dans *Sondages*, n° 1 et 2, 1974, p. 70.
70. CONSEIL CONSTITUTIONNEL, Déclaration à l'occasion de la proclamation des résultats de l'élection présidentielle de 1974.
71. « M. François Mitterrand à Europe 1 : Polémique avec les responsables de la station périphérique », *Le Monde*, 16 mai 1974.
72. COMMISSION NATIONALE DE CONTRÔLE DE LA CAMPAGNE PRÉSIDENTIELLE, *Rapport à Monsieur le Président de la République*, adopté le 20 juin 1974, p. 15.

1981. LA GUERRE DES SONDAGES

1. Sondage IFOP pour *Le Point* (échantillon de 854 personnes, 9-15 avril 1980).
2. Sondage IFOP pour *Marie Claire* (échantillon de 990 personnes, 23 décembre 1980-2 janvier 1981).
3. DUHAMEL Olivier et PARODI Jean-Luc, « Chronique de l'opinion publique : l'évolution des intentions de vote, contribution à l'explication de l'élection présidentielle de 1981 », *Pouvoirs*, n° 18, 1981, p. 159.
4. COMMISSION DES SONDAGES, *Compte rendu des travaux de la commission des sondages en 1981*, p. 1.
5. GUIGO Pierre-Emmanuel, *Ibid.*, p. 164-165.
6. CAUCHY Pascal, *L'élection d'un notable*, Paris, Éd. Vendémiaire, 2013, p. 158.
7. HAMON Hervé et ROTMAN Patrick, *L'effet Rocard*, 364 p.
8. Sondage IFOP pour *L'Express* (échantillon de 999 personnes, 14-17 décembre 1979).
9. DUHAMEL Olivier et JEANNENEY Jean-Noël, *Présidentielles, les surprises de l'histoire 1965-1995*, p. 154.

10. Sondage Public S.A. pour *Paris Match* (échantillon de 1 000 personnes, 3-5 juillet 1980).

11. Sondage IFOP pour *Le Point* (échantillon de 2 561 personnes, 28 octobre-8 novembre 1980).

12. Sondage BVA pour *Le Provençal* (échantillon de 517 personnes représentatives de l'électorat, 13 novembre 1980).

13. Sondage SOFRES pour *Le Figaro* (échantillon de 1 000 personnes, 8-13 novembre 1980).

14. Duhamel Olivier et Jeanneney Jean-Noël, *Ibid.*, p. 168.

15. Cauchy Pascal, *Ibid.*, p. 157.

16. Sondage Indice - Opinion pour *Le Quotidien de Paris* (échantillon de 1 020 personnes, 18-22 novembre 1980).

17. Sondage Indice - Opinion pour *Le Quotidien de Paris* (échantillon de 1 035 personnes, 23-26 mars 1981).

18. Sondage SOFRES cité dans « Selon un sondage l'image du P.C.F. dans l'opinion se dégrade », *Le Monde*, 13 mars 1980.

19. Sondage SOFRES pour *Le Figaro* (échantillon de 1 000 personnes, 4-10 décembre 1980).

20. Cité dans « Selon un sondage de la SOFRES un tiers des électeurs communistes estiment que M. Marchais n'a pas les qualités d'un chef d'État », *Le Monde*, 28 novembre 1980.

21. Sondage Public S.A. pour *Le Quotidien de Paris* (échantillon de 1 000 personnes, 21-22 mars 1980).

22. Sondage BVA (échantillon de 1 876 personnes, 11-16 mars 1981).

23. Sondage Indice - Opinion pour *Le Quotidien de Paris* (échantillon de 1 014 personnes, 18-24 décembre 1980).

24. Sondage Public S.A. pour *Paris Match* (échantillon de 1 000 personnes, 29-31 janvier 1981).

25. Sondage BVA (échantillon de 1 000 personnes, 9-17 décembre 1980).

26. Sondage Public S.A. pour *Paris Match* (échantillon de 1 000 personnes, 8-10 octobre 1980).

27. Parodi, Jean-Luc. « Chronique de l'opinion publique : en attendant 1981 : « les présidentielles hypothétiques » (1974-1979) », *Pouvoirs*, n° 12, 1979, p. 189.

28. Quilès, Paul « Peut-on faire mentir les sondages ? », *Le Monde*, 24 novembre 1980.

29. *Ibid.*

30. Duhamel Olivier et Parodi Jean-Luc. « Chronique de l'opinion publique : l'évolution des intentions de vote, contribution à l'explication de l'élection présidentielle de 1981 », *Pouvoirs*, p. 173.

31. Sondage Indice - Opinion pour *Le Quotidien de Paris* (échantillon de 610 personnes, 3-4 février 1981).

32. Jamet Dominique, « Monsieur 3,5 % », *Le Quotidien de Paris*, 13 mars 1981.
33. « M. Druon (R.P.R.) a déposé une proposition de loi visant à l'interdiction de certaines enquêtes politiques », Le Monde, 17 avril 1981.
34. Bertolus Jean-Jérôme et Bredin Frédérique, *Tir à vue : la folle histoire des présidentielles*, Fayard, 2011, p. 146.
35. Rideau Bernard, *L'illusion du pouvoir*, Table Ronde, 1985, p. 110.
36. Sondage Louis Harris France pour *Le Matin* (échantillon de 1 000 personnes, 13-15 novembre 1980).
37. Courtois Gérard, *Ibid.*, p. 135.
38. Duhamel Olivier et Jeanneney Jean-Noël, *Présidentielles, les surprises de l'histoire 1965-1995*, p. 188.
39. Sondage IFOP pour *Le Point* (échantillon de 1 688 personnes, 16-18 mars 1981).
40. Zamponi Francis, *Ibid.*, p. 42.
41. 16e baromètre des présidentielles Public S.A. pour *Paris Match* (échantillon de 902 personnes, le 3 mars 1981).
42. Sondage SOFRES pour *Le Figaro* (échantillon de 1 000 personnes, 7-10 mars 1981).
43. Sondage SOFRES pour *L'Expansion* (échantillon de 1 000 personnes, 20-26 février 1981).
44. Sondage BVA (échantillon de 1 000 personnes, 9-17 décembre 1980).
45. Séguéla Jacques et Saussez Thierry, *La prise de l'Élysée : Les campagnes présidentielles de la Ve République*, Paris, Plan, 2007, p. 11.
46. Sondage Louis Harris France pour *L'Express* (échantillon de 1 000 personnes, 10-13 avril 1981).
47. Sondage IFOP réalisé du 22 au 23 avril 1974. Cité dans *Sondages*, n° 1 et 2, 1974, p. 107.
48. Sondage Indice-Opinion pour *Le Quotidien de Paris* (échantillon de 2 046 personnes, 8-13 avril 1981).
49. Rideau Bernard, *L'illusion du pouvoir*, p. 210.
50. Lech Jean-Marc, *Sondages privés, les secrets de l'opinion*, p. 142.
51. Audigier François, *Histoire du S.A.C. (Service d'Action Civique) : la part d'ombre du gaullisme*, Paris, Stock, 2003, p. 330.
52. *Ibid.*
53. Rideau Bernard, *Ibid.*, p. 199-200.
54. Commission des sondages, *Compte rendu des travaux de la commission des sondages en 1981*, p. 7.
55. Cotta Michèle, *Cahiers secrets de la Ve République. Tome II 1977-1986*, Paris, Fayard, 2008, p. 473.
56. « La commission des sondages exprime ses réserves sur la fiabilité de deux enquêtes », *Le Monde*, 16 avril 1981.

57. « Un sondage, des sondages… », *Le Monde*, 11 avril 1981.
58. Debré Michel, Campagne électorale officielle pour le premier tour de l'élection présidentielle, 23 avril 1981.
59. *Ibid.*
60. Sénat, *Proposition de loi n° 233 relative aux sondages d'opinion*, présentée par M. Charles Lederman et plusieurs de ses collègues, le 3 mars 1981.
61. Bleustein-blanchet Marcel, « Le président et les bookmakers », *Le Monde*, 27 avril 1981.
62. Duhamel Olivier et Parodi Jean-Luc, « Chronique de l'opinion publique : l'évolution des intentions de vote, contribution à l'explication de l'élection présidentielle de 1981 », *Pouvoirs*, p. 168.
63. Estier Claude, *Mitterrand Président : journal d'une victoire*, Paris, Stock, p. 182.
64. Sondage SOFRES pour *Le Figaro* (échantillon de 1 000 personnes, 14-15 avril 1981).
65. Sondage BVA (échantillon de 1 876 personnes, 11-16 mars 1981).
66. Sondage SOFRES pour le *Figaro Magazine* (échantillon de 1 000 personnes, 23 avril 1981).
67. Sondage Indice - Opinion pour *Le Quotidien de Paris* (échantillon de 1 092 personnes, 5-9 mars 1981).
68. Sondage IFOP pour *Le Point* (échantillon de 1 688 personnes, 16-18 mars 1981).
69. Sondage IFOP pour *Le Point* (échantillon de 1 688 personnes, 16-18 mars 1981).
70. Estier Claude, *Ibid.*, p. 189.
71. Cité dans Rimbaud Christiane, *Raymond Barre*, Paris, Perrin, 2015, p. 375.
72. Valdiguié Laurent, « La solitude de l'instant zéro », *Le Journal du Dimanche*, 5 mai 2012.
73. Duhamel Olivier et Parodi Jean-Luc, *Ibid.*, p. 174.
74. Bacqué Raphaëlle et Fressoz Françoise, « Cette mystérieuse “spirale descendante” », *Le Monde*, 20 avril 2012.

1988. L'avalanche de chiffres

1. SOFRES, *Opinion publique*, 1986, p. 227.
2. Sondage SOFRES pour *Le Monde* et RTL (échantillon de 1 000 personnes, 27 février-4 mars 1986).
3. Duhamel Olivier et Jaffre Jérôme, « *La découverte de la cohabitation* » dans SOFRES, *L'état de l'opinion : clés pour 1987*, Seuil, 1987, p. 60.

4. LAURENS André, « L'élection présidentielle et l'opinion : Les candidats sous l'œil des sondages », *Le Monde*, 3 octobre 1987.
5. Sondage IPSOS pour *Globe* (échantillon de 800 personnes, 12-13 janvier 1988).
6. Sondage SOFRES pour *Le Nouvel Observateur* (échantillon de 1 000 personnes, 8-11 septembre 1986).
7. Sondage SOFRES pour *Le Nouvel Observateur* (échantillon de 1 000 personnes, 8-11 septembre 1986).
8. BRULE Michel, *L'Empire des* sondages*: transparence ou manipulation?*, Paris, Robert Laffont, 1988, 303 p.
9. LAMOTTE Claude, « Naissance de TELOPI », *Le Monde*, 17 mars 1988.
10. BERTOLUS Jean-Jérôme et BREDIN Frédérique, *Tir à vue : la folle histoire des présidentielles*, p. 195.
11. Sondage IPSOS pour *Globe* (échantillon de 800 personnes, 12-13 janvier 1988).
12. AMOUROUX Henri, *Monsieur Barre*, Pluriel, 1986, p. 537.
13. CARTON Daniel, « *Le syndrome Barre* », *Le Monde*, 8 avril 1995.
14. Sondage IPSOS pour *Globe* (échantillon de 800 personnes, 12-13 janvier 1988).
15. BARRE Raymond, *Questions de confiance : entretiens avec Jean-Marie Colombani*, Paris, Flammarion, 1988, p. 104.
16. « Deux anciens premiers ministres face à face : L'autocritique de M. Raymond Barre et la retenue de M. Laurent Fabius », *Le Monde*, 16 février 1989.
17. Sondage IFOP pour RTL et *Le Point* (échantillon de 1 224 personnes, 6-11 janvier 1986).
18. Sondage BVA pour *Paris Match* (échantillon de 966 personnes, 15-20 janvier 1987).
19. Sondage SOFRES pour *La Croix* (échantillon de 1 000 personnes, 22-26 janvier 1988).
20. Sondage SOFRES pour un groupe de journaux de province (échantillon de 1 000 personnes, 7-12 novembre 1987).
21. Sondage IPSOS pour *Le Point* (échantillon de 800 personnes, 8-9 septembre 1987).
22. Présidoscope IFOP pour *Libération* et TF1 – Vague 1 (panel auprès d'un échantillon de 2117 personnes, 23 novembre-5 décembre 1987).
23. LEFEBURE Pierre, « Dynamiques des campagnes électorales et stratégies d'analyse du vote », dans DELOYE Yves, DEZE Alexandre et MAURER Sophie (dir.), *Institutions, élections, opinion : Mélanges en l'honneur de Jean-Luc Parodi*, Paris, Presses de Sciences Po, 2014, p. 143-144.
24. Sondage SOFRES pour un groupe de journaux de province (échantillon de 1 000 personnes, 9-12 janvier 1988).

25. Jaffre Jérôme, « Incertitudes et avenir de la démocratie des sondages », *Le Débat*, n° 52, 1988, p. 41.

26. Colombani Jean-Marie « Entre M. Chirac revigoré et M. Mitterrand au zénith : Le dilemme de Raymond Barre », *Le Monde*, 5 février 1988.

27. « Vous ne pouvez pas dire que je baisse », *Le Monde*, 6 février 1988.

28. Bertolus Jean-Jérôme et Bredin Frédérique, *Ibid.*, p. 234.

29. « Au "Club de la presse" d'Europe 1 Le candidat de l'UDF veut renforcer et ouvrir la majorité », *Le Monde*, 1er mars 1988.

30. « La "primaire" dans la majorité : Le député du Rhône dénonce un "processus de déstabilisation" », *Le Monde*, 11 février 1988.

31. Carton Daniel, « Opiniâtreté ou aveuglement ? », *Le Monde*, 31 mars 1988.

32. « Laissez parler cette bande de sondeurs ; les gros poissons mangent toujours tardivement ».

33. Carton Daniel, « À Lille M. Raymond Barre : "On va gagner !" », *Le Monde*, 23 avril 1988.

34. Chemin Anne, « Mme Ève Barre sur le terrain "Mon époux ne renonce jamais !" », *Le Monde*, 13 avril 1988.

35. Sondage Louis Harris pour Radio France et *L'Express* (échantillon de 979 personnes, 8-9 avril 1988).

36. Sondage Louis Harris pour Radio France et *L'Express* (échantillon de 984 personnes, 13-15 avril 1988).

37. Sondage SOFRES pour *Le Monde* et RTL (échantillon de 1 000 personnes, 23-27 avril 1987).

38. Sondage IPSOS pour *Le Point* (échantillon de 810 personnes, 12-13 octobre 1987).

39. « M. Le Pen : ça me rapporte », *Le Monde*, 6 octobre 1987.

40. Sondage SOFRES pour *Le Monde* et RTL (échantillon de 1 000 personnes, 23-27 avril 1987).

41. Interview sur RTL le 1er avril 1988. Cité dans « M. Chirac dénonce l'"immobilisme" de M. Mitterrand » *Le Monde*, 4 avril 1988.

42. Sondage SOFRES pour *Sud-Ouest* (échantillon de 1 000 personnes, 23-27 avril 1987).

43. Sondage BVA pour *Paris Match* (échantillon de 1 993 personnes, 14-19 novembre 1986).

44. Sondage IPSOS pour *Le Journal du Dimanche* (échantillon de 1 000 personnes, 5-16 novembre 1987).

45. Dion Héloïse, « Gros sondages, petits profits », *Le Figaro*, 2 avril 2002.

46. Sondage SOFRES pour *Le Nouvel Observateur* (échantillon de 1 000 personnes, 8-14 janvier 1982).

47. Sondage SOFRES pour un groupe de journaux de province (échantillon de 1 000 personnes, 1er-3 février 1988).

48. Sondage BVA pour *Paris Match* (échantillon de 928 personnes, 31 octobre-5 novembre 1987).

49. Sondage SOFRES pour un groupe de journaux de province (échantillon de 1 000 personnes, 1er-3 février 1988).

50. Sondage IPSOS pour *Le Point* (échantillon de 1 499 personnes inscrites sur les listes électorales, 13-14 avril 1988).

51. Sondage BVA pour *Paris Match* (échantillon de 928 personnes, 31 octobre-5 novembre 1987).

52. Sondage SOFRES pour TF1, RTL, *Le Monde* (échantillon de 1 000 personnes, 15-17 mars 1988).

53. Sondage IPSOS pour *Le Point* (échantillon de 3000 personnes inscrites sur les listes électorales, 11-20 janvier 1988).

54. Sondage SOFRES pour *Sud-Ouest* (échantillon de 1 000 personnes, 25-26 mars 1988).

55. Sondage SOFRES pour *L'Express* (échantillon de 1 000 personnes, 16-20 janvier 1988).

56. Attali Jacques, *Verbatim. Tome II: chronique des années 1986-1988.* Fayard, 1995, p. 451.

57. « Sondages : le sprint des RG », *Le Nouvel Observateur*, 4-10 mars 1988.

58. Zamponi Francis, *Ibid.*, p. 103.

59. Courtois Gérard, *Ibid.*, p. 176.

60. Sondage SOFRES pour RTL et *Le Monde* (échantillon de 800 personnes, le 23 mars 1988).

61. Sondage Louis Harris pour *L'Express* (échantillon de 996 personnes, 25-28 août 1987).

62. Sondage IPSOS pour *Le Journal du Dimanche* (échantillon de 800 personnes, 25-26 mars 1988).

63. Sondage IPSOS pour *Le Point* (échantillon de 1 188 personnes, 23-24 mars 1988).

64. Sondage SOFRES pour *Le Nouvel Observateur* (échantillon de 1 000 personnes, 15-17 mars 1988).

65. Marion Georges, « Les conseils de l'institut BVA au candidat Chirac "Trouver les mots pour désenclaver" l'électorat de M. Le Pen », *Le Monde*, 15 avril 1988.

66. Sondage BVA pour *Paris Match* (échantillon de 1 340 personnes, 8-9 avril 1988).

67. Attali Jacques, *Ibid.*, p. 487.

68. Attali Jacques, *Ibid.*, p. 485.

69. Came François, « Le lot de Chirac à terme vendu à 22,5 », *Libération*, 23-24 avril 1988.

70. « Résultat premier tour élection présidentielle 24 avril 1988 à la télévision », *Le Monde*, 26 avril 1988.

71. Carton Daniel, « M. Raymond Barre à Lyon “Je n’accepte pas le verdict des sondages” », *Le Monde*, 21 avril 1988.

72. Enquête IFOP pour *Libération* (panel de 806 électeurs, 10-12 avril 1988).

73. Sondage IPSOS pour *Le Point*, RTL et TF1 (échantillon de 1 200 personnes inscrites sur les listes électorales, le 24 avril 1988 à partir de 20 h 45).

74. Sondage SOFRES pour *Le Journal du Dimanche* (échantillon de 1 000 personnes, le 29 avril 1988).

75. Valdiguié Laurent, « La solitude de l’instant zéro », *Le Journal du Dimanche*, 5 mai 2012.

76. Duhamel Alain, « Les sept ans de F. Mitterrand, le Président-phénix » dans SOFRES, *L’état de l’opinion : clés pour 1988*, p. 11-27.

77. Devillechabrolle Valérie, « Les instituts de sondage à l’épreuve », *Le Monde*, 10 mai 1988.

78. Commission des sondages, *La commission des sondages face à l’élection présidentielle de 1988*, p. 18.

79. Gerstle Jacques, Duhamel Olivier et Davis Dennis K., « La couverture télévisée des campagnes présidentielles. L’élection de 1988 aux États-Unis et en France », *Pouvoirs*, n° 63, 1992, p. 53-69.

80. Tatu Michel, « Sondomanie », *Le Monde*, 23 mai 1987.

81. Frappat Bruno, « Tu seras sondeur, mon fils ! », *Le Monde*, 18 avril 1988.

82. Champagne Patrick, « Opinion publique ou opinions publiées ? », *Réseaux*, volume III, n° 13, 1985, p. 62-73.

83. Boucher Philippe, « Muets », *Le Monde*, 16 avril 1988.

84. « M. Romani (RPR) saisit la Commission des sondages », *Le Monde*, 1er avril 1988.

85. Durieux Bruno, « Sondages et transparence », *Le Monde*, 23 avril 1988.

86. Commission des sondages, *Ibid.*, p. 12.

1995. Le procès des sondages

1. Lech Jean-Marc, *Ibid.*, p. 202.
2. Sondage de sortie des urnes Sofres pour TF1, RTL et *Le Figaro* (échantillon de 1 500 électeurs, 28 mars 1993).
3. Sondage Sofres pour *Le Figaro* (échantillon de 1 000 personnes, 5-6 mars 1993).
4. Sondage Sofres pour *Le Figaro magazine* (échantillon de 1 000 personnes, 2-5 octobre 1993).
5. Sondage Louis Harris pour *Libération* (échantillon de 1 005 personnes, 8-9 octobre 1993).

6. Sondage Sofres pour *Le Figaro* (échantillon de 1 000 personnes, 25-27 mai 1993).

7. Bourlanges Jean-Louis, « Le maître du pouvoir et le roi de la jungle » dans Sofres, *L'état de l'opinion 1995*, p. 14.

8. Sondage CSA pour *Le Parisien* (échantillon de 805 personnes, 19-20 avril 1993).

9. Duhamel, Alain. « Édouard Balladur ou le retour de l'autorité » dans Sofres. *L'état de l'opinion* 1994, p. 14.

10. Sondage CSA pour *L'Évènement du jeudi* (échantillon de 1 000 personnes, 10-12 décembre 1992).

11. Sondage Sofres pour *Le Nouvel Observateur* (échantillon de 1 000 personnes, 24-29 avril 1993).

12. Sondage Ifop pour *L'Express* (échantillon de 945 personnes, 12-13 mai 1993).

13. Charlot Jean, *Pourquoi Jacques Chirac ? Comprendre la présidentielle 1995*, Paris, Éditions de Fallois, 1995, p. 231.

14. Sondage Louis Harris pour *Globe-Hebdo* (échantillon de 949 personnes, 27-28 août 1993).

15. Sondage Ipsos pour *Le Point* (échantillon de 1 000 personnes, 27-31 août 1993).

16. Sondage Sofres pour *Le Nouvel Observateur* (échantillon de 1 000 personnes, 21-23 septembre 1993).

17. *Ibid.*

18. Bacqué Raphaëlle, SAVEROT Denis, *Chirac Président : les coulisses d'une victoire*, p. 162.

19. Dupin Éric, « Sondages : ils font et défont la campagne, pas l'élection », *Libération*, 15 avril 1995.

20. Haegel Florence, « Jacques Chirac candidat "naturel" (et métamorphosé) du RPR ? » dans PERRINEAU Pascal, YSMAL Colette (dir.), *Le vote de crise : l'élection présidentielle de 1995*, Paris, Presses de Sciences Po, 1995, p. 100.

21. Bacqué Raphaëlle, Saverot Denis, *Ibid.*, p. 133.

22. Bertolus Jean-Jérôme et Bredin Frédérique, *Ibid.*, p. 164.

23. Bacqué Raphaëlle, Saverot Denis, *Ibid.*, p. 132.

24. Nicolas Bazire sera nommé administrateur d'Ipsos en 2002.

25. Sondage Louis Harris pour *Profession Politique* (échantillon de 1 002 personnes inscrites sur les listes électorales, 17-18 février 1995).

26. Sondage Sofres pour TF1 et Europe 1 (échantillon de 1 000 personnes, 8-11 janvier 1994).

27. Leroux Pierre et Teillet Philippe, « "Ces sondeurs qui nous gouvernent ?" Usages médiatiques des sondages d'opinion. Élection présidentielle, France, 1995 », dans Dragan Ioan (dir.). *La communication du politique : regards croisés est-ouest*, Éd. L'Harmattan, 1999, p. 120.

28. Domenach Nicolas, Neumann Laurent et Szafran Maurice, « La grande manip de sondages », *L'évènement du jeudi*, 19 janvier 1995.

29. Commission des sondages, *La commission des sondages face à l'élection présidentielle et aux élections municipales de 1995*, p. 5.

30. Dupin Éric, « Sondages : secrets de campagne. Comment Chirac et Balladur ont utilisé les enquêtes d'opinion. », *Libération*, 26 mai 1995.

31. *Ibid.*

32. Cotta Michèle, *Les secrets d'une victoire*, Flammarion, 1995, p. 63.

33. Sondage CSA pour *Le Parisien* (échantillon de 1 005 personnes, 15-16 juin 1994).

34. Sondage Sofres (échantillon de 1 000 personnes, 20-22 septembre 1994).

35. Sondage BVA pour *Paris Match* (échantillon de 1 049 personnes, le 5 novembre 1994).

36. Sondage Louis Harris pour *Valeurs actuelles* (échantillon 1006 personnes, 5-6 octobre 1994).

37. Bacqué Raphaëlle, Saverot Denis, *Ibid.*, p. 82-83.

38. *Ibid.*, p. 162.

39. Dupin Éric, « Sondages : secrets de campagne. Comment Chirac et Balladur ont utilisé les enquêtes d'opinion », *Libération*, 26 mai 1995.

40. *Ibid.*

41. *Ibid.*

42. *Ibid.*

43. Duhamel Olivier. *Histoire des présidentielles*, Paris, Éd. du Seuil, 2008, p. 182.

44. Sondage Louis Harris pour *VSD* (échantillon de 1 006 personnes, 24-25 juin 1994).

45. Sondage CSA pour *Le Parisien* (échantillon de 1 005 personnes, 15-16 juin 1994).

46. Winock Michel, *La mêlée présidentielle*, Flammarion, 2007, p. 122.

47. Sondage Ifop pour *Le Journal du Dimanche* (échantillon de 916 personnes, 5-6 octobre 1994).

48. Sondage Sofres pour TF1 et RTL (échantillon de 1 005 personnes, 4-6 octobre 1994).

49. Sondage BVA pour France 2, *Paris Match* et Europe 1 (échantillon de 947 personnes, 17-21 novembre 1994).

50. Lech Jean-Marc, *Sondages privés, les secrets de l'opinion*, p. 207.

51. Sondage Louis Harris pour *VSD* (échantillon de 1 012 personnes, 2-3 décembre 1994).

52. Sondage Sofres pour *Le Nouvel Observateur* et TF1 (échantillon de 800 personnes, 12 décembre 1994).

53. Sondage CSA pour *Le Parisien* et France Inter (échantillon de 802 personnes, 12 décembre 1994).

54. Dupin Éric, « Inégaux devant l'opinion », *Libération*, 2 février 1995.

55. Sondage Ifop pour *L'Express* (échantillon de 937 personnes, 19-20 janvier 1995).

56. Dupin Éric, *Ibid.*, 2 février 1995.

57. Sondage Sofres pour *Le Nouvel Observateur* (échantillon de 1 000 personnes, 24-26 janvier 1995).

58. Sondage Ipsos pour *Le Point* (échantillon de 1 002 personnes, 24-25 janvier 1995).

59. Djaguidi Gaëtan, « Le rôle des sondages et des partis politiques dans la désignation des candidats à l'élection présidentielle » dans *Revue du droit public et de la science politique en France et à l'étranger*, n° 5, septembre-octobre 1995, p. 1214.

60. Manin Bernard, *Principes du gouvernement représentatif*, Paris, Calmann-Lévy, 1995, 319 p.

61. Fredet Jean-Gabriel, « Les sondages sont-ils manipulés ? », *Le Nouvel Observateur*, 6-12 avril 1995.

62. Minc Alain, *L'Ivresse démocratique*, Paris, Gallimard, 1995, 272 p.

63. Sondage BVA pour *L'Humanité* et France 3 (échantillon de 955 personnes, 18 février 1995).

64. Journal Officiel de la République Française n°166, 19 juillet 1995, p. 10710-10730.

65. Sondage Louis Harris pour *Le Journal du Dimanche* (échantillon de 1 007 personnes, regardant *Les Guignols de l'Info* et le *Bébête show* au moins deux soirs par semaine, 8 février 1995).

66. Sondage Sofres pour un groupe de journaux de province (échantillon de 1 000 personnes, 25-27 mars 1995).

67. « Le préteur ne s'occupe pas des petites affaires », adage latin signifiant que le chef n'a pas à s'occuper des détails.

68. Ferenczi Thomas, « Les sondeurs, faux prophètes », *Le Monde*, 25 avril 1995.

69. Dupin Éric, « Quand l'opinion règne », *Libération*, 31 janvier 1995.

70. Charlot Jean, *Pourquoi Jacques Chirac ? Comprendre la présidentielle 1995*, p. 40.

71. Duhamel Olivier, « Élection présidentielle : le moment décisif » dans Sofres, *L'état de l'opinion 1996*, p. 105-127.

72. Carton Daniel, « Le syndrome Barre », *Le Monde*, 8 avril 1995.

73. Bacqué Raphaëlle, Saverot Denis, *Chirac Président : les coulisses d'une victoire*, p. 103.

74. Sondage BVA pour *Infomatin*, France 3 et RMC (échantillon de 966 personnes, 23-25 mars 1995).

75. Sondage BVA pour *Le Figaro*, Europe 1 et France 2 (échantillon de 955 personnes, le 18 février 1995).

76. Cité dans Perrignon Judith, « Giscard : “Je ne me présente pas” », *Libération*, 8 mars 1995.

77. Dupin Éric, « Sondages : ils font et défont la campagne, pas l'élection », *Libération*, 15 avril 1995.

78. Sondage Sofres pour *Le Monde* et RTL (échantillon de 1 000 personnes, 5-8 juin 1993).

79. Commission des sondages, *La commission des sondages face à l'élection présidentielle et aux élections municipales de 1995*, p. 7.

80. Sondage Ipsos pour *Le Point* (échantillon de 1 006 personnes, 20-21 février 1995).

81. Le Gall Gérard dans « Haro sur les sondages » (compte rendu d'une table ronde sur les sondages), *Revue Politique et Parlementaire*, n° 977, mai-juin 1995, p. 16.

82. Chemin Ariane, « Le club des six sondeurs », *Le Monde*, 18 avril 1995.

83. *Le Monde*, 24 avril 1995.

84. Georges Pierre, « *L'oracle* », *Le Monde*, 6 mai 1995.

85. Schneider Vanessa, « Des sueurs froides pour les sondeurs », *Libération*, 25 avril 1995.

86. Trois instituts réalisent des sondages de sortie des urnes : BVA, CSA et l'Ifop.

87. Cotta Michèle, *Les secrets d'une victoire*, Paris, Flammarion, 1995, p. 233

88. Stefanini Patrick. « Témoignage d'un directeur de campagne » dans Sofres, *L'état de l'opinion 1996*, Seuil, 1996, p. 155.

89. Bacqué Raphaëlle, Saverot Denis, *Ibid.*, p. 188.

90. Revue Française du Marketing, n° 152, 1995.

91. Antoine Jacques. « Le sondage en accusation », *Revue française du marketing*, p. 8.

92. Cité dans Bacqué Raphaëlle, *L'enfer de Matignon*, p. 261.

93. De Saint-Sernin Frédéric, « J'ai chialé dans les chiottes » (entretien), *L'Express*, 21 décembre 2016.

94. Valdiguié Laurent, « La solitude de l'instant zéro », *Le Journal du Dimanche*, 5 mai 2012.

95. Perrineau Pascal, Ibid., p. 5.

96. *Sondoscope*, mai 1995, p. 3-10.

97. Ferenczi Thomas, « Les sondeurs, faux prophètes », *Le Monde*, 25 avril 1995.

98. Scheer Léon, « Sondés, vous saviez… », *Libération*, 27 avril 1995.

99. Wolton Dominique, « Présidentielle : trois leçons », *Libération*, 16 mars 1995.

100. Perrineau Pascal, *Ibid.*, p. 5.

101. CHAMPAGNE Patrick, « Les sondages, le vote et la démocratie », *Actes de la recherche en sciences sociales*, p. 84.
102. WEILL Claude, « Voici pourquoi les sondeurs se sont trompés », *Le Nouvel Observateur*, 27 avril-3 mai 1995.
103. PERRINEAU Pascal, *Ibid.*, p. 17-18.
104. DUPIN Éric, « Le sondage dans tous ses états », *Libération*, 9 février 1995.
105. Sondage BVA pour *Le Monde*, France 2 et Europe 1 (échantillon de 1 857 personnes, 12-14 avril 1995).

2002. Le séisme de la présidentielle

1. BOLLAERT Baudouin, « Francis Spizner : "Non à la démocratie sondagière !" », *Le Figaro*, 15 mai 2001.
2. SEZNEC Bruno et SZPINER Francis, *Les moutons de panel : contre les sondages*, Paris, Plon, 1999, 164 p.
3. KESSLER Emmanuel, *La Folie des sondeurs : de la trahison des opinions*, Paris, Denoël, 2002, 190 p.
4. VERNET Henri, « Cayrol, le pape des sondeurs », *Le Parisien*, 16 avril 2002.
5. GELARD Patrice dans SÉNAT, *Compte-rendu de la séance du 17 mai 2001*, p. 8.
6. Sondage Ifop pour *Ouest-France* (échantillon de 943 personnes, 17-18 janvier 2002).
7. BARBET Denis, « Sondages : une abstinence ambiguë », *Libération*, 11 février 2002.
8. LECH Jean-Marc, « Une censure absurde », *Le Figaro*, 24 janvier 2002.
9. Sondage Ipsos pour BFM et *Le Journal du Dimanche* (échantillon de 944 personnes, 7-8 septembre 2001).
10. Sondage CSA pour *Marianne* (échantillon de 1 007 personnes, 22-23 août 2001).
11. Indicateur présidentiel CSA pour BFM et *Libération* (échantillon de 1 005 personnes, 17-18 octobre 2001).
12. Sondage Ipsos pour *Le Point* (échantillon de 942 personnes, 30 novembre-1er décembre 2001).
13. Sondage Ipsos pour *Le Figaro* (échantillon de 936 personnes, 24-25 novembre 2000).
14. DE BOISSIEU Laurent, « La "France humaine" de François Bayrou », *La Croix*, 30 avril 2001.
15. MANDONNET Éric, « Les politiques drogués aux sondages », *L'Express*, 17 janvier 2002.
16. VIDAL Pierre-Marie, *Paroles, paroles… de campagne*, Paris, Éditions 1, 2002, p. 41.

17. Sondage Ipsos pour BFM et *Le Journal du Dimanche* (échantillon de 954 personnes, 14-15 décembre 2001).

18. Sondage TNS pour LCI et *Politique Opinion* (échantillon de 1 000 personnes, 11-12 janvier 2002).

19. « Sans l'avouer, ils y pensent tous », *Le Monde*, 18 mars 2002.

20. Sondage CSA pour *Le Parisien* (échantillon de 1 000 personnes, 6-7 février 2002).

21. Sondage Ifop pour *L'Express* (échantillon de 761 électeurs inscrits, issus d'un échantillon de 934 personnes, 11-12 octobre 2001).

22. Sondage CSA pour France 3 et France Info (échantillon de 1 004 personnes, 21-22 novembre 2001).

23. Sondage CSA pour France 3 et France Info (échantillon de 1 000 personnes, 11-12 septembre 2001).

24. Sondage Ipsos pour *Le Point* (échantillon de 951 personnes, 22-23 juin 2001).

25. Sondage BVA pour *Paris Match* (échantillon de 956 personnes, 25-26 août 2000.

26. MANDONNET Éric, « Les politiques drogués aux sondages », *L'Express*, 17 janvier 2002.

27. MEEUS Carl, « 2002 : Chevènement se lance », *Le Point*, 29 juin 2001.

28. Sondage Ipsos pour BFM et *Le Journal du Dimanche* (échantillon de 944 personnes, 7-8 septembre 2001).

29. « Sans l'avouer, ils y pensent tous », *Le Monde*, 18 mars 2002.

30. MANDONNET Éric, *Ibid.*

31. Sondage Ipsos pour *Le Point* (échantillon de 829 personnes, 19-20 octobre 2001.

32. Sondage CSA pour France 3 et France-Info (échantillon de 1 000 personnes, 9-10 novembre 2001.

33. Sondage CSA pour *Le Parisien* (échantillon de national représentatif de 1 000 personnes, 14-15 novembre 2001.

34. RIVIERE Emmanuel, « Les sondages peuvent-ils se tromper sans nous tromper ? », dans *Revue Politique et Parlementaire*, n° 1020-1021, septembre-octobre/novembre-décembre 2002, p. 75.

35. DE BOISSIEU Laurent, « Jean-Pierre Chevènement en « vedette américaine » », *La Croix*, 2 novembre 2001.

36. « Arlette Laguiller, troisième homme ? », *Libération*, 6 mars 2002.

37. Sondage CSA pour *L'Humanité* (échantillon de 1 004 personnes, 24 octobre 2001).

38. « Sans l'avouer, ils y pensent tous », *Le Monde*, 18 mars 2002.

39. Sondage Ipsos pour *Le Point et France 2* (échantillon de 1 018 personnes, le 12 février 2002).

40. Sondage BVA pour *Paris Match* (échantillon de 947 personnes, 28 février-2 mars 2002).

41. Sondage CSA pour *Le Parisien* (échantillon de 800 personnes, 6 mars 2002).

42. « Sans l'avouer, ils y pensent tous », *Le Monde*, 18 mars 2002.

43. Bardet Jean-Luc, Jeudy Bruno et Maligorne Sylvie, *Les coulisses d'une victoire*, L'Archipel, 2002, p. 149.

44. Parodi Jean-Luc, « L'énigme de la cohabitation, ou les effets pervers d'une pré-sélection annoncée », *Revue française de science politique,* p. 485.

45. Sondage Ipsos pour France 2, *Le Figaro* et Europe 1 (échantillon de 925 personnes, 1er-2 février 2002).

46. Duhamel Olivier, « Élection présidentielle : le moment décisif » dans Sofres, *L'état de l'opinion 1996,* p. 108.

47. Sondage CSA pour France 3 et France Info (échantillon de 1 006 personnes, 17 janvier 2002).

48. Sondage CSA pour France 3 et France Info (échantillon de 1 001 personnes, 29-30 janvier 2002).

49. Sondage CSA pour *Le Parisien* (échantillon de 1 000 personnes, 20-21 mars 2002).

50. Sondage Louis Harris - AOL pour *Libération* (échantillon de 1 025 personnes, 8-9 mars 2002).

51. Sondage Ipsos pour *Le Figaro* et Europe 1 (échantillon de 925 personnes, 1er-2 mars 2002).

52. Sondage Ipsos pour *Le Figaro* et Europe 1 (échantillon de 919 personnes, 15-16 mars 2002).

53. Sondage Ipsos pour *Le Figaro* et Europe 1 (échantillon de 938 personnes, 29-30 mars 2002).

54. Sondage CSA pour *Psychologies* (échantillon de 1 000 personnes, 13-14 février 2002).

55. Sondage BVA pour *Valeurs actuelles* (échantillon de 967 personnes, 22-23 mars 2002).

56. Sondage Ipsos pour *Le Figaro* et Europe 1 (échantillon de 916 personnes, 15-16 février 2002).

57. Cotta Michèle, *Carnets secrets de la présidentielle, mars 2001-mai 2002*, Paris, Plon, 2002.

58. *Télérama*, 24 avril 2002. Cité par Mercier Arnaud, « *Les médias en campagne* » dans Perrineau Pascal et Ysmal Colette (dir.), *Le vote de tous les refus : les élections présidentielles et législatives de 2002*, Paris, Presses de Sciences Po, 2003, p. 74.

59. Courtois Gérard, *Ibid.*, p. 255.

60. Reynie Dominique, « Les sondages sont-ils en train de se tromper ? », *Le Figaro*, 15 mars 2002.

61. Sondage CSA pour *La Dépêche du Midi* (échantillon de 1 000 personnes, 3-4 avril 2002).

62. Chombeau Christiane, « Comment Jean-Marie Le Pen organise la bataille du second tour », *Le Monde*, 18 avril 2002.

63. Pingaud Denis, *L'impossible défaite*, Paris, Éd. du Seuil, 2002, p. 186.

64. Documentaire « Comme un coup de tonnerre », 2002.

65. Sondage Ipsos pour *Le Figaro* et Europe 1 (échantillon de 989 personnes, 17-18 avril 2002).

66. Kessler Emmanuel, « Sondeurs : silence ! », *Libération*, 23 avril 2002.

67. Séguéla Jacques et Saussez Thierry, *La prise de l'Élysée : Les campagnes présidentielles de la V*[e] *République*, p. 37.

68. Chirac Jacques, *Mémoires – Le Temps présidentiel (tome II)*, Nil, 2011, p. 349.

69. Vidalie Anne, « Un tour et puis s'en va », *L'Express*, 21 décembre 2016.

70. Sondage Ipsos pour *Le Figaro* et Europe 1 (échantillon de 922 personnes, 26-27 avril 2002).

71. Sauvage Pascale, « Un cinglant démenti aux instituts de sondage », *Le Figaro*, 22 avril 2002.

72. « Juppé fustige les sondeurs », *Le Figaro*, 25 avril 2002.

73. Verdier Marie, « Le bruissement des sondages reprend timidement », *La Croix*, 29 avril 2002.

74. Cayrol Roland, « Sondages et regrets », *Le Monde*, 26 avril 2002.

75. Verdier Marie, « Le bruissement des sondages reprend timidement », *La Croix*, 29 avril 2002.

76. Cité dans Le Gall Gérard, « *Pourquoi le 21 avril ?* », dans Sofres, *L'état de l'opinion 2003*, Éd. du Seuil, 2003, p. 84.

77. Kessler Emmanuel, « Sondeurs : silence ! », *Libération*, 23 avril 2002.

78. Roberts Isabelle, Tourancheau Patricia, « Sondages : les médias s'abstiennent », *Libération*, 27 avril 2002.

79. Sondage CSA pour *Le Parisien* (échantillon de 1 000 personnes inscrites sur les listes électorales, 23-24 avril 2002).

80. « Le nouveau profil de l'électorat », *Le Figaro*, 29 avril 2002.

81. « La rumeur qui donnait 42 % à Jean-Marie Le Pen », *Métro*, 23 mai 2002.

82. Sondage Ipsos pour *Le Figaro* et Europe 1 (échantillon de 922 personnes, 26-27 avril 2002).

83. Sondage Louis Harris - AOL pour *Libération* (échantillon de 2 175 personnes, 21 avril 2002, après l'annonce des résultats).

84. Sondage Ipsos pour *Le Figaro* et Europe 1 (échantillon de 922 personnes, 26-27 avril 2002).

85. Sondage CSA pour *Le Parisien* (échantillon de 800 personnes inscrites sur les listes électorales, 23 avril 2002).

86. BRULE Michel, « Peut-on se fier aux sondages ? », *Sociétal*, n° 37, 2002, p. 29.

87. BRECHON Pierre, *Les élections présidentielles en France : Quarante ans d'histoire politique*, Paris, La Documentation française, 2008, p. 173.

88. BESNARD-ROUSSEAU Pascal, « Les redresseurs de scores… », *Le Figaro*, 5 février 2002.

89. RIVIERE Emmanuel, « Les sondages peuvent-ils se tromper sans nous tromper ? », *Revue Politique et Parlementaire*, p. 71.

90. WENZ-DUMAS François, « Le FN, éternel sous-estimé des sondeurs », *Libération*, 22 avril 2002.

91. JAFFRE Jérôme, « Comprendre l'élimination de Lionel Jospin » dans PERRINEAU Pascal et YSMAL Colette (dir.), *Ibid.*, p. 244.

2007. VERS LA RÉDEMPTION ?

1. Sondage CSA pour *Le Parisien* (échantillon de 891 personnes, *22*-23 février 2006*)*.

2. Sondage CSA pour *Marianne (échantillon* de 839 personnes inscrites sur les listes électorales, 29 mars 2006*)*.

3. Sondage Ipsos pour *Le Point* (échantillon de 415 sympathisants UMP issus de deux échantillons nationaux représentatifs de 1908 personnes, 17-19 novembre puis 24-25 novembre 2006*)*.

4. « Sarkozy, très seul, très tôt », *Libération*, 22 mai 2006.

5. BACQUÉ Raphaëlle et RIDET Philippe, « La firme Sarkozy », *Le Monde*, 19 juin 2006.

6. DARMON Michaël, *La vraie nature de Nicolas Sarkozy*, Éd. du Seuil, 2007, p. 51.

7. *Ibid.*

8. BUISSON Patrick, *La cause du peuple*. Paris, Perrin, 2016, p. 38.

9. « Les confessions "sans haine" de Jacques Chirac », *Le Monde*, 10 février 2007.

10. Sondage Ipsos pour *Le Vrai Journal* (échantillon de 958 personnes, 2, 3 et 5 avril 2004).

11. Sondage Ifop pour *Le Journal du Dimanche* (échantillon de 965 personnes, 22-23 septembre 2005).

12. Sondage TNS Sofres pour *Le Figaro Magazine* et France 5 (échantillon de 1 000 personnes, 8-9 février 2006).

13. France 2, 16 janvier 2006.

14. Sondage Ifop pour *Elle* (échantillon de 950 personnes, *12*-13 janvier 2006*)*.

15. Sondage CSA pour *Le Parisien* et iTélé (échantillon de 1 004 personnes, 6-7 septembre 2006).

16. Lefebvre Rémi, « L'opinion et la participation la campagne présidentielle de Ségolène Royal », *Hermes*, 2008/3, n° 52, p. 165.
17. « Ségolène Royal caracole dans les *sondages* », *Le Monde*, 6 avril 2006.
18. Sondage Ifop pour *Le Journal du Dimanche* (échantillon de 681 sympathisants PS, extraits de deux échantillons de 1960 personnes, 27 avril-4 mai 2006).
19. Sondage Ifop pour *Paris Match* (échantillon de 1 005 personnes, 6-7 juillet 2006).
20. Le Gall Gérard, « La primaire au PS : l'irrésistible ascension présidentielle de Ségolène Royal Septembre 2005-décembre 2006 » dans TNS Sofres, *L'état de l'opinion 2008*, p. 49.
21. Levy Myriam, « L'« effet Ségolène » en apesanteur dans la bulle des sondages précoces », *Le Figaro* le 16 mai 2006.
22. « La Royalmania exaspère Jospin », *Le Parisien*, 25 avril 2006.
23. « Fabius, "DSK" et Lang subissent Ségolène Royal », *Le Monde*, 4 mars 2006.
24. Sondage Ifop pour *L'Étudiant* (échantillon représentatif de 466 personnes âgées de 15 à 25 ans, extrait d'un échantillon de 3 017 personnes, 26 janvier-3 février 2006).
25. Houchard Béatrice, « Royal brouille les cartes », *Le Parisien*, 6 juin 2006.
26. Sondage Ifop pour *Paris Match* (échantillon de 1 005 personnes, 6-7 juillet 2006).
27. Sondage CSA pour France Europe Express et France Info (échantillon de 956 personnes, 6-7 septembre 2006).
28. Sondage Ipsos pour *Le Point* (échantillon de 954 personnes, 8-9 septembre 2006).
29. « Strauss-Kahn cache ses bikinis », Le Parisien, 12 juin 2006.
30. « Au PS, Ségolène Royal écrase les autres candidats et le débat », *Le Monde*, 8 mai 2006.
31. Grand rendez-vous Europe 1-TV5-*Le Parisien*, 29 janvier 2006.
32. Entretien, *Le Monde*, 2 mai 2006.
33. Entretien, *L'Express*, 24 août 2006
34. Sondage Ipsos pour *Le Point* (échantillon de 245 sympathisants du PS, issu d'un échantillon de 956 personnes, *29*-30 septembre 2006).
35. Commission des sondages, *Communiqué du 12 octobre 2006.*
36. Sondage Ipsos pour *Le Point* (échantillon de 522 sympathisants du PS, issus d'un échantillon de 1 900 personnes, 6-7 octobre 2006).
37. Accoyer Bernard, cité dans Perrault Guillaume, « À l'Assemblée, une élue guère assidue nommée Royal », *Le Figaro*, 25 octobre 2006.
38. Lefebvre Rémi, « Les primaires : triomphe de la démocratie d'opinion », *Pouvoirs*, n° 154, 2015, p. 113.

39. Lefebvre Rémi, « L'opinion et la participation la campagne présidentielle de Ségolène Royal », *Hermes*, p. 165.
40. Mandraud Isabelle, « Royal l'opiniomane », *Le Monde*, 8 novembre 2006.
41. Bacqué Raphaëlle, Chemin Ariane, *La femme fatale*, Paris, Albin Michel, 2007, p. 116.
42. Mandraud Isabelle, *Ibid.*
43. « La coach de Ségo », *Le Point*, 5 octobre 2006.
44. Bacqué Raphaëlle, Chemin Ariane, *Ibid., p.* 68-69.
45. Sondage Ifop pour *Valeurs Actuelles* (échantillon de 957 personnes, 7-8 septembre 2006).
46. Sondage Ipsos pour *Le Monde* et LCP (échantillon de 947 personnes, 2-3 juin 2006).
47. Mennucci Patrick, *Ma candidate*, Paris, Albin Michel, 2007, p. 185.
48. Bacqué Raphaëlle, Chemin Ariane, *Ibid.*, p. 115.
49. Schneidermann Daniel, « 2007, l'élection cyberprésidentielle ? », *Libération*, 25 août 2006.
50. « M. de Villiers ne récolte pas les fruits de sa radicalisation », *Le Monde*, 12 juillet 2006.
51. Sondage TNS pour *Le* Nouvel Observateur (échantillon de 1 000 *personnes,* 10-11 mai 2006*).*
52. Sondage CSA pour *Le Nouvel Observateur* (échantillon de 833 personnes inscrites sur les listes électorales, 29-30 août 2006).
53. Sondage Ifop pour *Le Journal du Dimanche* (échantillon de 1 011 personnes, 2-3 novembre 2006).
54. Sondage Ipsos pour *Le Point* (échantillon de 870 personnes inscrites sur les listes électorales, *9*-11 novembre 2006*).*
55. Sondage Ifop pour *Le Journal du Dimanche* (échantillon de 961 personnes, 18-19 janvier 2007).
56. Sondage TNS Sofres - Unilog pour RTL et LCI (échantillon de 1 000 personnes inscrites sur les listes électorales, 17 juillet 2006).
57. Sondage Ifop pour Fiducial (échantillon de 956 personnes), 18-20 janvier 2007.
58. Duhamel Olivier, *Histoire des présidentielles*, p. 228.
59. Sondage TNS Sofres - Unilog pour RTL, *Le Figaro* et LCI (échantillon de 1 000 personnes, 17-18 janvier 2007).
60. Sondage Ifop pour *Le Journal du Dimanche* (échantillon de 964 personnes, 11-12 janvier 2007).
61. Sondage OpinionWay pour *Le Figaro* et LCI (échantillon de 1 001 personnes, 9-10 janvier 2007).
62. Sondage BVA pour Orange (échantillon de 956 personnes, 15-16 janvier 2007).

63. Bartolone Claude, *Une élection imperdable*, Paris, L'Archipel, 2007, 162 p.
64. Sondage Ifop pour *Profession politique* (échantillon de 879 personnes inscrites sur les listes électorales, 12 février 2007).
65. Sondage Ifop pour *Le Journal du Dimanche* (échantillon de 889 personnes, inscrites sur les listes électorales, 22-23 février 2007).
66. « M. Bayrou revêt ses habits de candidat et en appelle à une "révolution civique" », *Le Monde*, 11-12 juin 2006.
67. Sondage Ifop pour *Paris Match* (échantillon de 892 personnes, 29-30 octobre 2006).
68. Sondage Ifop pour *Paris Match* (échantillon de 868 personnes, 15 janvier 2007).
69. Sondage CSA pour France 3 et France Info (échantillon de 909 personnes inscrites sur les listes électorales, 14-15 février 2007).
70. Sondage Ifop pour *Paris Match* (échantillon de 952 personnes inscrites sur les listes électorales, 26 février 2007).
71. Sondage LH2 pour RMC, BFMTV et *20 Minutes* (échantillon de 1 004 personnes, 2-3 mars 2007).
72. Sondage Ifop - Fiducial pour *Le Journal du Dimanche* (échantillon de 881 personnes inscrites sur les listes électorales, 8-9 mars 2007).
73. Sondage CSA pour *Le Parisien* et iTélé (échantillon de 884 personnes inscrites sur les listes électorales, 20 février 2007).
74. Sondage CSA pour *Le Parisien* et iTélé (échantillon de 917 personnes inscrites sur les listes électorales, 7 mars 2007).
75. Sondage CSA pour *Le Parisien* et iTélé (échantillon de 905 personnes inscrites sur les listes électorales, 14 mars 2007).
76. Rieffel Rémy, « Le traitement de la campagne présidentielle par *Le Parisien* » dans VEYRAT-MASSON, Isabelle (dir.), *Médias et élections : la campagne présidentielle de 2007 et sa réception*, Éd. L'Harmattan, 2011, p. 126.
77. Rieffel Rémy, « Le traitement de la campagne présidentielle par *Le Parisien* » dans VEYRAT-MASSON, Isabelle (dir.), *Médias et élections : la campagne présidentielle de 2007 et sa réception*, Éd. L'Harmattan, 2011, p. 127.
78. Bacqué Raphaëlle, « La saturation médiatique », *Le Monde*, 28 septembre 2006.
79. Garrigou Alain, *L'ivresse des* sondage*s*, La Découverte, 2006, 122 p. ; LEHINGUE Patrick, *Subunda : coups de sonde dans l'océan des* sondage*s*, Paris, Éd. du Croquant, 2007, 267 p.
80. Sondage Ifop pour Syntec Études Marketing & Opinion (échantillon de 804 personnes, 22-25 janvier 2007).
81. Sondage Ifop pour Fiducial et LCI (échantillon de 952 personnes, 13-15 février 2007).

82. Schneidermann Daniel, « Sondages, le putsch inaperçu », *Libération*, 23 mars 2007.

83. Buisson Patrick, *Ibid.*, p. 54.

84. Sondage OpinionWay pour *Le Figaro* et LCI (échantillon de 1 002 personnes, 13-14 mars 2007).

85. *Le Canard Enchaîné*, 11 avril 2007, cité dans Garrigues Jean et Ruhlmann Jean, *Élysée circus : Une histoire drôle et cruelle des présidentielles*, Paris, Tallandier, 2016, p. 191.

86. Sondage CSA pour *Le Parisien* (échantillon de 1 007 personnes, 31 janvier 2007).

87. Sondage CSA - CISCO pour *Le Parisien* (échantillon de 1 002 personnes, 20 avril 2007).

88. Sondage Ifop pour *Paris Match* (échantillon de 1 010 personnes, 5-6 avril 2007).

89. Cité dans Jaffre, Jérôme, « Regards sur les élections de 2007 » dans Perrineau Pascal (dir.), *Le vote de rupture : les élections présidentielle et législatives d'avril-juin 2007*, Paris, Les Presses de Sciences Po, 2008, p. 236.

90. Chiffres issus du « Panel électoral français » cités par Perrineau Pascal, « La construction électorale de la victoire de Nicolas Sarkozy », dans Perrineau Pascal (dir.), *Ibid.*, p. 131.

91. Fourquet Jérôme, « L'érosion électorale du Lepénisme » dans Perrineau Pascal (dir.), Ibid., p. 213.

92. « Sondages : des "photographies" pertinentes en dépit d'un ratage », *Le Monde*, 23 avril 2007.

93. Sondage TNS Sofres pour *Le Figaro Magazine* (échantillon de 1 000 personnes, le 23 avril 2007).

94. Sondage TNS Sofres pour RTL et *Le Monde* (échantillon de 2 200 personnes, constitué d'un échantillon de 2 000 personnes inscrites sur les listes électorales et d'un sur-échantillon de 200 électeurs de François Bayrou, 26-27 avril 2007).

95. Sondage OpinionWay pour *Le Figaro* et LCI (échantillon de 878 personnes ayant suivi le débat télévisé, issu d'un échantillon de 1 415 personnes constitué auparavant, *2*-3 mai 2007*)*.

96. « Ségolène Royal et la gauche appellent à « faire mentir les sondages » », *Le Monde*, 4 mai 2007.

97. Jeudy Bruno et Vigogne Ludovic, *Nicolas Sarkozy : de Neuilly à l'Élysée*, Paris, L'Archipel, 2014, p. 293.

98. Jaffre Jérôme, « Regards sur les élections de 2007 », dans Perrineau Pascal (dir.), *Ibid.*, p. 239.

99. *Ibid.* p. 250.

100. « Ce scrutin est une grande victoire de la démocratie d'opinion », Giacometti Pierre (entretien), *Le Point*, 26 avril 2007.

101. Duhamel Alain, « Apothéose de la démocratie d'opinion », *Libération*, 20 décembre 2006.

102. Lefebvre Rémi, « L'opinion et la participation la campagne présidentielle de Ségolène Royal », *Hermès*, p. 164.

2012. Le croisement des courbes

1. Biseau Grégoire, « À l'Élysée, Nicolas Sarkozy change d'opinion », *Libération*, 1er septembre 2011.

2. *Ibid.*

3. Leparmentier Arnaud, « Patrick Buisson, l'homme qui droitise Nicolas Sarkozy », *Le Monde*, 25 mars 2011.

4. *Ibid.*

5. *Libération*, 6 novembre 2009.

6. Neumann Laurent, *Les dessous de la campagne*, Fayard, 2012, p. 158.

7. Sondage BVA pour La Matinale de Canal + (échantillon de 1 036 personnes, 13-15 avril 2010).

8. Sondage Ifop pour *Le Journal du Dimanche* (échantillon de 956 personnes, 15-16 avril 2010).

9. Sondage TNS Sofres pour *Le Nouvel Observateur* et i > Télé (échantillon de 1 000 personnes, le 19 février 2011).

10. Sondage Harris Interactive pour *Le Parisien* (échantillon de 1 618 personnes, 28 février-3 mars 2011).

11. Czarnes Renaud, « Ségolène Royal dénonce la manipulation des sondages », *Les Échos*, 2 mars 2011.

12. Sondage Harris Interactive pour *Le Parisien* (échantillon de 1 347 personnes, 5-6 mars 2011).

13. Piketty Thomas, « Réguler (enfin) les sondeurs », *Libération*, 8 mars 2011.

14. Cayrol Roland, « Il est inutile de légiférer sur la question des sondages », *Le Monde*, 9 mars 2011.

15. Sondage CSA pour *Marianne* (échantillon de 1 003 personnes, le 10 octobre 2007).

16. Sondage ViaVoice pour *Libération* (échantillon de 1 008 personnes, 26-27 mars 2009).

17. Sondage Ifop pour *France Soir* (échantillon de 995 personnes, 3-5 novembre 2010).

18. Sondage Ipsos - Logica Business Consulting pour *Le Monde* et Europe 1 (échantillon de 948 personnes inscrites sur les listes électorales, 14 mars 2011).

19. Ecoiffier Matthieu et Revault D'Allonnes David, « Le clan Strauss-Kahn au milieu du gai », *Libération*, 29 août 2010.

20. Lefebvre Rémi, « Vers une démocratie sondagière », *Le Monde*, 27 septembre 2011.

21. Sondage Ifop pour *Le Journal du Dimanche* (échantillon de 969 personnes, 26-27 novembre 2010).

22. Lefebvre Rémi, Les primaires socialistes : la fin du parti militant, p. 119.

23. Mazerolle Olivier, *Vue imprenable sur la campagne présidentielle*, Paris, Raisons d'agir, 2011, p. 80.

24. Derrien Caroline, « À un an du premier tour, les inconnues de la présidentielle », *Les Échos*, 22 avril 2011.

25. Sondage CSA pour BFMTV, RMC et *20 Minutes* (échantillon de 1 007 personnes, 16 mai 2011).

26. Sondage OpinionWay pour *Le Figaro Magazine* et LCI (échantillon de 1 002 personnes, 4-5 juillet 2011).

27. Didier Chantal. *La dernière marche*, Paris, Alisio, 2020, p. 143.

28. Furbury Pierre-Alain, « Nicolas Sarkozy redresse la tête dans les sondages », *Les Échos*, 3 juin 2011.

29. Sondage Ifop pour *Le Journal du Dimanche* (échantillon de 1 007 personnes, 3-4 février 2011).

30. Sondage Ifop pour *Paris Match* (échantillon de 961 personnes, 9-10 juin 2011).

31. Sondage OpinionWay - Fiducial pour *Le Figaro* et LCI (échantillon de 974 personnes sympathisants de gauche, 17-18 mai 2011).

32. Sondage OpinionWay pour *Le Figaro Magazine* et LCI (échantillon de 1 002 personnes, 4-5 juillet 2011).

33. Landrin Sophie, « La croisade de Ségolène Royal contre les sondages », *Le Monde*, 25 avril 2011.

34. *Ibid.*

35. Sondage Ipsos - Logica Business Consulting pour *Le Monde* et Europe 1 (échantillon de 948 personnes inscrites sur les listes électorales, 14 mars 2011).

36. « Ségolène Royal s'en prend aux sondages », *Les Échos*, 8 septembre 2011.

37. Alemagna Lilian, Ecoiffier Matthieu, Bretton Laure et Chapuis Nicolas, « Une primaire polluée par les sondages ? », *Libération*, 15 septembre 2011.

38. Revault D'Allonnes David, « Face aux mauvais sondages, Mme Aubry mise sur une campagne de réseaux », *Le Monde*, 26 septembre 2011.

39. « La primaire : une première pour les sondeurs », *Le Monde*, 27 septembre 2011.

40. Teinturier Brice, « Primaire PS : ne tirez pas sur les sondages ! », *Nouvel Observateur*, 14 septembre 2011.

41. Czarnes Renaud, « Le PS demande un moratoire sur les sondages au moment de la primaire », *Les Échos*, 30 septembre 2011.

42. « Ségolène Royal compte sur le vote des banlieues pour faire mentir les sondages qui lui sont défavorables », *Le Monde*, 4 octobre 2011.

43. « Primaire, la dernière ligne droite », *Libération*, 8 octobre 2011.

44. Mazerolle Olivier, *Vue imprenable sur la campagne présidentielle*, Paris, Hugo Doc, 2012, p. 52.

45. Sondage Harris Interactive pour LCP (échantillon de 1 855 personnes inscrites sur les listes électorales, 5-6 octobre 2011).

46. Sondage OpinionWay - Fiducial pour *Le Figaro* et LCI (échantillon de 1 261 sympathisants de gauche, 5-6 octobre 2011).

47. Latrive Florent, « Les sondeurs ont évité la faute d'écart », *Libération*, 11 octobre 2011.

48. Cornudet Cécile, « François Hollande, l'homme qui revient de loin », *Les Échos*, 17 octobre 2011.

49. Sondage BVA pour Orange, la presse régionale et RTL (échantillon de 753 personnes inscrites sur les listes électorales, 17-18 octobre 2011).

50. « L'état de grâce pour M. Hollande », *Le Monde*, 2 novembre 2011.

51. Revault D'Allonnes David et Wieder Thomas. « Les six chantiers de François Hollande », *Le Monde*, 25 octobre 2011.

52. Bretton Laure et Ecoiffier Matthieu, « Hollande plane officiellement », *Libération*, 24 octobre 2011.

53. Sondage OpinionWay - Fiducial pour *Les Échos* et Radio Classique (échantillon de 913 personnes inscrites sur les listes électorales, 16-19 décembre 2011).

54. Sondage Harris Interactive pour *Le Parisien* (échantillon de 888 personnes inscrites sur les listes électorales, 5 septembre 2011).

55. Sondage OpinionWay - Fiducial pour *Le Figaro* et LCI (échantillon de 952 personnes inscrites sur les listes électorales, 23-24 novembre 2011).

56. Commission des sondages, *La commission des sondages face aux élections présidentielles et législatives de 2012*, p. 4.

57. Sondage ViaVoice pour *Libération* (échantillon de 2011 personnes, 5-6 janvier 2012.

58. Beaumont Olivier, « Marine Le Pen s'essouffle dans les sondages », *Le Parisien*, 24 juin 2011.

59. Sondage OpinionWay - Fiducial pour *Les Échos* et Radio Classique (échantillon de 967 personnes inscrites sur les listes électorales, 10-11 janvier 2012).

60. Faure Guillemette, « Le vote Le Pen, défi persistant pour les sondeurs », *Le Monde*, 25 février 2012.

61. *Ibid.*

62. Sondage Ifop pour *Le Journal du Dimanche* (échantillon de 922 personnes inscrites sur les listes électorales, 31 janvier-3 février 2012).

63. Neumann Laurent, *Les dessous de la campagne*, Paris, Fayard, 2012, p. 29.

64. Jaigu Charles, « Sondage : Sarkozy se rapproche de Hollande », *Le Figaro*, 9 janvier 2012.

65. « Hollande "gère des sondages", Sarkozy "prend des risques" (Apparu) », *AFP*, 3 janvier 2012.

66. Sondage BVA pour Orange, la presse régionale et RTL (échantillon de 978 personnes, 21-22 mars 2012).

67. Czarnes Renaud, « François Hollande veut saturer l'espace politique et médiatique », *Les Échos*, 4 janvier 2012.

68. Sondage BVA pour Orange, la presse régionale et RTL (échantillon représentatif de 1 185 personnes, 24-25 janvier 2012).

69. Cité dans « Hervé Morin n'y arrive pas », *Le Parisien*, 11 janvier 2012.

70. Sondage CSA pour BFMTV, RMC et *20 Minutes* (échantillon de 1 014 personnes, 20 février 2012).

71. Jaxel-Truer Pierre et Wieder Thomas, « Les écarts des sondages sont exploités par certains candidats », *Le Monde*, 25 février 2012.

72. Sondage TNS Sofres pour iTélé (échantillon de 1 010 personnes, 1er mars 2012).

73. Sondage BVA pour Orange, la presse régionale et RTL (échantillon de 1 045 personnes, 20-21 février 2012).

74. « Face aux sondages, Fillon en appelle "au peuple qui a pris la Bastille" », *AFP*, 1er mars 2012.

75. « Jean-François Copé : "Il est bon que la dynamique soit engagée" », *Le Monde*, 17 février 2012.

76. Neumann, Laurent, *Ibid.*, p. 279.

77. Bourmaud François-Xavier, « Hollande invite la gauche à "ne pas se laisser impressionner" », *Le Figaro*, 14 mars 2012.

78. Leparmentier, Arnaud et Schneider, Vanessa. « Le camp Sarkozy estime avoir inversé la tendance », *Le Monde*, 19 mars 2012.

79. De Royer, Solenn. Confidences d'un candidat « heureux », *Le Figaro*, 30 mars 2012.

80. Bachelot-Narquin, Roselyne. *À feu et à sang*. Flammarion, 2012, p. 61.

81. Sondage TNS Sofres et Mediaprism pour i-Télé (échantillon de 1 016 personnes, 22 mars 2012).

82. Sondage OpinionWay - Fiducial pour *Le Figaro* et LCI (échantillon de 1 148 personnes inscrites sur les listes électorales, 26-27 mars 2012).

83. Cité dans Neumann, Laurent, *Ibid.*, p. 310.

84. Bourmaud François-Xavier et Waintraub Judith, « La nouvelle donne des sondages », *Le Figaro*, 24 mars 2012.

85. « À cause de l'abstention, les sondages peuvent être déjoués », *Le Figaro*, 2 avril 2012.

86. « Présidentielle : les sondages, toujours attendus mais toujours suspectés », *AFP*, 18 février 2012.

87. « Jean-Luc Mélenchon espère passer le cap des 10 % dans les sondages », *LeMonde.fr*, 7 février 2012.

88. Sondage BVA pour *Le Parisien* (échantillon de 1 200 personnes, 9-10 avril 2012).

89. VIROT Pascal, « Le candidat Front de gauche, le "phénomène d'opinion" qui dépoussière la campagne », *Libération*, 17 avril 2012.

90. Sondage CSA pour BFMTV, RMC et *20 Minutes* (échantillon de 1 123 personnes, 10-11 avril 2012).

91. *Ibid.*

92. GARRIGOU Alain, « Oui, les sondages influencent l'attitude des électeurs ! », *Le Monde*, 25 avril 2012.

93. SCHNEIDERMANN Daniel, « La vanité des sondages de bon matin », *Libération*, 19 mars 2012.

94. MARCELLE Pierre, « Sondé, le citoyen reste-t-il un homme libre ? », *Libération*, 16 mars 2012.

95. CAZENAVE Hugues, *La guerre des* sondage*s*, Paris, Michalon, 2011, 155 p.

96. « Les quatre raisons de l'UMP pour se persuader que rien n'est perdu », *Libération*, 14 avril 2012.

97. SCHUCK Nathalie, « Nicolas Sarkozy joue gros », *Le Parisien*, 15 avril 2012.

98. LEPARMENTIER Arnaud, SCHNEIDER Vanessa, « Nicolas Sarkozy se dit convaincu que "les Français réservent des surprises" », *Le Monde*, 20 avril 2012.

99. SARKOZY Nicolas (entretien), *Le Journal du Dimanche*, 7 avril 2012.

100. NEUMANN Laurent, *Ibid.*, p. 351.

101. SCHUCK Nathalie, « Nicolas Sarkozy joue gros », *Le Parisien*, 15 avril 2012.

102. LEPETIT Bérangère, « Qui sera le premier des derniers ? », *Le Parisien*, 22 avril 2012.

103. SCHNEIDERMANN Daniel, « La vanité des sondages de bon matin », *Libération*, 19 mars 2012.

104. FAURE Guillemette, « Le vote Le Pen, défi persistant pour les sondeurs », *Le Monde*, 25 février 2012.

105. JEANBART Bruno, « Un sondage en pleine lumière », *Statistique et société*, volume 1, n° 2, octobre 2013, p. 33-37.

106. Europe 1, 19 avril 2012.

107. « Des médias ont publié les résultats avant 20 heures », *Les Échos*, 23 avril 2012.

108. Source : Ipsos, cité par JAFFRE Jérôme, « Le resserrement du second tour ou les deux référendums du 6 mai 2012 » dans PERRINEAU Pascal (dir.), *La décision électorale en 2012*, Paris, Armand Colin, 2013, p. 223.

109. NEUMANN Laurent, *Ibid.*, p. 392.

110. MORIN Hervé (entretien), « Morin : "François doit appeler à voter pour Sarkozy" », *Le Figaro*, 18 avril 2012.

111. LABBÉ Dominique et MONIÈRE Denis, *La campagne présidentielle de 2012 : votez pour moi !*, Paris, Éd. L'Harmattan, 2013, p. 154.

112. Sondage OpinionWay pour *Lyon capitale* (échantillon de 947 personnes inscrites sur les listes électorales issues d'un échantillon de 1 051 personnes, 14-15 mars 2012).

113. Sondage Ipsos - Logica Business Consulting pour *Le Monde*, le CEVIPOF, la Fondapol et la Fondation Jean Jaurès (échantillon de 3 967 personnes, 27-30 avril 2012).

114. Sondage TNS Sofres - Sopra group pour Sciences Po Bordeaux Grenoble et Paris (échantillon de 1 521 personnes inscrites sur les listes électorales, 6 mai 2012).

115. Sondage jour du vote Ifop pour Europe 1, *Paris Match* et Public Sénat (échantillon de 1 968 personnes inscrites sur les listes électorales, le 6 mai 2012 de 17 heures à 20 heures).

116. Sondage BVA pour *La Matinale de Canal +* (échantillon de 1 055 personnes, 22-23 mars 2010).

2017. LE DÉFI LANCÉ AUX SONDAGES

1. PELTIER Guillaume, « Nicolas Sarkozy a-t-il fait la meilleure campagne possible ? » dans TNS Sofres, *L'état de l'opinion 2013*, Paris, Éd. du Seuil, 2013, p. 47.

2. Sondage Odoxa pour *Le Parisien* (échantillon de de 999 personnes, 4-5 décembre 2014).

3. Sondage Ifop pour *Le Figaro* (échantillon de 1 803 personnes, 30 novembre-1er décembre 2014).

4. Sondage Ifop pour *Le Journal du Dimanche* (échantillon de 1 827 personnes, 25-28 novembre 2014).

5. BEAUMONT Olivier, « Sarkozy meilleur en livre qu'en sondages », *Le Parisien*, 27 janvier 2016.

6. Sondage Ifop pour *Atlantico* (échantillon de 975 personnes, 19-22 février 2016).

7. Sondage OpinionWay pour le CEVIPOF (échantillon de 2064 personnes, 17-28 décembre 2015).

8. Sondage BVA pour Orange et i-Télé (échantillon de 1 048 personnes, 14-15 janvier 2016).

9. VERNET Henri, « Les primaires, les Français adorent », *Le Parisien*, 7 février 2016.

10. JAIGU Charles, « Alain Juppé cherche à « tuer le match avant le match » », *Le Figaro*, 15 février 2016.

11. Beaumont Olivier, Hacot Valérie, « Juppé sera-t-il le nouveau Balladur ? », *Le Parisien*, 23 février 2016.

12. Garat Jean-Baptiste, « Juppé surfe sur son avance dans les sondages », *Le Figaro*, 21 avril 2016.

13. « Fillon parie sur la com' pour redorer son image », *Le Monde*, 5 mai 2016.

14. Stefanini Patrick et Barjon Carole, *Déflagration : dans le secret d'une élection impossible*, Paris, Robert Laffont, 2017, p. 146.

15. Lemarie Alexandre, « Jean-François Copé, la revanche du mal-aimé », *Le Monde*, 19 mai 2016.

16. Copé Jean-François (entretien), « À droite, il y a une crise de leadership », *Le Parisien*, 12 mars 2016.

17. Sondage Odoxa pour i-Télé (échantillon de 996 personnes, le 25 février 2016).

18. Goar Matthieu, « Alain Juppé guetté par la « balladurisation » ? », *Le Monde*, 25 mai 2016.

19. Sondage Odoxa - Dentsu Consulting pour BFMTV et *Le Parisien* (échantillon de 4068 personnes, dont 1149 personnes ayant l'intention de voter à la primaire, 3-24 juin 2016).

20. Garat Jean-Baptiste, « Juppé ne changera pas de cap », *Le Figaro*, 1er juillet 2016.

21. Tabard Guillaume, « Face aux sondages, Juppé fait le pari de la constance », *Le Figaro*, 9 juillet 2016.

22. Auffray Alain, « Juppé contre Sarkozy : le spectre de 1995 », *Libération*, 8 août 2016.

23. Auffray Alain, « Juppé et les sondages, la fin de l'état de grâce », *Libération*, 22 juin 2016.

24. Sondage TNS Sofres - Onepoint pour RTL, LCI et *Le Figaro* (échantillon de 5 006 personnes inscrites sur les listes électorales, dont 332 personnes tout à fait certaines d'aller voter à la primaire de la droite et du centre, 22-25 août 2016).

25. Sondage Harris Interactive pour France télévision (échantillon de 6 266 personnes inscrites sur les listes électorales, dont 563 personnes certaines d'aller voter à la primaire de la droite et du centre, 12-14 septembre 2016).

26. Garat Jean-Baptiste, « Fillon cible Sarkozy », *Le Figaro*, 29 août 2016.

27. Sondage OpinionWay pour Atlantico (échantillon de 700 personnes, inscrites sur les listes électorales et certaines d'aller voter aux primaires du parti Les Républicains, issu d'un échantillon de 7 154 personnes, 7-11 octobre 2016).

28. Sondage TNS Sofres - OnePoint pour LCI, Le *Figaro* et RTL (échantillon de 5 006 personnes inscrites sur les listes électorales, 22-25 août 2016).

29. SCHUCK Nathalie et HACOT Valérie, « Imbattable, vraiment ? », *Le Parisien*, 6 octobre 2016.
30. Sondage OpinionWay pour Atlantico (échantillon de 700 personnes, inscrites sur les listes électorales et certaines d'aller voter aux primaires du parti Les Républicains, issu d'un échantillon de 7 154 personnes, 7-11 octobre 2016).
31. Sondage OpinionWay pour *Le Point* (échantillon de 2 007 téléspectateurs ayant regardé le premier débat, issu d'un échantillon de 7 154 personnes inscrites sur les listes électorales, 13-14 octobre 2016).
32. BRONNER Luc, directeur des rédactions du *Monde*, cité dans NOUCHI Franck, « Le bon grain et l'ivraie des sondages », *Le Monde*, 20 janvier 2017.
33. WAINTRAUB Judith, « Primaire : l'effet Trump changera-t-il la donne ? », *Le Figaro*, 10 novembre 2016.
34. Sondage OpinionWay pour Atlantico (échantillon de 828 personnes inscrites sur les listes électorales et certaines d'aller voter aux primaires du parti Les Républicains, issu d'un échantillon de 10 760 personnes, 13-15 novembre 2016).
35. Sondage Ifop - Fiducial pour Sud Radio (échantillon de 8 697 personnes, 10-17 novembre 2016).
36. Sondage OpinionWay pour *Le Point* (échantillon de 2 422 téléspectateurs ayant regardé le troisième débat, issu d'un échantillon de 7 772 personnes inscrites sur les listes électorales, 17-18 novembre 2016).
37. ZENNOU Albert, « Les sondeurs n'ont pas vu la réalité du vote Fillon », *Le Figaro*, 21 novembre 2016.
38. VERNET Henri, « L'incroyable revanche de François Fillon », *Le Parisien*, 21 novembre 2016.
39. NEUMANN Laurent, *Ibid.*, p. 153.
40. GARRIGOU Alain, « Les primaires livrent la présidentielle aux sondages », *Le Monde*, 13 septembre 2016.
41. STEFANINI Patrick et BARJON Carole, *Ibid.*, p. 222.
42. Sondage Ifop - Fiducial pour iTélé et Sud Radio (échantillon de 1 382 personnes interrogées, 28-30 octobre 2014).
43. Sondage OpinionWay pour *Le Figaro* (échantillon 1765 personnes, dont 446 sympathisants de gauche, 20-21 novembre 2014).
44. Sondage Odoxa pour *Le Parisien* (échantillon de 1 011 personnes, 14-15 janvier 2016).
45. Sondage BVA pour BCC Consulting (échantillon de 1 003 personnes, 7-8 avril 2016).
46. Sondage Harris Interactive pour Nous Citoyens (échantillon de 1 060 personnes inscrites sur les listes électorales, 7-8 avril 2016).
47. Sondage Ifop pour Atlantico (échantillon de 1 008 personnes, 14-15 avril 2016).

48. Sondage BVA pour BCC Consulting (échantillon de 1 003 personnes inscrites sur les listes électorales, 7-8 avril 2016).

49. Sondage TNS Sofres - OnePoint pour *Le Figaro*, LCI et RTL (échantillon de 1 011 personnes inscrites sur les listes électorales, 15-16 avril 2016).

50. Tabard Guillaume, « François Hollande, culbuto de Bergerac », *Le Figaro*, 20 avril 2016.

51. Sondage Elabe pour BFMTV (échantillon de 1 000 personnes, 12-13 avril 2016).

52. Tabard Guillaume, « François Hollande, culbuto de Bergerac », *Le Figaro*, 20 avril 2016.

53. Roucaute Yves, « Les primaires contre la Ve République », *Valeurs Actuelles*, 28 juillet 2016.

54. Sondage TNS Sofres - OnePoint pour *Le Figaro* et LCI (échantillon de 1 006 personnes, 2-5 septembre 2016).

55. Sondage Ipsos pour le Parti socialiste (échantillon de 15 814 personnes, 1er-4 juillet 2016).

56. Hacquemand Éric, « Le gros lapsus du candidat Hollande », *Le Parisien*, 18 mai 2016.

57. Rovan Anne, « L'air de rien, Valls se prépare pour 2017… au cas où », *Le Figaro*, 14 septembre 2016.

58. Joffrin Laurent, « Idée », *Libération*, 9 septembre 2016.

59. *Ibid.*

60. Hollande François, *Les leçons du pouvoir*, Paris, Stock, 2018, p. 347.

61. Sondage Odoxa pour Franceinfo (échantillon de 983 personnes, 26-27 octobre 2016).

62. Sondage Odoxa pour Franceinfo (échantillon de 1 002 personnes, 16-17 novembre 2016).

63. Sondage Harris Interactive pour *Marianne* (échantillon de 2 296 personnes, 18-21 novembre 2016).

64. Hollande François, *Ibid.*, p. 355.

65. Sondage Odoxa - Dentsu Consulting pour France 2 (échantillon de 998 personnes, 25 novembre 2016).

66. De Royer Solenn, « À l'Élysée, palais fantôme, les conseillers partagés entre émotion et regrets », *Le Figaro*, 3 décembre 2016.

67. Sondage Harris Interactive pour RMC (échantillon de 803 personnes, 1er-2 décembre 2016).

68. Sondage Harris Interactive pour France 2 (échantillon de 6062 personnes, 5-7 décembre 2016).

69. Siraud Mathilde, « Hamon, l'adversaire à ne pas sous-estimer », *Le Figaro*, 6 janvier 2017.

70. Sondage Odoxa - Dentsu consulting pour France 2 (échantillon de 1 006 personnes, 19-20 janvier 2017).

71. Sondage BVA - Salesforce pour la Presse Régionale et Orange (échantillon de 946 personnes inscrites sur les listes électorales, 6-8 janvier 2017).

72. Ulrich Maurice, « Rien n'est joué », *L'Humanité*, 3 janvier 2017.

73. Sondage OpinionWay pour le CEVIPOF (échantillon de 2 044 personnes, 16-30 décembre 2016).

74. « Pourquoi notre journal fait une pause avec les sondages », *Le Parisien*, 4 janvier 2017.

75. Sondage Ifop pour *Marianne* (échantillon de 947 personnes inscrites sur les listes électorales, 21-22 juillet 2014).

76. Sondage Ifop pour *Marianne* (échantillon de 983 personnes inscrites sur les listes électorales, 21-23 janvier 2015).

77. Sondage YouGov pour *20 Minutes* (échantillon de 1 009 personnes, 20-21 novembre 2014).

78. Sondage Odoxa pour i-Télé (échantillon de 1 008 personnes, 7-8 mai 2015).

79. Sondage Kantar Sofres - OnePoint pour LCI, RTL et *Le Figaro* (échantillon de 1 011 personnes, 28 novembre 2016).

80. Sondage Odoxa pour France Info (échantillon de 1 015 personnes, 21-22 décembre 2016).

81. Sondage Elabe pour *Les Échos* et Radio Classique (échantillon de 925 personnes, 3-4 janvier 2017).

82. Sondage Odoxa pour France 2 (échantillon de 1 010 personnes, 5-6 janvier 2017).

83. Sondage Ifop - Fiducial pour *Paris Match*, iTélé et Sud-Radio (échantillon de 1 964 personnes, 3-6 janvier 2017).

84. Waintraub Judith, Mourgue Marion, « Retailleau : "Les ego doivent passer après l'intérêt général" », *Le Figaro*, 14 janvier 2017.

85. Stefanini Patrick, Barjon Carole, *Ibid.*, p. 235.

86. Sondage Ifop pour *Le Journal du Dimanche* (échantillon de 1 007 personnes, 3-4 février 2017).

87. Cotta Michèle, *Quelle histoire ! Carnets secrets 2016-2017*, Paris, Mon Poche, 2018, p. 268.

88. Sondage Ipsos - Sopra Steria pour le CEVIPOF, en partenariat avec *Le Monde* et la Fondation Jean Jaurès (échantillon de 15 874 personnes inscrites sur les listes électorales, 7-12 février 2017).

89. Sondage Elabe pour *Les Échos* et Radio Classique (échantillon de 1 053 personnes, 30-31 janvier 2017).

90. Sondage Kantar Sofres - OnePoint pour *Le Figaro* et LCI (échantillon de 1 027 personnes inscrites sur les listes électorales, 2-4 mars 2017).

91. Sondage Odoxa - Dentsu consulting pour France 2 (échantillon de 943 personnes inscrites sur les listes électorales, 1er-2 mars 2017).

92. Auffray Alain et Equy Laure, « Alain Juppé, potentiel plan B déjà plombé ? », *Libération*, 4 mars 2017.

93. Sondage Ifop pour *Le Journal du Dimanche* (échantillon de 1 002 personnes, 3-4 mars 2017).

94. Sondage Odoxa pour Franceinfo (échantillon de 1 006 personnes, 15-16 mars 2017).

95. Piar Christophe, « La présidentielle vue par les JT » dans PERRINEAU Pascal (dir.), *Le vote disruptif. Les élections présidentielle et législatives de 2017*, Paris, Presses de Sciences Po, 2017, p. 80.

96. Bercoff André, « La foire aux sondages », *Valeurs Actuelles*, 10 novembre 2016.

97. Sondage Ifop pour *Le Journal du Dimanche* (échantillon de 1 006 personnes, 24-25 mars 2017).

98. Sondage BVA - Salesforce pour la Presse Régionale et Orange (échantillon de 1 494 personnes inscrites sur les listes électorales, les 20 et 21 avril 2017).

99. Sondage Ipsos - Sopra Steria réalisée pour le CEVIPOF, en partenariat avec *Le Monde* et la Fondation Jean Jaurès auprès d'un échantillon de 14 300 personnes inscrites sur les listes électorales, 31 mars-2 avril 2017).

100. Delcambre Alexis, « Débat pour la présidentielle : TF1 dame le pion à France Télévisions », *Le Monde*, 23 février 2017.

101. Sondage TNS Sofres - OnePoint pour *Le Figaro*, LCI et RTL (échantillon de 1 011 personnes inscrites sur les listes électorales, 15-16 avril 2016).

102. Un sondage suave, blog de Jean-Luc Mélenchon, 19 avril 2016.

103. Mélenchon Jean-Luc, *L'avenir en commun : Le programme de la France insoumise et son candidat*, Éd. du Seuil, 2016, p. 30.

104. Sondage Ifop - Fiducial pour *Paris Match*, iTélé et Sud Radio (échantillon de 1 424 personnes inscrites sur les listes électorales, 3-7 février 2017).

105. Coquaz Vincent, « Mélenchon : brut de sondages », *Libération*, 9 février 2017.

106. Courtois Gérard, « Les frustrations du vote utile », *Le Monde*, 22 mars 2017.

107. Sondage Odoxa pour *Le Parisien* (échantillon de 983 personnes, 22-23 septembre 2016).

108. Sondage Ipsos - Sopra Steria pour *Le Monde* (échantillon de 1 509 personnes inscrites sur les listes électorales, 12-13 avril 2017).

109. Bretton Laure, « Hollande à l'heure où blanchit la campagne », *Libération*, 24 avril 2017.

110. Sondage BVA pour *La Tribune* (échantillon de 1 315 personnes, 21-22 février 2017).

111. « Popularité des candidats, les sondages n'ont plus le monopole », *La Croix*, 10 avril 2017.

112. Commission des sondages, *Communiqué du 31 mars 2017*.

113. Sondage BVA - Salesforce pour la Presse Régionale et Orange (échantillon de 1 438 personnes inscrites sur les listes électorales, 26-28 avril 2017).

114. Sondage BVA - Salesforce pour la Presse Régionale et Orange (échantillon de 1 435 personnes inscrites sur les listes électorales, 1er-2 mai 2017).

115. *Ibid.*

116. Sondage Ipsos - Sopra Steria pour le CEVIPOF, en partenariat avec *Le Monde* et la Fondation Jean Jaurès, (échantillon de 4 838 personnes inscrites sur les listes électorales, 4-6 mai 2017).

Conclusion

1. Avril Pierre, « Les primaires : un affaiblissement de la démocratie ? », *Pouvoirs*, 2015/3 N° 154, p. 136.
2. Lefebvre Rémi, « Les primaires : triomphe de la démocratie d'opinion », *Pouvoirs*, p. 120.
3. Teyssier Arnaud, *Histoire de la Ve République*, Paris, Tempus, 2011, p. 804.
4. Crespi Irving, *Public opinion, Polls and Democracy*, Westview Press, 1989, p. 19.
5. Dupin Éric, « Sondages : ils font et défont la campagne, pas l'élection », *Libération*, 15 avril 1995.
6. Mandonnet Éric, « Les politiques drogués aux sondages », *L'Express*, 17 janvier 2002.
7. Villani Cédric, « Désordre mathématique contre déraison humaine », *Le Monde*, 14 avril 2012.
8. Ottenheimer Ghislaine, *Poison Présidentiel*, Paris, Albin Michel, 2015, 252 p.
9. Courtois Gérard, « Sondages électoraux : gare à la schizophrénie ! », *Le Monde*, 15 mars 2011.
10. Avril Pierre, « Les primaires un affaiblissement de la démocratie », *Pouvoirs*, septembre 2015, n° 154, p. 140.
11. Garrigou Alain, « Les primaires livrent la présidentielle aux sondages », *Le Monde*, 13 septembre 2016.
12. Minc Alain, « L'opinion et les intellectuels : "Exorde à ceux qui nous détestent" » dans D'Orcival François (dir.), *Opinion publique et crise de la démocratie*. Paris, Presses Universitaires de France, 2019, p. 341.
13. Legrand Thomas, *Arrêtons d'élire des présidents !*, Paris, Stock, 2014, p. 33.

Table des matières